汽车维修专业技师教材

汽车整车检修

● 王先耀　主编　● 魏自荣　主审

人民交通出版社

内 容 提 要

本书是交通职业教育教学指导委员会推荐教材，也是汽车维修专业技师教材。由交通职业教育教学指导委员会汽车(技工)专业委员会根据全国交通技师学院汽车维修专业教学计划与教学大纲，以及交通行业职业技能规范和技术工人等级标准组织编写而成。

本书内容主要包括：接车检修、整车维护、汽车总成拆检与装复、车身电气及附属电气设备检修、汽车整车检测与路试，共5个单元。

本书供全国交通高级技工学校、技术师范学院汽车维修专业教学使用，也可作为相关行业岗位培训或自学用书，同时可供汽车维修技术人员阅读参考。

图书在版编目(CIP)数据

汽车整车检修/王先耀主编. —北京：人民交通出版社，2007.7

汽车维修专业技师教材

ISBN 978-7-114-06548-4

Ⅰ. 汽… Ⅱ. 王… Ⅲ. 汽车-车辆检修-教材 Ⅳ. U472.4

中国版本图书馆CIP数据核字(2007)第066763号

书　　名：**汽车整车检修**
著 作 者：王先耀
责任编辑：富砚博
出版发行：人民交通出版社
地　　址：(100011) 北京市朝阳区安定门外外馆斜街3号
网　　址：http://www.ccpress.com.cn
销售电话：(010) 59757969，59757973
总 经 销：人民交通出版社发行部
经　　销：各地新华书店
印　　刷：北京市密东印刷有限公司
开　　本：720×960　1/16
印　　张：13.75
字　　数：245千
版　　次：2007年7月　第1版
印　　次：2012年9月　第3次印刷
书　　号：ISBN 978-7-114-06548-4
印　　数：7001-9000册
定　　价：24.00元

交通职业教育教学指导委员会
汽车(技工)专业指导委员会

前 言

为贯彻落实《国务院关于大力发展职业教育的决定》以及教育部等六部门《关于实施职业院校制造业和现代服务业技能型紧缺人才培养培训工程的通知》精神，适应汽车工业飞速发展和汽车运用与维修专业技能型紧缺人才培养的需求，交通职业教育教学指导委员会汽车(技工)专业指导委员会组织全国交通高级技工学校和技师学院专业教师，按照《全国交通技师学院汽车维修专业教学计划与教学大纲》以及汽车维修技师职业标准的要求，编写了汽车维修专业技师教材，供全国交通高级技工学校和技师学院汽车维修专业教学使用。

本系列教材总结了全国交通高级技工学校、技师学院多年来的专业教学经验，注重以学生就业为导向，以培养能力为本位，教材内容符合汽车维修专业教学改革精神，适应汽车维修行业对技能型紧缺人才的要求，具有以下特点：

1. 采用计划叠加方式构建技师教材体系。全国交通高级技工学校通用教材中的《汽车发动机电控系统检修》等7门专项高级技能训练教材由本次编写出版，也可与汽车维修专业技师教材配套使用。在此基础上增加了《汽车维修案例分析》等7门维修管理及维修经验类教材，形成了一套完善的汽车维修专业技师教材体系。

2. 教材内容与技师等级考核相吻合，便于学生毕业后适应岗位技能要求。

3. 教材注重实用性，体现先进性，保证科学性，突出实践性,贯穿可操作性,反映了汽车工业的新知识、新技术、新工艺和新标准,其工艺过程尽可能与当前生产情景一致。

4. 教材体现了汽车维修技师应知应会的知识技能要求,更注重了汽车维修传统经验与现代维修技术的有机结合。

5. 教材文字简洁、通俗易懂、以图代文、图文并茂、形象直观、形式生动、容易培养学生的学习兴趣,提高学习效果。

《汽车整车检修》教材是遵照全国交通技师学院"汽车维修专业教学计划"及"汽车整车检修教学大纲"编写而成。本书主要从整车的角度讲解了接车检修、汽车二级维护及附加作业、汽车总成拆检与装复、车身电气及附属电气设备检修、汽车整车检测与汽车路试5个单元。

本书由湖北交通职业技术学院王先耀担任主编(编写单元一,单元四的课题二、课题四,单元五的课题四～课题七),并负责全书的修编;参加编写的有:山西省交通技师学院卫云贵(编写单元二,单元三的课题四、课题五,单元四的课题三),成都交通高级技校魏倩(编写单元三的课题一～课题三),广州市交通高级技校郭碧宝(编写单元四的课题一,单元五的课题一～课题三)。全书由四川省交通运输学校魏自荣担任主审。

由于编者的经历和水平有限,而且是首次编写汽车维修技师教材,教材内容难以覆盖全国各地的实际情况,希望各教学单位在积极选用和推广本套教材的同时,注重总结经验,及时提出修改意见和建议,以便再版修订时改正。

交通职业教育教学指导委员会
汽车(技工)专业指导委员会
2007年2月

目 录

单元一　接车检修

知识目标

1. 熟知一般汽修企业接车流程；
2. 掌握接车检修各环节的要点、技巧；
3. 掌握接车故障诊断的原则、方法和一般程序；
4. 熟知检修费用的构成、工时费材料费的计算方法。

技能目标

1. 能独立完成接车检修各主要环节的具体作业；
2. 会根据具体情况进行维修费用预测；
3. 能进行接车检修生产调度、作业安排；
4. 能熟练编写符合企业实际的估价单、维修卡。

汽车维修企业都十分注重接车检修这一环节，许多汽车维修企业建立了宽敞明亮的接待大厅，配备了训练有素的业务接待员。业务接待已成为了企业形象的“窗口”。客户在接受维修服务时，把业务接待服务质量的好坏、接车检修水平的高低、维修估价是否合理、竣工交车是否准时等作为衡量企业形象的标准。

课题一　接车检修流程

一、接车检修流程图

接车检修流程是指从维修车辆进厂、接待员出迎、故障诊断、维修费用预测、维修协议的签订、派工、车间维修、竣工验收、交车结账一直到跟踪服务的全过程。尽管各维修企业的具体情况不一样，接车检修流程会因厂而异、因地不同、因时有别，但总体来说主要的工作程序和要点大体相同。图1-1为典型的现代汽车维修企业接车检修流程图。

二、各主要环节要点

1. 出迎

接待员着装整洁恭候在接车专位前，当维修车辆到来时，应立即迎上前去向客户点头微笑并热情地接待。如客户车辆未停在本公司规定的接待车位，应礼貌引导客户把车停放到位。要认真倾听用户的要求。

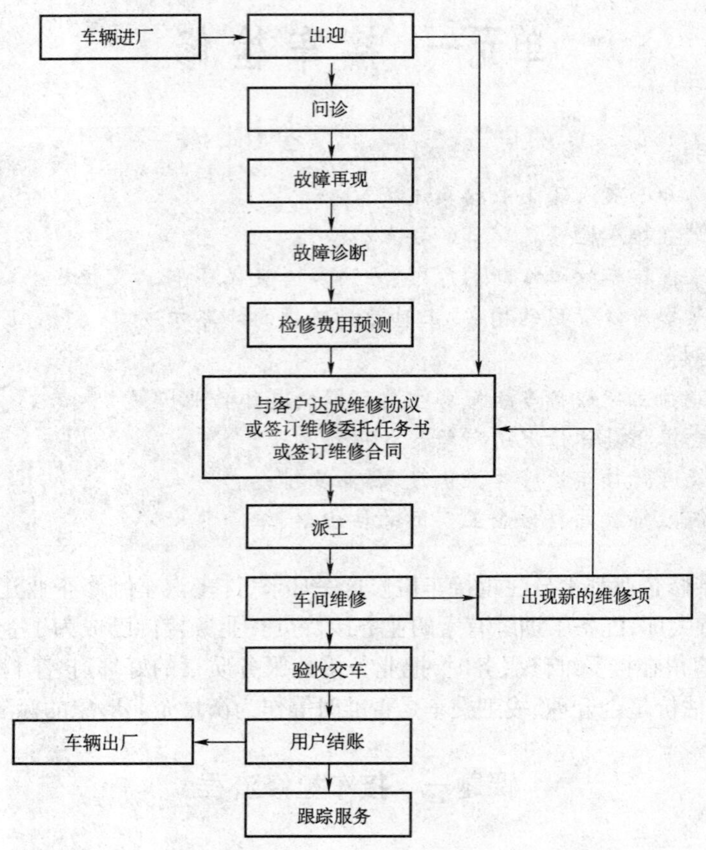

图 1-1　接车检修流程图

首先对所接车的外观、内饰、仪表座椅等作一次视检，以确认有无异常。如有异常，应在“进厂维修单”上注明；应清点登记随车的工具和物品，并请客户在“随车物品清单”上签字；车钥匙要登记、编号并放在统一规定的车钥匙柜内；对当时油表、里程表标示的数字登记入表；填写客户基本信息表，建立客户档案。

给维修车辆套上三件套，即座椅套、脚垫、转向盘套。接车员独立或配合参与故障诊断、业务洽谈工作，边诊断边向车主解释情况，根据试车及诊断情况及时向客户提出维修建议、进行初步报价协商。

2. 问诊

向用户询问汽车的故障现象、汽车的使用情况以及故障产生和发展过程，车辆是否曾修理过等，填写“接车问诊表”，并将用户提供的信息进行认真的分析与研究。

问诊表的内容主要包括车牌号码、行驶里程、用户陈述的故障现象特征、与故障产生有关的各种因素及维修建议等，同时请车主签字进行确认。

3. 故障再现

问诊后要进行故障再现。即让客户描述的故障现象在实车上显现出来，这样便于维修人员能准确地诊断出故障范围。故障再现的方法可以在原地试车，也可以进行路试。

有些故障现象比较明显，如：不能起动、排气管冒黑烟、制动失灵、各种灯具不亮等，这些故障可以较容易地再现出来；有些故障的征兆不明显而故障又确实存在，称之为疑难故障（有些属于偶发性故障或间歇性故障），再现这类故障往往很困难。必要时可进行故障征兆模拟试验，模拟故障出现的环境和条件，其方法主要有：振动法、加热法、淋水法、电负荷满载法。

4. 故障诊断

故障诊断就是根据故障现象运用一定的方法和手段将导致故障的原因或部位查找出来的过程。汽车维修中故障诊断是最为重要的一个环节。

现代汽车结构愈来愈复杂、技术含量愈来愈高，要想快速准确地诊断出故障单靠传统经验方法是远远不够的，必须将经验和现代诊断技术结合起来才行。故障诊断的关键是准确性，若故障诊断失误则会导致误拆误修，不仅误工误时，还会降低汽车技术状况，甚至会人为增加新的故障，引起与客户之间的矛盾，影响企业的形象。因此，故障诊断工作往往由维修企业技术骨干完成。

5. 检修费用预测

故障诊断完毕后，对整个维修过程进行维修费用预测并估价，将估价结果通知客户，以便与客户达成维修协议。

检修费估价内容主要包括：

（1）维修项目、工时费；

（2）换件项目、零件数量、单价；

（3）外加工费。

6. 签订维修合同

汽车维修合同是一种契约，是承修、托修双方当事人之间设定、变更、终止权利义务的具有法律关系的契约，是为了协同汽车维修活动达到按规定标准和约定条件维修汽车的目的，而协商签订的相互制约的法律性的协定。

汽车维修合同的主要内容有：

(1) 承修、托修双方名称及签字；

(2) 送修车辆身份登记；

(3) 维修类别及项目；

(4) 送修、交车日期、地点、方式；

(5) 预计维修费用；

(6) 达到的技术及质量要求；

(7) 结算方式；

(8) 违约责任。

在双方信任的基础上也可达成维修协议或签署维修委托任务书。

7．派工

派工也叫车间调度，主要是进行车辆入厂维修的项目确定、作业分工、工位及人员安排、工期预定，确定车辆维修状态以及车辆维修进程的质量控制、过程检验、完工检验报告等。

8．车间维修

生产班组或维修个人在接到派工单后，按派工单中所列的维修项目、内容组织实施维修作业。

维修作业范围主要包括：汽车不解体的单项性能检测项目，汽车维护作业项目，汽车小修作业项目，发动机总成大修项目，前桥、后桥及变速器总成大修作业项目，车架或车身总成大修项目，汽车电器设备维修，全车大修作业项目等。

如需领料，凭派工单到仓库领料，并在领料单上签名；如需备料，请填写备料单，注明车型、车号、年份、零件名称、是否原厂配件等完备内容；换件维修时还应上交旧件。

在修理作业中如发现需追加项目，应停止作业，请示车间主管，主管同意后与接车员联系，征得车主同意后由接车员补单给车间主管，主管补单给班组，班组才能继续施工。

在维修施工过程中，质量检验是非常重要的工作，质量控制的主要手段是自检、互检和专职检验。车辆维修完工后，由班组长自检签字将车清洗干净，车间检验合格后，检验员签字，同时将车停在完好车位，车钥匙及维修单、更换的旧件用袋装好，一并交给业务接待员。

9．验收交车

验收交车的主要内容有：

(1) 所有项目维修完好并经自检和过程检验才进行出厂检验；

(2) 出厂检验时对照所有维修项目及换件项目进行最后确认,确保故障得到彻底排除;

(3) 对照换件项目清检所有旧件并包装良好;

(4) 对照"接车问诊表"清检车身外表及附件;

(5) 出厂检验通过后,总检人签名并记录检验合格时间;

(6) 车辆交美容中心进行最后清洁;

(7) 结算、交车。

10. 跟踪服务

客户离开后应整理客户资料、档案,包括客户姓名、单位、地址、电话、送修或来访日期,送修车辆的车型、车号、车种、维修项目,保修时间、客户希望得到的服务等。

应定期与客户进行电话联系。第一次跟踪服务时间一般选定在客户车辆出厂第二天至一周之内。跟踪服务内容包括:询问客户车辆维修后质量状况和使用情况,对维修厂服务的评价,告之对方有关驾驶、维护的知识,或针对性地提出合理使用的建议,提醒下次维护时间,并欢迎保持联系等。

课题二　接车故障诊断基础

一、接车故障诊断基本原则

汽车结构复杂,故障表现形式多种多样,故障诊断较为困难。在故障诊断中,应根据实际情况,遵循故障诊断的一些基本原则,采用恰当、合理的诊断方法,快速准确诊断出故障。

1. 先外后内、由表及里

首先对表面容易观察、容易检测的地方进行检查诊断,只有将表面相关部件全都检查诊断完后才可拆检内部。

2. 先易后难、由浅入深

容易检查的部分先检查,能用简单方法检查的先检查,自己熟悉的、有把握的故障或部件先检查。

3. 故障码优先

汽车上电控装置很多,一般都有故障自诊断功能。当电控系统出现故障时,ECU 会检测到故障并以故障码的方式储存该故障的信息。因此,在进行故障检测诊断前应首先读取故障码,以免走弯路。

4. 故障诊断无把握时不可轻易解体系统或总成

在机体拆检前应进行不解体故障诊断或技术状况评定。例如，在进行自动变速器故障诊断排除时，一定要分清是机械部分的问题，还是电控系统的问题。若没有把握是内部机械问题，则切不可盲目拆检。

5. 重视维修数据和资料的收集

汽车种类繁多、结构复杂、技术先进，在检修该型车辆时，应准备好维修车型的有关检修数据资料。除了从维修手册、专业书刊上收集整理检修数据资料外。另一个有效的途径是利用无故障车辆对其系统的有关参数进行测量，并记录下来，作为日后检修同类型车辆的检测比较参数。平时注意做好这项工作，会给故障诊断带来方便。同时还要注意检修车型不熟悉时要多收集相关技术资料，弄清其基本工作原理。例如，电子控制系统的一些部件性能好坏，电气线路正常与否，常以其电压或电阻等参数来判断。当缺少数据资料时，故障检判将会很困难，往往只能采取新件替换的方法，造成维修费用增加。

二、接车故障诊断方法

接车故障诊断中，常用到以下几种故障诊断方法。

1. 问诊法

问诊法是维修人员通过与车主的交谈，了解故障的现象、产生及发展的过程，为进一步查找故障原因收集尽可能多的信息的一种方法。了解故障现象是问诊的主要工作，应通过问询、提示、启发等手段，让车主对故障现象尽可能作出全面、客观的描述。问诊的主要内容包括：

1）汽车已经使用的里程或年限

了解汽车使用的里程或年限可以帮助大致估计出故障的性质。汽车零部件或材料随着里程的增加或年限的增长，从开始使用到损坏出现故障有一定的规律性。例如，轴类、轴承类、缸筒、活塞环等配合副磨损件的磨损量或故障率随里程（或时间）的变化而呈现规律性的变化；用非金属材料制作的零件随着时间的推移会逐渐老化；喷油器等油路零件随着使用会逐渐形成油泥、积炭而阻塞喷孔等。对于较新的汽车，比较多的情况是个别零件安装或焊接不好，插接件松动造成接触不良，个别元器件可靠性太差，用户不会使用汽车的某些功能或开关而造成的“假故障”等。对于使用多年的旧汽车来说，应较多地考虑损耗性故障，如电气部分的集成电路老化、特性变坏，电容器损坏，开关触点氧化烧蚀等。

2）故障产生的过程

应了解故障是突然发生的还是逐步恶化的，是一直存在的故障还是时有时无的故障。详细了解以上这些情况，可以使检修人员进一步判断故障的性质，采用较为合理、可靠的维修方法。

3）是否曾经修理过

应该了解该汽车发生故障以后，用户是否请人修理过。如修理过，问清楚修理的全过程，特别是拆了哪些部件，是否对某些部位进行过调整，是否更换过元器件等。了解这些后，或许可以找出前期维修过程中因技术不熟人为因素造成的故障。

4）故障产生的环境因素

应弄清故障发生时或发生前处于什么环境，路况、气候怎样，是否有高温、下雨、剧烈振动等。

5）汽车运行是否正常

汽车是否长时间超负荷运行、仪表板上有哪些警告灯点亮以及是否有错误的操作等。

有些车主对汽车结构及工作原理不了解或一知半解，对故障原因常常会作出一些主观臆断，问诊时要注意排除这些干扰，可与车主一同试车检验。

2. 直观检查法

对整车或怀疑的部位进行认真仔细的直观检查，常常能发现导致故障的原因，应该优先采用这种方法。如导致机械部分故障的裂纹、破损、泄漏、卡滞、连接件松动等，导致电气部分故障的烧蚀、脱焊、松脱、氧化、接触不良、搭铁等。

3. 换件比较法

根据故障现象，将怀疑有故障的机件卸下，换上工作正常的机件，通过观察比较故障现象有无变化而进行的故障诊断。如果更换部件后故障消失，则说明被换下的机件有故障，反之则说明该部件正常。这种方法简单易行，效率较高，经常在缺少被修车型技术资料或检测工具且对故障现象难以诊断的情况下使用。在怀疑难诊断的复杂件，如电脑时，往往用这种方法。

4. 隔除法

将某些系统或部件的工作隔断，通过故障现象是否变化来确定故障部位或范围的方法。例如：用逐缸断火法可以判断是哪一缸不工作；发动机冒黑烟时，可隔断某个缸（断火或断油），如果排烟消失或减少，则该缸有故障；怀疑某缸活塞销异响、连杆瓦响、敲缸响等，都可进行断火试验，根据异响是否消失或减轻即可判断；采用踏下和抬起离合器踏板的方法，来区分变速器或离合器的异响；某灯不亮，可将该灯与蓄电池直接接通，若灯亮，则说明连接该灯的导线发生了故障等。

5. 自诊断法

它是通过读取电控系统故障代码来查找故障原因的一种方法。一般来说，当汽车运行时仪表板上故障指示灯亮则表明该电控系统有故障。读取故障方法可以用故障检测仪，也可以用人工方法来读取。用故障检测仪读取故障时，可直接按仪器屏幕上的提示去排除故障，用人工方法调码时，先用该车型规定的方法步骤读出故障码，然后再查阅维修手册中该故障码的具体含义，按照列表的先后顺序逐一排查故障。自诊断法主要适合与汽车电控系统的传感器、执行器及其控制线路的断路、短路，是一种简便快捷的诊断方法。

6. 现代数据分析诊断法

现代诊断法是在总成不解体的条件下，利用测试仪器和检验设备来检测汽车技术状况，测出有关技术数据，维修人员根据仪器设备显示的结果来进行故障分析判断。这种方法诊断速度快，准确率高，已得到广泛应用。它主要包括：

1）万用表诊断法

对万用表检测到的各种数据如电压、电阻、电流等进行故障分析。此法在汽车电器检修中是一种最基本、最常用的诊断方法。

2）数据流分析法

用故障检测仪或发动机综合分析仪，将汽车运行中各主要传感器、执行器以及其他相关的信息同时显示出来，并且显示值随汽车工况的变化而呈现动态的变化，通过维修人员分析、对比各种工况下的数据有无异常，从而判断故障范围。该方法能判断出无法用自诊断法判断的故障，也可以从故障瞬间各个信号数值的变化中找出车辆运行中偶尔产生的故障。由于故障结论不是由仪器自动给出，而是靠维修人员通过分析得出的，因此，对维修人员的专业素质要求较高。

3）波形分析法

用汽车示波器或发动机综合分析仪对电信号进行检测，将信号电压值随时间变化的规律用图形曲线在屏幕上显示出来。波形曲线直观，能显示变化着的每一个细节，便于维修人员捕捉瞬间信息。它弥补了其他检测仪器设备无法对脉冲电信号进行全面检测和分析的缺陷，特别适用于点火初级、次级波形检测分析及各传感器、执行器故障分析。该方法有一定的技术难度，要求操作者有较高的专业水平，需要熟识各种信号的标准波形及变化规律，并能从实际波形与标准波形的差别中分析出故障所在之处。

4）废气分析法

用废气检测仪检测到废气中的CO、HC、NOx、CO_2、O_2的含量，根据这些废气含量的多少及是否异常来间接分析推断出故障范围。

5）模拟信号法

用信号模拟器模拟相应的信号输出，对传感器及线路的故障进行有效的诊断。例如，很多时候可以通过读取故障代码等形式显示相关的故障，但究竟是传感器本身的故障还是传感器至电脑配线的故障或是电脑本身的故障，需作进一步诊断。此时就可通过信号模拟器模拟相应的信号来代替传感器向电脑输入信号，从而有效的检查出相关的故障。

7. 故障征兆模拟试验诊断方法

有些故障的征兆不明显而故障又确实存在或是偶发性、间歇性故障，这就成为故障诊断中最难处理的情况。对于这样的故障，诊断时可查阅汽车维修手册中的疑难故障诊断表进行诊断，必要时可进行故障征兆模拟试验，再现故障出现的环境和条件，进行全面分析、判断。其方法主要有振动法、加热法、淋水法、电负荷满载法等。

8. 资料分析法

资料分析法是以汽车制造厂提供的有关故障诊断资料（如故障诊断一览表、维修诊断手册等）进行故障诊断排除的方法。维修人员很难做到对所有车型的结构、原理都十分熟悉。因此，在故障诊断过程中，充分合理地利用厂家提供的技术资料，往往能收到事半功倍的效果。在许多情况下，掌握足够的技术资料是进行故障诊断工作的必要条件。由于资料来源权威，多用资料分析法能少走许多弯路。

三、接车故障诊断的一般程序

图 1-2 为接车故障诊断的一般程序图。

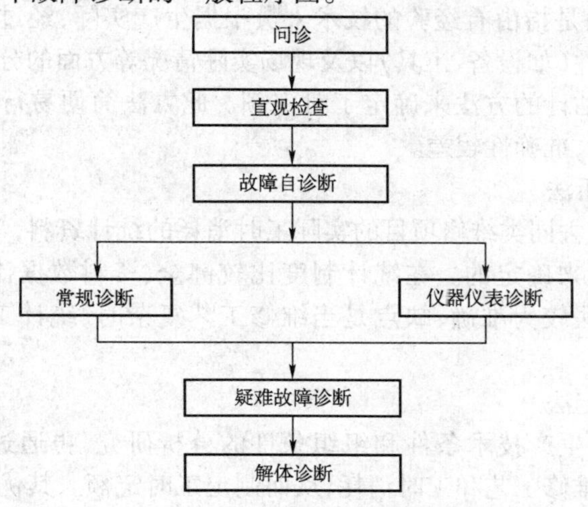

图 1-2　接车故障诊断的一般程序图

课题三　检修费用预测与估价单编写

一、检修费用预测

完成故障诊断后，应该拟出维修方案、确定维修项目，作出维修费用的预算，以便经客户认可后达成维修协议，签订维修合同。

汽车维修总费用是由汽车维修工时费、汽车维修材料费和其他费用三部分组成，其计算公式为：

汽车维修总费用 = 工时费 + 材料费 + 其他费用

或具体为：

汽车维修总费用 =（工时定额 × 工时单价）+ 材料进价 ×（1 + 配件进销差价率）+ 外加工费

1. 工时费计算

目前，在各地普遍采用的工时费计价公式是：

工时费 = 工时定额 × 工时单价

维修企业对外多以工时定额及单价与维修客户计费；对内则多以完成的定额工时，作为班组或技工个人计核其提成收入的依据。

工时定额的制定方法一般有：

1）经验估计法

经验估计法是指由有经验的技术人员根据生产实际，经过对维修项目、工艺规程、生产条件（如设备、工具）以及现场实际情况等方面的分析，并结合过去的实际经验，用估计的方法来确定工时定额。此方法简便易行，但受估工人员的主观影响较大，准确性较差。

2）统计分析法

它是根据过去同类维修项目的实际工时消耗的统计资料，考虑当前各种因素进行分析整理来确定的。在统计制度比较健全、资料数据比较准确的条件下，运用这种方法较为准确，缺点是当维修工艺复杂时，统计工作量显得十分繁重。

3）技术测定法

它是根据对生产技术条件和组织条件的分析研究，再通过技术测定和计算，确定合理的维修工艺和工时消耗，从而制定工时定额。其优点是科学性、准确性较高，但费时费工。

4）类推比例法

它是根据现有的维修项目的定额为依据，经过对比分析，推算出另一种车型同一部位维修项目的维修工时定额方法。其优点是简便易行，能保证定额水平，但受到可比性限制。

5）典型定额法

它是根据每一维修项目的同类作业挑选出具有代表性的车型作为"标尺"。先为典型车型制定定额，然后其他车型的维修项目用典型车型的定额相比较来确定定额。

6）幅度控制法

它是参照历史资料和先进企业同类车型，或同类作业工位的维修定额，结合提高生产率的可能性而提出工时定额的方法。

上述6种方法各有长短，使用上各有局限性，实际工作中，通常是交叉、综合使用。

工时单价的制定方法是按各工种计算工时的平均比例，采用加权平均的计算方法算出汽车维修的平均成本，再根据平均工时成本确定出合适的工时单价。工时单价的大小与地域位置及所处年代有密切关系。

2．材料费计算

汽车维修材料费收入是为了补偿汽车维修所耗材料、配件而取得的营业收入。其中包括：外购配件费、自制配件费、修旧配件费和辅助材料费等。

3．其他费用的计算

其他费用主要是外加工费收入，即是指汽车维修企业由于进行厂外加工而向客户收取的营业收入。

值得一提的是，现代汽修企业对于工时费、材料费等，很多都实行明码标价、张榜公示。

二、估价单编写

估价单上主要包含有：客户及其车辆相关资料、维修项目、项目工时收费、更换零部件名称、单价、金额、收费总计（工时费＋材料费＋其他）、预交定金、估价制单人签名、客户签名、报价时间及补充说明。下面以表1-1和表1-2所示的两款典型汽车维修估价单据样式一、样式二加以说明。

××汽车维修厂车辆维修估价单(样式一)　　表1-1

汽车修理厂地址：　　联系电话：　　传真：

车号:________ 车型:________ 发动机号码:________ 车架号码:________

联系人:________ 地址:________________ 电话:________ 传真:________

预计入厂时间:____年____月____日　预计出厂时间:____年____月____日

维修项目	工时费	换件项目	数量	单位	单价	金额

备注:

接待员		保险公司	签　名
估价人		经办人	
估价日期		经办人	
工时费		审　批	
配件费		车方代表	
合　计	万　仟　佰　拾　圆　角　分		

说明:①本估价单有效期为____天;②如蒙惠顾请先付定金____%;③本估价单内未列项目,如须修理,另追加计费;④车辆在本公司修理,若非人力所能抗拒之事发生,本厂恕不负责;⑤本估价单是根据客户要求进行估价,如该车未在本厂修理请支付估价费;计费方式按总价的____%计费;⑥车上贵重物品请自行保管,本厂恕不负责保管;⑦报价内容仅供参考,结算时以实际维修费用为准。

××汽车维修厂车辆维修估价单(样式二) 表 1-2

公司标识 业字 001

NO.00001

客户资料	名称			客户代码		
	地址			车牌号码		
	电话			车型		
	联系人			车辆出厂号码		
序号	维修项目	项目收费	序号	零件名称	单价	金额
1			1			
2			2			
3			3			
4			4			
5			5			
6			6			
7			7			
8			8			
9			9			
10			10			
11			11			
12			12			
13			13			
14			14			
15			15			
16			16			
17			17			
18			18			
合计:			合计:			
总计:		(工时费:		材料费:	其他:	)
预交定金: 元		收取定金人签名:			____年____月____日	
报价时间				预计完成时间		
制单人签名			客户签名			
说明:1. 本估价单有效期为 10 天;2. 报价内容供参考,结算以实际费用为准。						

课题四　派工与维修卡编写

一、派工

派工或生产调度的主要任务是：合理组织企业的日常生产活动，经常检查维修作业进程，进行质量监控，及时、有效地调整和处理生产过程中的异常情况，组织新的平衡，保证全面完成生产任务。生产调度工作主要体现在如下几个方面：

1. 派工准备

每日开班前，应检查生产准备情况，包括班组人员到位情况，设备工具准备情况，配件供应或修复待装情况，督促和协助有关部门、班组按时做好各种生产准备工作。

2. 调度安排

根据当日应安排的作业维修单，及时均衡地安排班组作业。维修主管将任务下达后，各部门主管应根据本部各作业组的工作情况、技术水平将任务安排下去。二级维护、小修等修理周期短的车辆，进厂后工单应交各部门主管安排施工；大修、翻新等周期长的车辆工单先交电器组，再交总成拆卸，最后交车身部；重点车辆，维修复杂系数较大的车辆应制定维修方案及定件计划后方能施工；应根据业务接待及生产总管要求，定出交车日期；凡大修、翻新、总成大修等修理周期较长的车辆要建立修理进度登记，填写车辆维修动态表，以随时检查督促，各作业组按时完成任务，并以此作为对作业组、员工业绩考核的依据。

3. 巡视检查

定期或不定期到各个作业工位、班组巡视检查工作情况，发现异常，及时处理。

4. 协调生产

根据生产需要，合理组织，调剂作业安排，以确保各工位之间的有效配合。当班组作业完成时，及时通知技术检验员迅速到工位检验。

5. 配件管理

经常与配件部联系，了解配件情况，督促配件部提前备料并及时把配件供应到车间班组。

6. 添加作业

出现维修增加项目情况时，应立即通知业务部，以便与客户取得联系。在接到业务部增项处理意见时，应及时通知班组进行增项作业。

7. 设备管理

检查督促车间合理使用和维护设备。一是检查、督促操作者按章操作;二是检查、督促设备工具的日常维护,禁止设备带病运行;三是督促和检查有关单位和班组严格执行设备维修规定。

8. 档案管理

做好车间生产作业安排的记录,统计和分析等工作,及时处理总结生产过程中的问题与经验,并负责完成该工作报告。车间主管应随时掌握车间动态、工期、质量、进度,每日下班前填写在厂车动态表等各种表格。

9. 文明生产

督促车间文明环境建设、每日检查生产现场,经常引导教育员工文明施工,爱护环境、爱护设备、爱护车辆,遵守安全生产规定,保持车间整洁有序的工作环境。

10. 调度会议

组织好生产调度会,车间的典型问题或事件要及时通告员工,以吸取教训;对于员工在工作中的优良表现,要予以表扬奖励。调度人员在调度会前安排好准备工作,要以专业管理者的态度发言,做到简明扼要,启发号召力强。

二、维修卡编写

维修卡的编写格式因各企业的不同而各有所不同,没有统一的规定,但一般来说都有维修前的派工单及维修过程中的车辆维修动态表。下面给出了典型汽车维修企业的维修派工单(样式一)、维修工业务单(样式二)及备件信息单(样式三),如表1-3、表1-4 和表1-5 所示。

汽车维修派工单（样式一）　　　　表 1-3

派工单号：

客户信息	用户姓名：	通信地址：	联系电话：
	牌照号：	车型：	VIN 号：
	行驶里程：	接车日期：	交车期限：
	用户寄存物品：		
	附件状况：工具□　点烟器□　备胎□　千斤顶□　轮罩□　天线□　灭火器□		

维修前预检		项目	好	坏	维修		项目	好	坏	维修
	外观情况	车身和油漆状况……………	□	□	□	在举升机上	前轮（非正常磨损）…………	□	□	□
		前/后灯状况 ………………	□	□	□		后轮（非正常磨损）…………	□	□	□
		车门玻璃和挡风玻璃状况 …	□	□	□		转向球头和防尘套状况 ……	□	□	□
		刮水片状况…………………	□	□	□		发动机/变速器密封…………	□	□	□
		前轮轮胎状况………………	□	□	□		减振器和悬架管路的密封 …	□	□	□
		后轮轮胎状况………………	□	□	□		传动轴和球笼的状况 ………	□	□	□
							制动系统的密封及管路状况 …	□	□	□
							排气管的状况和固定 ………	□	□	□
	发动机舱	线束的状况…………………	□	□	□	其他	质量预防 …………………	□	□	□
		胶皮管状况…………………	□	□	□		技术预检 …………………	□	□	□
		发动机机油液面……………	□	□	□		空调性能检查 ……………	□	□	□
		冷却液液面…………………	□	□	□		发动机排放检查 …………	□	□	□
		制动液液面…………………	□	□	□					
		助力转向液液面……………	□	□	□					
		蓄电池状况…………………	□	□	□					

好：合格　　坏：有故障，需维修　　维修：用户确认维修

派工内容	报修项目（注明故障）	维修工作内容（注明维修部位）	A R G C E	维修班组	工时费（元）	辅料
	建议维修或增补项目					

A：拆装　　R：恢复原貌　　G：调整　　C：检查　　E：更换

要求及签字	用户希望：归还被更换的备件 ……………………… □是　□否 了解新备件的原貌 ……………………… □是　□否 其他：	接车员签字（盖章）：	用户签字（盖章）：

维修工业务单(样式二)

表 1-4

业务单号：

维修工作内容	标准工时	维修工姓名	工号	日期	开始时间	完成时间	所用时间	签字

备 件 信 息 单(样式三)

表 1-5

信息单号：

序号	备件编码	备件名称	单价	数量	合计	备注

单元二　整车维护

知识目标

1. 了解二级维护及附加作业对汽车性能的影响；
2. 熟知汽车二级维护前技术评定的内容；
3. 熟知二级维护及附加作业项目及确定依据。

技能目标

1. 会做二级维护前的检测并能完成技术评定及附加作业项目的确定；
2. 能合理组织安排二级维护及附加作业；
3. 能熟练完成典型汽车二级维护及附加作业。

汽车维护是指汽车运行到一定的行驶里程或间隔时间，执行清洁、润滑、检查、调整、紧固等预防性作业的过程。一般可分为常规性维护、季节性维护、走合期维护。常规性维护又分为日常维护、一级维护、二级维护 3 种级别。由于设计和制造水平的提高，加以及时有效的维护，在 12 ~ 15 年使用期限内，取消整车大修已逐渐成为一种现实。因此，汽车维修的重点已逐渐转移到汽车维护上，整车维护作业已成为汽车维修生产中的主要作业内容。

鉴于汽车二级维护是新的汽车维护制度中规定的最高级别的汽车维护，本单元将重点介绍汽车二级维护及附加作业的相关内容。

课题一　二级维护前技术评定及附加作业项目的确定

一、二级维护及附加作业对汽车性能的影响

汽车二级维护及附加作业一般约在 3 万 km 或一年后进行，作业中心内容除一级维护作业项目外，以检查、调整为主，并拆检轮胎，进行轮胎换位，是对汽车进行的一次较为全面彻底的技术维护作业，由维修企业的专业维修工负责实施。

汽车二级维护及附加作业的目的是用于维持汽车各总成及零部件具有良

好的工作性能，及早发现并消除故障和隐患，保持汽车良好技术状况，确保汽车的动力性、经济性和安全性等各项性能指标达到正常使用要求。实践证明，定时按维护间隔、项目及技术要求对汽车进行强制维护，能及时发现和消除汽车故障隐患，有效地降低故障率，并延长汽车的使用寿命，防止汽车早期损坏。

交通部《汽车运输业车辆管理规定》中明确提出，汽车维护应本着预防为主、定期检测、强制维护的原则。汽车二级维护是新的维护制度中规定的最高级别的维护作业，是对汽车进行的一次较为彻底的维护作业，是一种预防性的维护作业。其维护作业的内容是依照汽车技术状况的变化规律来安排的，是汽车技术状况下降之前进行的预防性修理，是有效保持汽车良好技术性能的唯一途径。因此，企业与用户应始终坚持预防为主，按照汽车制造厂的要求定期做好汽车维护作业。

二、二级维护前技术评定及附加作业项目的确定程序

根据交通部1990年第13号令提出的车辆技术管理坚持“技术与经济相结合”的原则，汽车维护实行车辆状态检测下的二级维护制度，即“车辆二级维护前应进行检测诊断和技术评定，根据检测结果，确定附加作业或小修项目，结合二级维护一并进行”。因此，二级维护与一级维护工艺过程不同，在维护作业前，必须对汽车进行检测诊断和技术评定，充分了解和掌握汽车技术状况及磨损情况，从而根据诊断结果确定二级维护的附加作业或小修项目，同二级维护作业一并进行。汽车二级维护前的诊断检测主要是围绕驾驶员对车况的反映和汽车的外观检视情况，运用仪器、设备对汽车各部分进行全面的不解体诊断检测，从而确定二级维护的附加作业项目。二级维护前通过检测而进行的技术评定及最终确定的二级维护附加作业项目是对汽车进行的针对性的维护作业，这些针对性的附加作业消除了汽车潜在的故障和隐患，保证汽车恢复完好技术状况，确保真正达到汽车维护应有的目的。这种为掌握汽车技术状况，为附加作业确定提供依据的维护前检测工作，是汽车二级维护的核心内容，也是汽车二级维护工艺过程的关键。

汽车二级维护前检测诊断与附加作业项目确定，应按图2-1所示工作程序进行。

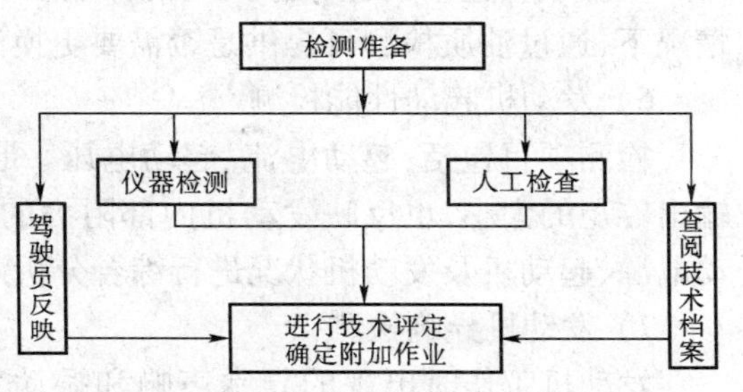

图2-1　汽车二级维护前检测诊断工作程序

三、二级维护前技术评定项目

汽车二级维护前进行的检测诊断技术评定项目主要包括发动机、底盘、汽车电器、空调系统及汽车微机控制系统等项目，具体检测项目如下：

1. 发动机二级维护前检测项目

1）汽油机点火性能检测

检测的主要内容包括：点火提前角、点火高压。其中点火提前角反映点火正时和点火提前角的调节情况。点火高压是衡量点火装置性能的重要指标，反映整个点火系统的工作情况，它与火花塞电极间隙、点火线路状况及电子点火装置各元件的工作性能有关。

2）发动机动力性能检测

检测的主要内容包括：发动机功率、发动机单缸转速降。发动机功率表明发动机整体技术状况；而单缸转速降反映各缸工作状况，也是发动机动力性能的诊断参数之一。

3）发动机密封性检测

检测的主要内容包括：汽缸压缩压力、曲轴箱窜气量、汽缸漏气量、进气歧管真空度。汽缸压力能反映汽缸内部的密封性；曲轴箱窜气量与漏气量反映汽缸活塞组的磨损状况；进气管真空度既反映磨损情况，又能反映配气机构的技术状况。

4）发动机燃料供给系统检测

检测的主要内容包括：汽油机燃料供给系统燃油压力，柴油机喷油压力、供油提前角，微机控制燃油喷射系统工作参数等。

5）发动机润滑系统检测

检测项目包括：机油压力、润滑油品质。在二级维护不强制更换润滑油的情况下，通过油质检测可提供是否需要更换润滑油的依据。

6）发动机起动性能检测

检测项目包括：起动电流、起动电压。起动性能好坏一方面反映起动系统输出转矩的大小，也反映发动机内部阻力的大小。通过起动性能测试，可对起动电源、起动机及发动机状况进行综合分析。

7）发动机异响检测

发动机工作时出现的异常声响和振动，是发动机技术状况不良的有力证明。在发动机维护前，采用一定手段准确地判断出发动机异响和振动的部位，有助于分析发动机内部机件工作状况，从而确定附加作业项目及检修方案。

8）发动机排放污染物检测

检测项目包括：汽油发动机主要是怠速工况 CO 和 HC 排放含量；柴油机烟度。排放污染物达标已成为汽车二级维护检验的重要内容之一。

2. 底盘二级维护前检测项目

1）转向盘自由转动量检测

转向盘自由转动量是转向系统工作状况的综合诊断参数，其反映转向盘、转向轴、转向器、转向杆、转向节及转向轮各部件的传动间隙。

2）转向轮横向侧滑量的检测

它实质上是一种车轮定位的动态检测，通过检测可以分析并确定车轮定位部件的附加作业及检修项目。

3）车轮定位参数检测

一般汽车只有转向前轮有定位要求即前轮定位，但随着汽车技术的发展，现代轿车普遍都是前后独立悬架，为了保持良好的行驶状态，前、后车轮定位参数均有要求，即“四轮定位”。四轮定位主要包括前轮定位即前轮主销后倾角、前轮主销内倾角、前轮前束和前轮外倾；后轮定位即后轮外倾和逐个后轮前束等。车轮定位参数出现变化，将会直接影响汽车行驶稳定性和安全性能。如前束失准会引起轮胎偏磨；主销后倾角过小，会引起汽车行驶不稳定，后倾角过大则转向沉重等。

4）制动性能检测

汽车二级维护中要求拆检车轮制动器，但在维护前，为准确掌握其制动性能，有必要对制动系统工作情况进行一次不解体测试，以确定其他部件是否需要检修。汽车制动性能的检测主要参数有：车轮制动力、车轮制动力平衡、车轮阻滞力、制动踏板力、驻车制动力等。

5）车轮平衡性检测

汽车在二级维护前（具备车辆平衡就车检验条件时）或维护过程中必须对车轮进行车轮动平衡试验，找到其动不平衡产生的原因，确定轮胎检修或平衡调试的作业内容与要求。

6）轴距的检测

汽车轴距能较直观地反映汽车前后轴的安装是否移位。汽车轴距不符合要求，会严重影响汽车的工作性能，尤其是行驶稳定性。汽车二级维护前进行轴距测定，有助于掌握并确定底盘工作状况和附加作业项目。

7）底盘密封状况检测

汽车二级维护前要求对底盘各密封部位进行密封状况检视，从而针对泄漏部位确定相应的维护及检修项目。

8）操纵性能的检测

汽车操纵性能包括离合器、变速器、驻车制动器、转向机构的工作状况。传统的汽车维护作业中，为了保持汽车操纵性能，一般要求对离合器、变速器、转向器等进行拆检维修。新的汽车维护制度要求在汽车二级维护前，通过路试并结合外观检查，分析判断出有问题的部分，才允许进行针对性的拆修。

9）轮胎表面状况检测

轮胎表面磨损程度直接影响汽车的驱动力和制动效能，为确定轮胎能否继续使用，在二级维护前应对轮胎表面进行外观检视。

10）车身、车架和悬架完好状况检测

车身、车架及悬架的完好及紧固状况，直接影响汽车各部分的正常工作。因此应在二级维护前对其进行外观检查，从而在汽车二级维护中针对车身、车架及悬架的状况，视情况进行必要的整形或者焊修等附加作业。

3. 汽车空调系统二级维护前检测项目

目前汽车上普遍装有空调制冷系统，汽车空调制冷系统是一个密闭的压力循环系统。反映空调制冷系统工作状况的主要检测项目有：制冷系统高压与低压端工作压力检测；空调系统密封性的检测。

4. 汽车计算机控制系统二级维护前技术状况检测

当今汽车技术日新月异，我国在用车已普遍采用电控燃油喷射系统、防抱死制动系统、自动变速器等先进的计算机控制系统，这些计算机控制系统都具有故障自诊断功能，在汽车二级维护前应利用汽车计算机控制系统综合故障诊断仪，进行随车诊断，读取故障代码，了解和掌握微机控制系统技术状况，为确定汽车维护作业、附加作业及维修方案提供科学依据。

四、二级维护附加作业项目确定的依据

通过二级维护前不解体检测，准确评定汽车技术状况，确定适当的附加作业项目，是一项技术难度较大的工作，也是一项很有必要的工作。

1. 二级维护附加作业项目确定原则

汽车二级维护附加作业项目是在二级维护作业的基础上深入进行的作业项目，因此确定附加作业应遵循以下几个原则：

（1）附加作业项目的确定，应以汽车的技术检测结果为主要依据。通过仪器设备检查诊断所得到的结果，是汽车各部分技术状况的真实表现，是科学的、可靠的，应作为确定附加作业项目的主要依据，驾驶员的反映受本人技术素质及判断能力的限制，只能作为确定附加作业项目的参考依据。

（2）附加作业项目的确定，应以消除汽车故障恢复汽车的正常技术状况为

原则标准。若维护作业及附加作业超过一定范围,则违背“技术与经济相结合”的汽车维护管理基本原则。

(3) 附加作业项目确定后应与基本作业项目一并进行。汽车二级维护附加作业是维护作业不可分割的一部分,在实施过程中应通过维修合同、维修作业单、过程检验及竣工检验等来充分实现。

(4) 在维护作业安排时应将总成拆修等附加作业项目和基本维护作业的内容合理安排,互不影响,相互之间必须遵循一定的先后顺序。

2. 二级维护附加作业项目确定依据

二级维护附加作业项目是为了恢复汽车各部分原有技术性能的作业,基本为原来要强制拆检维护的内容现在视情况作为附加作业项目而完成,一般为部件更换或总成附件拆修。附加作业项目确定依据是根据检测结果、表现出来的故障现象来进行确定的。表2-1列举了桑塔纳轿车二级维护附加作业部分项目确定依据。

桑塔纳轿车二级维护附加作业部分项目确定依据 表2-1

序号	项目	检测结果	相关故障	附加作业项目
1	点火系	1. 闭合角、点火提前角失准 2. 点火高压达不到规定值,点火波形失常	1. 霍尔信号发生器气隙失准 2. 点火系部件工作性能变差 3. 点火控制器工作不良	检修分电器、霍尔发生器总成,视情况更换有故障的元件
2	发动机动力性	1. 发动机功率低于原厂额定值的80% 2. 单缸转速降小于90r/min,各缸转速降相差大于25% 3. 汽缸压力低于规定值的80%,或各缸压力差大于300kPa 4. 燃油系统供油压力小于280kPa	1. 气门与气门座密封性差 2. 汽缸垫、进气歧管衬垫漏气 3. 汽缸与活塞磨损,配合间隙过大 4. 活塞环磨损、黏结、断裂 5. 正时齿轮、凸轮轴磨损或配气正时失准 6. 燃油喷射系统部件故障	研磨气门 更换损坏衬垫 更换、大修 更换磨损零件或调整配气相位 更换活塞环 检修、调整或更换燃油系统有关部件
3	润滑系	机油压力: 低压段小于30kPa 高压段小于180kPa 油压报警灯亮	1. 机油泵磨损 2. 曲轴主轴承、连杆轴承、凸轮轴轴承配合间隙大 3. 油量不足,油路泄漏,调压阀失灵,仪表、传感器相应的机油压力开关不正常 4. 油道、集滤器滤网或滤清器堵塞	拆检有关部位 视情况维修更换有关部件 拆洗油底壳、集滤器 清洗油道

续上表

序号	项目	检测结果	相关故障	附加作业项目
4	燃烧效果	排放污染物： CO 含量大于4.5% HC 含量大于 1200×10^{-6}	1. 活塞、汽缸磨损，间隙过大 2. 活塞环磨损、黏结、断裂 3. 气门密封不严 4. 喷油器工作不良，供油系统性能差	检修活塞、活塞环、汽缸研磨气门 拆检、调试喷油泵和喷油器
5	离合器	分离轴承异响	分离轴承损坏	更换分离轴承
		打滑 分离不彻底 接合不平顺	1. 离合器摩擦片烧蚀、有油污或材质过硬 2. 摩擦片磨损过度，分离叉轴、传动臂变形，花键过度磨损 3. 离合器压盘、膜片弹簧面不平整	拆检离合器 检查、更换离合器片或压盘总成
6	制动系	驻车制动器生效齿数大于2齿 液压主缸渗漏油 真空助力器漏气	1. 棘爪、棘轮磨损过度、支架损坏 2. 总泵油封老化、密封不良、活塞磨损过度 3. 真空助力器密封不良	拆检、更换驻车制动有关零件 更换液压制动主缸 更换制动真空助力器
7	车轮定位及转向系	车轮定位不符合规定值 转向盘有游隙 转向卡滞、沉重 方向跑偏 方向振抖	1. 悬架支柱变形、球节磨损松旷 2. 车身承载部位、摆臂、稳定杆变形或开裂 3. 转向机构连接不当 4. 齿轮齿条啮合间隙过大 5. 各配合副磨损、卡滞 6. 转向助力泵漏油、失效 7. 转向减振器失效	更换磨损零件 校正变形部位 焊接损坏部位 拆检维修转向器 调整转向传动机构部件 进行四轮定位并调整

续上表

序号	项目	检测结果	相关故障	附加作业项目
8	悬架与轮胎	轴距失准	前横梁、后桥体撞击变形或疲劳损伤	补焊、校正或更换
		悬架机构异响	1. 摆臂、稳定杆、侧向杆变形 2. 减振器漏油 3. 减振器弹簧疲劳损伤、定位失准	整修变形件 更换减振器、减振弹簧
		轮胎异常磨损	1. 前轮定位不符合规定 2. 车身承载部位、前悬架、后桥体变形	视情况调校或维修有关零部件 整修变形件
9	车身	钣金件开裂、锈蚀、变形、脱漆		修整、补漆
10	电器与电子设备	起动困难 起动机负载电流大于110A 起动时蓄电池电压小于9V	1. 蓄电池电压不足 2. 起动线路接头松动 3. 起动机故障 4. 发动机曲轴转动阻力大	蓄电池充电 紧固起动线路接头 拆检起动机 视情况检修发动机相关部件
		微机控制系统有故障代码	传感器、控制线路或电控单元有故障	视情况更换有关部件

课题二　整车二级维护及附加作业的工艺组织

汽车二级维护工艺组织是指汽车维护的各种作业按一定方式组合、协调、指挥等有序进行的管理过程。其目的是按照一定作业顺序进行维护工作，实现高效、优质、低消耗的生产目标。当汽车进入生产车间后，生产管理部门需要从全局出发，进行劳动组织工作，按照技术维护生产过程，正确合理地组织汽车二级维护作业，以获得最短的停场维护时间和合格的维护质量。

一、二级维护及附加作业的工艺流程

一般车辆二级维护及附加作业工艺流程，如图2-2所示。

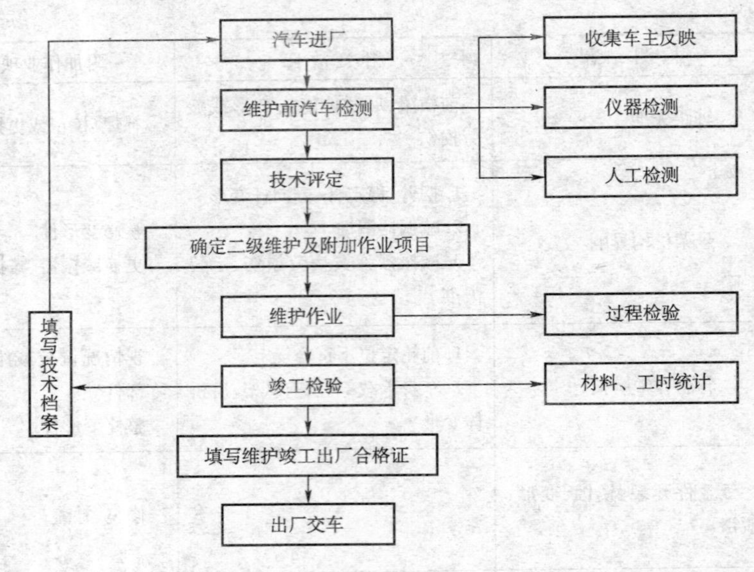

图 2-2　汽车二级维护及附加作业工艺流程

二、二级维护及附加作业的工艺组织

1. 二级维护工艺组织原则

为了提高维护作业工作效率,取得最佳效益,维护作业地点应按工艺配备,合理规划布置,使各方面工作协调有序。一般在工艺组织时应考虑以下几个原则:

(1)工艺过程的组织应满足符合用户汽车运行的工作制度。

(2)工艺组织应合理利用企业维护设备和生产面积。

(3)工艺组织应有效地完成规定的维护项目及工作内容,保证维护质量。

(4)工艺过程的组织应保证维护作业的劳动生产率高,生产成本低。

2. 二级维护及附加作业的工艺组织形式

汽车维护作业组织形式的选择,与维护场地布置及企业车辆接待量有关,并与汽车维护作业方式相对应。一般维护生产工艺的组织形式按专业分工程度不同,通常可分为综合作业法和专业分工作业法。

所谓综合作业法是指把人数不多的工人组织成立一个维护小组,担任一辆汽车的二级维护作业。所有应进行的维护作业项目、附加作业项目以及维护过程中发现的小修作业,都由该维护小组完成。这是一种适用于固定工位作业法的劳动组织形式,由于需要全能的维修工人,维修周期长,成本高。一般适用于生产规模小,维修车辆少、车型复杂的维修企业。

专业分工作业法是在各个维护小组内配备专业工人,将汽车维护作业按工种、部位、总成、组合件或工序划分成一个或几个专业组专门负责进行,每个专业工人都按固定的分工项目进行作业。这种组织方式既适用于固定工位作业法,也适用于流水作业法。采用固定工位作业法时,专业工人在车辆的不同部位平行交叉地在分工范围内进行作业;采用流水作业法时,把规定的维护作业项目按作业性质或作业部位划分,设置若干个专业工位,每个工位都配备必要的机具设备和专业工人,各工位按照维护作业顺序排列成流水作业线,车辆按顺序间歇地通过整个作业线,即可完成全部维护作业。它便于采用专用工艺装备,能保证维修质量,提高工效,易于提高工人的操作技术水平,缩短维修周期。这种劳动组织一般适用于承修车辆多,车型较单一的维修企业。

3. 二级维护基本作业与附加作业顺序相协调

二级维护基本作业和附加作业"一并进行"的组织安排原则,对有些项目是可行的,如局部检修和更换零部件,通过适当延长维护作业时间,将附加作业穿插在基本作业过程中完成。如轿车经检查传动轴防尘罩损坏,万向节球笼松旷需更换防尘罩和球笼,其附加作业不是很费时,可以在二级维护作业过程中结合底盘维护作业项目"一并进行"。但诸如拆检变速器总成、发动机更换活塞环、磨气门等附加作业,要在基本作业中"一并进行"则不太现实,并且这些总成拆下后会影响其他部分的维护作业不能进行,如磨气门时,则发动机点火提前角、怠速、气门间隙等项目根本不能进行。因此在二级维护及附加作业安排时,应合理安排好基本作业项目与主要总成拆检等附加作业项目的顺序,如更换机油及发动机调整作业应安排在总成拆检等附加作业的后面。

汽车维修企业应根据维护业务及业务类型正确选择合适的维护工艺组织和工艺流程。不管采用何种方式的工艺,首先应符合车辆运行的规律,做到合理利用人力、物力,有机地组织和协调生产,以获取最高效益,取得最佳维护效果。

课题三　典型整车二级维护及附加作业实例

由于我国汽车维护制度规定的内容与国内引进、组装合资等进口引进车型维护的内容及要求有所不同。因此,汽车实际维护作业应以制造生产厂家的规定要求为准,严格执行生产厂家的维护规定。各车型汽车维护周期的长短虽然要求不一,但其维护内容和维护作业的深度基本可以与《汽车维护、检测、诊断技术规范》中提出的一、二级维护作业相对应。本课题以国产奥迪 A6 轿车为

例，说明二级维护基本作业项目、作业内容及技术要求。

一、奥迪 A6 轿车定期维护项目及内容

奥迪 A6 轿车定期维护项目及内容，如表 2-2 所示。

奥迪 A6 定期维护项目及内容 表 2-2

周期	项目	内容
12 个月	照明、用电器、开关、显示屏及其他控制元件	检查功能
12 个月	风窗刮水和清洗系统	检查喷嘴调整和功能
12 个月	风窗刮水片	检查静止位置及是否损坏
12 个月	自诊断	用 V. A. G1551 查询故障存储器
12 个月	技术维护周期显示	复位
12 个月	蓄电池	检查蓄电池液面高度，如需要，补加蒸馏水
12 个月	冷却系统	检查防冻液，如需要，补加冷却液
60000km	空气滤清器	清洁空气滤清器壳体并更换滤芯
60000km	火花塞	更换
60000km	液压系统	检查是否泄漏及液压油油面高度，如需要，补加液压油
30000km	汽油滤清器	更换
12 个月	检查发动机，变速器，主传动器，转向系统，万向节护套	从发动机下面检查是否泄漏及损坏
30000km	手动变速器	检查机油油面高度，如需要，补加机油
60000km	主传动（自动变速器）	检查机油油面高度，如需要，补加机油
12 个月	发动机机油	排放更换机油并更换机油滤清器
12 个月	制动摩擦衬片	检查摩擦片厚度
12 个月	排气系统	目视检查是否泄漏和损坏
12 个月	转向横拉杆头	检查配合间隙，检查防尘套
12 个月	万向节	检查防尘套是否泄漏和损坏
12 个月	轮胎（包括备胎）	检查状态及磨损状况
12 个月	轮胎（包括备胎）	校正轮胎充气压力
12 个月	轮胎（包括备胎）	检查左前左后、右前右后轮胎及备胎并记下花纹深度
12 个月	发动机机油	补加

续上表

周期	项　　目	内　容
12 个月	制动液液面高度,取决于摩擦衬片磨损状况	检查
30000km	前照灯	检查,如需要,进行调整
12 个月	不干胶标签	记下下次维护日期(包括更换制动液,并将标签贴到仪表板左侧或门框上(B 柱)
12 个月	路试	
120000km	还需进行下述内容	凸轮轴传动齿形皮带:更换(2.4L 汽油发动机) 齿形皮带,齿形皮带张紧轮:更换(2.8L 汽油发动机) 多楔皮带:更换(4 缸发动机) 多楔皮带:更换(6 缸发动机)
180000km	还需进行下述内容	凸轮轴传动皮带:更换(4 缸 5 气门汽油发动机)
24 个月	还需进行下述内容	制动液:更换

二、奥迪 A6 轿车二级维护作业规范

1. 更换机油滤清器

每行驶 1.5 万 km 必须更换机油及机油滤清器。

(1) 用张紧带(如:Hazet 2171-1)来松开并拆下机油滤清器。

(2) 清洁发动机上密封面,橡胶密封垫上轻涂机油,用手拧紧新的滤清器。

(3) 加注机油:机油规格选用 API SF 级或 API SG 级,机油粘度等级(SAE 标准)根据环境温度选择;机油加注量 4 缸发动机为 3.5L;6 缸 ATX,APS 发动机为 5.7L。

2. 检查发动机机油油面高度

(1) 发动机暖机(机油温度不低于 60℃)。

(2) 车停在水平面上,发动机停转后等几分钟,以便机油回到油底壳内。

(3) 拔出机油尺,用干净布擦净后再插回原处。

(4) 再次拔出油尺,读出油位。机油油面高度不可超过标尺的 b 区域上线,如图 2-3 所示。否则应抽出多余的机油。

3. 检查燃油供给系统

(1) 更换汽油滤清器:每 3 万 km 或 12 个月必须更换汽油滤清器,更换时应在发动机停止工作15min后进行，拆装滤清器前应事先准备一块布，用于吸收溢出的燃油。

(2) 检测燃油系统压力和系统保持压力：燃油压力，怠速时（真空管已接）为320～380kPa，真空管拔下时为380～420kPa，当油泵停止工作10min后发动机燃油压力冷机时应为220kPa以上，热机应为300kPa以上。

(3) 检查喷油器的工作状况，必要时不解体清洗燃油系统，检查喷油器30s的标准喷油量为90～125mL，且雾化良好，无滴漏现象。

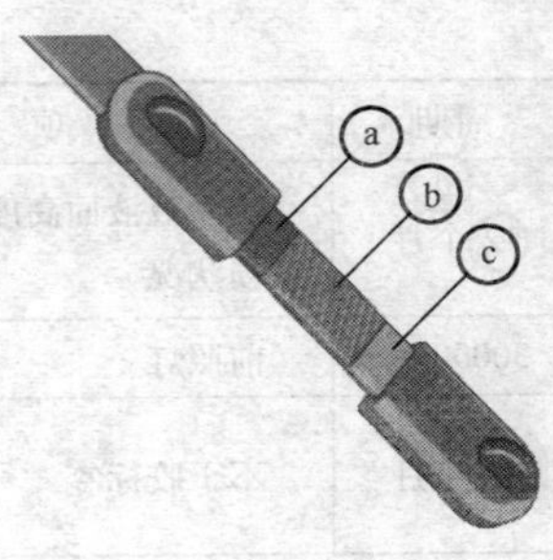

图2-3 机油尺

4. 检查燃油蒸发回收装置

(1) 检查活性炭罐外观及密封性：活性炭罐应完好密封，双向阀工作良好。

(2) 检查单向阀：单向阀和燃油箱压力真空释压盖畅通，工作正常。

(3) 检查燃油箱压力真空释压盖真空阀和压力阀。

5. 检查曲轴箱通风（PCV）装置

(1) 检查PCV阀，单向阀应关闭严密并开关灵活。

(2) 检查通风系统管路，做到清洁畅通，密封可靠。

6. 检查三元催化转换装置

(1) 检视外观及连接导管，三元催化转化器上的保护壳应完整，连接牢固，内部载体无破损，不堵塞。

(2) 更换三元催化转换装置，长效催化转化器每8万km更换，氧传感器每6万km更换。

7. 检查发动机传动带及带轮

(1) 检查并更换传动带，正时带、多锲传动带每运行8万km（V6发动机）更换；传动带应无老化、龟裂和过量磨损等现象；带轮无明显端面跳动，轮槽无明显磨损，运转无异响。

(2) 检查并调整传动带挠度。

8. 检查冷却系统

(1) 检查散热器、膨胀箱及箱盖压力阀，散热器表面清洁，翅片无倒伏现象；软管无老化，变形，卡箍齐全有效；膨胀箱盖压力阀开启压力为140～160kPa。

(2) 检查水泵，应无异响，无渗漏。

(3) 检查节温器工作，开启温度为87±2℃，105℃时升程不小于7mm。

(4) 检查冷却风扇，工作运转平稳，无异响；风扇一挡开启温度为92～

97℃;二挡开启温度为 99 ~ 105℃。

9. 检查点火模块、高压线

点火模块做到绝缘良好,屏蔽罩、高压导线固定件齐全有效,点火高压不低于 25kV。

10. 检查或更换火花塞

(1) 拆下发动机盖罩。

(2) 向上拔下火花塞插头的卡箍并拔下插头。

(3) 拧下点火线圈,如图 2-4 所示。

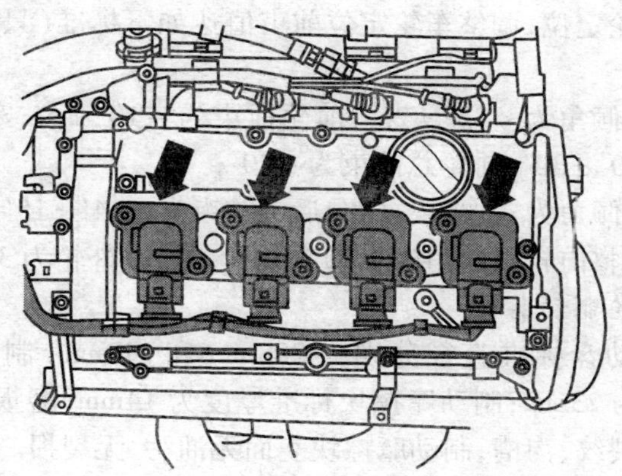

图 2-4　点火系统检查

(4) 用 3122B 拧下火花塞。

(5) 用 3122B 拧入新的火花塞(30N · m),装上点火线圈(10N · m)。

11. 检查离合器

(1) 检查、调整离合器踏板自由行程,离合器的工作缸柱塞弹簧自动补偿间隙免维护。

(2) 检查离合器的工作状况,应接合平稳,不打滑,无抖动和异响,且能彻底分离。

(3) 检查离合器总泵、分泵及管路,不得有漏油现象,且安装可靠。

12. 检查手动变速器油面高度

(1) 检查油面高,规定前轮驱动 012 手动变速器应在加油孔下 7mm。

(2) 以 25N · m 力矩拧紧加油螺塞。

13. 检查自动变速器(主传动器)液面高度

每 6 万 km 必须更换自动变速器 ATF 润滑油。其检查方法为:

(1) 拧下加油螺塞。检查油面高度,01V,01M 相同。在温度为 35 ~ 40℃

时,VW ATF 润滑油必须从检查孔内溢出,且应与加油孔下边缘平齐。

(2) 更换螺塞的圆形密封圈,以 30N·m 力矩拧紧螺塞。

14. 检查转向器,液压转向助力泵

(1) 检查液压转向助力器储油罐油面高度:液压油规格为 G00200,加注量为 1.1L;液面高度在标记 Max 至 Min 之间,每两年必须更换。

(2) 检查转向助力系统应正常无异响,且压力调整装置正常。系统最高工作压力为 1100kPa ± 10kPa。

15. 检查车轮定位及转向角

(1) 检查车轮定位,调整车轮定位前束值达如下标准(只限车身型号为 C5 型):

前轮:车轮外倾角为 −35′ ± 25′;前轮前束为 −10′ ± 5′;车轮转动 20°时前束偏差值为 −1°30′ ± 30′;前轮总前束为 +20′;

后轮:车轮外倾角为 −1°30′ ± 20′;后轴前束为 +14′ ± 15′。

(2) 检查、调整前轮转向角(空载)为内轮 38°7′;外轮为 31°36′。

16. 检查前轮制动器

内部通风制动盘标准直径分别为 288mm 和 312mm,制动盘标准厚度为 25mm,磨损极限为 23mm;制动摩擦块标准厚度为 14mm,磨损极限为 7mm ,制动盘表面不得有裂纹、沟槽,制动摩擦块表面无油污,无裂损。

17. 检查后轮制动器

后轮制动盘标准直径为 245mm,标准厚度为 10mm,磨损极限为 8mm,制动摩擦块标准厚度为 11mm,磨损极限(含制动块)为 7mm,制动摩擦块表面无油污,无裂损;轮毂转动灵活,无异响,安装后轮制动部件时,在滑动部件与连接件接触处涂抹润滑脂。

18. 检查行车制动系统

(1) 检查紧固制动主缸和管路接头,制动踏板自由行程最大为踏板总行程的 1/3。

(2) 检查制动主缸和助力器工作状况:系统内应无空气,制动效能良好,指示灯开关灵敏有效。

(3) 排除制动系统内空气。排气顺序为:主缸—右后轮缸—左后轮缸—右前轮缸—左前轮缸;带 ESP 控制系统的排气顺序为:左后轮缸—右前轮缸—右后轮缸—左前轮缸;ESP 液压泵通过 V. A. G1869 来排气。

(4) 检视 ABS 故障指示灯应无故障。

(5) 检查真空助力器工作:踩制动踏板数次后踩住,起动发动机应明显感觉踏板高度有所下降。

19. 检查轮胎

(1) 校正轮胎(包括备胎)压力在标准范围内(空载):前轮为220kPa,后轮为200kPa,备胎为260kPa。

(2) 以120N·m力矩按对角线拧紧车轮螺栓。

20. 检查轮胎压力监控系统

奥迪A6带有轮胎压力监控系统,每次更换车轮时必须将规定压力按下述方法重新存储一次。

(1) 打开点火开关。

(2) 按压"Menu"按钮,出现开始菜单。

(3) 转动"旋钮/按压"按钮,将选择箭头移到SET(设置,EINSTELLEN)。

(4) 转动"旋转/按压"按钮,将箭头移到TYRE PRESSURE(轮胎压力即REIFENKRUCK)上。

(5) 将选择箭头移到STORE PRESSURES(存储压力即DRUCKE SPEECHERN)上。

(6) 按压"旋转/按压"按钮,现在出现一个小勾,系统确认已成功存储轮胎气压:CURRENT TYRE PRESSURES ARE BEING STORED(已存储当前充气压力)。

(7) 依次退出菜单。

21. 进行车轮动平衡

清洁车轮,胎冠与胎肩应无气鼓、裂伤、老化、变形及扎钉,花纹深度不超过极限标记,如图2-5所示,气门嘴完好;车轮不平衡质量小于5g。

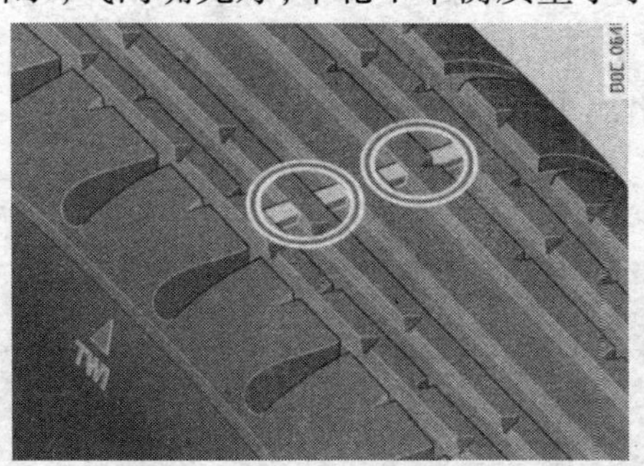

图2-5 轮胎深度磨损极限标记

22. 检查电动玻璃升降器定位

当断开蓄电池时,电动玻璃升降器的实际位置及单触功能失效,应重新定位。

(1) 打开点火开关。

(2) 用电动玻璃升降器将玻璃升至上止点位置。

(3) 然后再次操纵所有玻璃升降器开关 1s(关闭方向)以启动单触功能。

(4) 向打开方向按开关,玻璃应自动运动到下止点。

23. 启动收音机防盗码

(1) 打开收音机。

(2) 同时按下 TP 和 TA 键,直到显示数字"1000",松开两按键。

(3) 用选台按键 1 ~4 输入收音机卡上贴的代码。即用按键 1 输入代码第一位,用按键 2 输入第二位,依次类推。

(4) 然后再次同时按下 TP 和 TA 键,直到频率显示屏幕上出现"SAFF"字样,松开按键。其上短时出现一个频率。

(5) 如果固定码已正确输入收音机,那么在拔下点火钥匙时,收音机旁的一个发光二极管应闪亮。

24. 检查蓄电池

(1) 检查蓄电池液面高度。液面应在 Min 和 Max 标记之间,如需要,补加蒸馏水。

(2) 关闭点火开关,测量接柱间电压,蓄电池空载电压应显示 12.5V 或更高。

25. 检查并调整前照灯

(1) 用十字头螺丝刀或内六角扳手来调整相应的调整螺栓。

(2) 检查上部的亮—暗边缘是否接触调整线,以及是否水平。

(3) 拆下保险杠下部的护板。

(4) 转动调整螺栓,可以减小前照灯照程。

26. 检查仪表等信号装置

检查喇叭、仪表各信号装置,应功能齐全、有效,符合规定,如图 2-6 所示。

图 2-6 仪表、信号装置的检查

27. 检查电子控制系统

(1) 使用 V. A. G1551 或 V. A. S5051 等专用诊断仪检查电子控制系统,应显示正常。否则针对性排除故障并清除故障码。

(2) 检视电子控制单元、传感器、执行器及全车线束,线束应固定齐全、有效,插接件锁止良好。

28. 检查超声波内部监控系统

(1) 将侧面玻璃打开约 10cm。

(2) 关上车门,启动防盗报警装置和内部监控装置。

(3) 等待 30s,直到指示灯慢速闪动(频率为 0.5Hz)。

(4) 从打开的玻璃开口处将手伸入,挡住传感器,如内部监控系统正常,则应发出报警声,打开车门,警报声停止。

(5) 重复上述步骤,检查所有传感器。

29. 技术维护周期显示复位

在二级维护检查及更换机油后,可用如下方法对技术维护周期显示进行复位:

(1) 关闭点火开关。按下组合仪表板上的日行驶里程表复位按钮,如图2-7中的②所示,同时打开点火开关。

如图 2-7 所示,在中间显示屏上将出现:“SERVICE IN 2000km”即离维护还有 2000km 或维护到期。

(2) 松开按钮。向左或右转动时钟调节按钮(见图 2-7 中的①),使“SERVICE”复位。显示屏显示“SERVICE IN 15000km(离维护还有15000km)”。

图 2-7 维护显示

(3) 关闭点火开关。

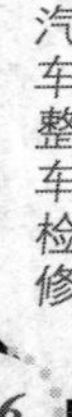

单元三　汽车总成拆检与装复

知识目标

1. 熟知从整车上拆装发动机、变速器的步骤、方法和技术要求；
2. 熟知从整车上拆装车轮和悬架的工艺步骤和技术要求；
3. 了解从整车上拆装其他总成或系统的步骤和要领；
4. 掌握汽车总成及零部件的检验分类方法及整车修竣检验方法。

技能目标

1. 能正确熟练地从整车上拆装发动机、变速器、车轮和悬架等总成；
2. 能正确地从整车上拆装分动器、万向轴、主减速器和助力转向机等其他总成；
3. 会进行汽车总成的检验、分类及整车修竣后主要性能的检验；
4. 会正确熟练地使用各种拆装、调整及检验设备、工具。

汽车总成拆检与装复在汽车维修作业中占有较大的比重，也是汽车维修过程的重要环节。拆卸与装配的目的是为了对有缺陷的总成、零部件进行修复或更换，使不能正常运行的总成或零部件经过调整、修复或换件达到规定的技术要求。在实际操作中，往往由于拆卸或安装不当造成机件损坏或不能保持其正确的位置和配合关系，影响汽车的使用寿命。同时，零部件的检验和分类也是汽车修理工艺过程中一项重要工序。它不仅会影响修理质量，同时也会影响修理成本。因此，掌握汽车拆装及检验的基本知识和操作技能是十分必要的。

尽管各类汽车的构造不尽相同，但基本结构和组成大致相同，其拆卸与安装、检验的工艺及方法有相似之处。下面以奥迪 Audi A6 轿车为例，介绍汽车总成的拆检与装复。

课题一　从整车上拆卸发动机、变速器

一、从整车上拆卸发动机的工艺

1. 从整车上拆卸发动机的技术要求与注意事项

(1) 在作业前必须用翼子板罩盖住翼子板，以免擦坏漆面。

（2）发动机拆卸前首先要放出润滑油和冷却液，其放出的冷却液应置于干净的容器内，以便处理或再用。

（3）严格遵循拆卸操作步骤，注意安全生产。

（4）正确选择和使用拆卸和吊装工具，避免损坏机件。

（5）由于发动机连接的管线较多，应尽量避免扎带、线卡等小件的损坏，以便在安装时恢复原状。

（6）文明生产，不污染地面，必要时在发动机下放置接油槽。工具和拆下的零件不得扔在地上。

（7）当发动机与变速器脱离后，从前端拆下。

（8）对于带有编码收音机的车辆，拆卸前要查取编码，以备今后检修时需要。

2. 工具准备

除常用工具以外，需准备如下奥迪 A6L1.8 轿车发动机拆卸的专用工具：

（1）吊架，工具编号 10-222A，如图 3-1a）所示。

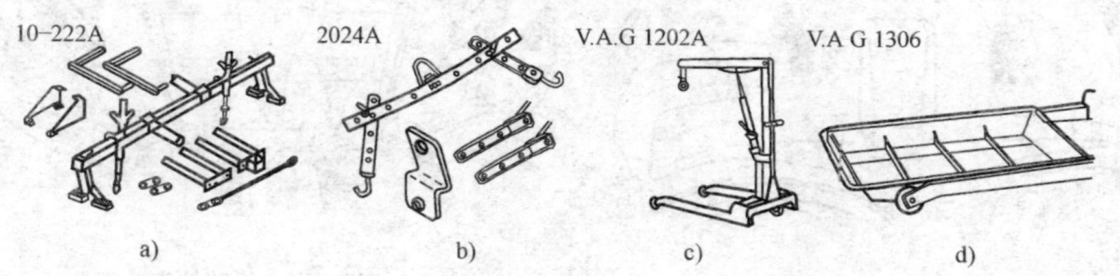

图 3-1　专用工具

a）吊架；b）吊具；c）车间起重机；d）接油槽

（2）吊具，工具编号 2024A，如图 3-1b）所示。在发动机起吊时，安装在发动机上，连接挂钩。

（3）专用工具，编号 3147，穿入变速器的螺孔内，连接吊架，用于发动机起吊。

（4）车间起重机，编号 V. A. G1202A，如图 3-1c）所示。

（5）接油槽，编号 V. A. G1306，如图 3-1d）所示。

（6）专用套筒扳手头，工具编号 SW15Matra V/175。专门用于拆装变矩器螺栓。

3. 从整车上拆卸发动机的方法和步骤

奥迪 A6L1.8T 配有手动变速器和自动变速器两种，下面介绍配置自动变速器车型，发动机（AWL）从车上拆卸的方法和顺序。

（1）将车开到举升器上，关闭点火开关，将变速杆置于“空”挡位，举起车辆。注意检查举升支撑是否牢固，调整好高度后要检查举升支点的固定情况。放出发动机润滑油和冷却液，以后根据作业情况调整举升高度。

(2) 拉下风窗玻璃前的压力舱盖密封条，向前取下压力舱盖。

(3) 拆下蓄电池搭铁(接地)线。

(4) 打开冷却液膨胀罐盖。在打开膨胀罐时会喷出热蒸汽，因此须用抹布盖住罐盖，然后小心打开。

(5) 拆下发动机装饰盖，如图 3-2 所示。

(6) 取下空气滤清器盖，然后取下空气导管。

(7) 拆下前保险杠。

(8) 松开发动机防护板快速接头及螺栓，如图 3-3 箭头所示，接着取下隔声板。

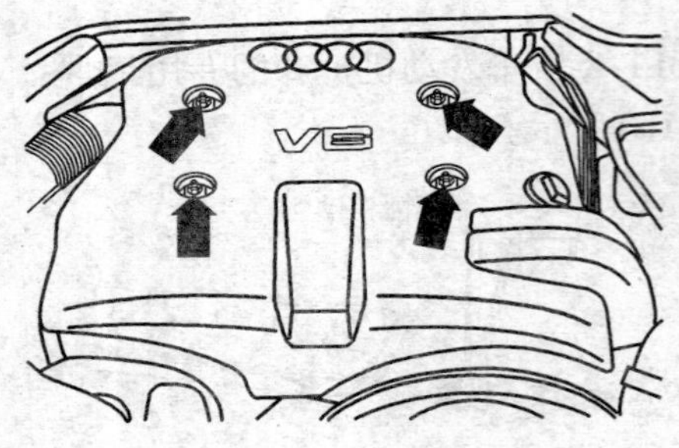

图 3-2　拆下发动机装饰盖

图 3-3　松开发动机防护板及螺栓

(9) 拆下防护板支架螺栓。

(10) 拆下增压空气冷却器前部的空气导向件。

(11) 从支架上松开车外温度传感器。

(12) 拧下助力转向液压油冷却管紧固螺栓，并将其放在一旁，注意不要打开液压油管路。

(13) 将接油槽 V. A. G1306 置于发动机下。

(14) 逆时针拧下散热器排放螺塞，为防止水气飞溅，可接上辅助软管。

(15) 取下冷却液下软管卡箍，从散热器上拆下冷却液软管。

(16) 拆下机油冷却器冷却液软管，如图 3-4 箭头所示，排出剩余的冷却液。

(17) 拆下通往锁支架左下部增压空气冷却器的空气软管，如图 3-4 箭头所示，然后拆下通往锁支架右下部废气涡轮增压器的空气软管。

(18) 拆开自动变速器油管，接着拧下油底壳左侧的自动变速器油管支架螺栓。

(19) 松开并拔下锁支架右下方的空调压缩机电磁离合器的绿色供电

插头。

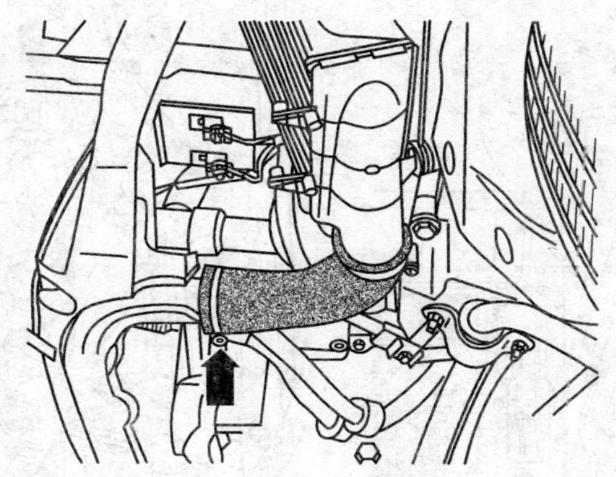

图3-4 拆下通往锁支架左下部增压空气冷却器的空气软管

(20) 拔下车两侧的前照灯供电插头。

(21) 拆下锁支架上的发动机舱盖拉索。

(22) 拆下助力转向液压油罐上的护板。

(23) 拔下制动防抱死装置(ABS)单元前部的5个插头,并将导线放在一旁。

(24) 拆下散热器上部冷却液软管。为了防止损坏冷凝器及制冷剂软管,不可扭曲、折叠或弯曲管路和软管,同时不可打开空调制冷剂环路。

(25) 拧下散热器左、右导风罩固定螺栓。

(26) 拔下空调低压开关上的插头,如图3-5所示,再松开两个固定销,并将其拽向一旁;然后取下冷凝器的两个支架,将冷凝器向上拉离支架,向侧面转动,并用金属丝将其固定在右前轮上。

注意在拉冷凝器时不要碰坏翼子板。

(27) 拧下锁支架螺栓,使之倾斜。

(28) 拔下活性炭罐电磁阀、空气流量计和增压压力限制电磁阀导线及插头,如图3-6所示。接着拔下所有的软管,再拆下空气滤清器壳体。

(29) 拆下如图3-7所示的冷却液软管A、B,并拆下箭头所指的冷却液膨胀罐的螺栓。

(30) 拔下位于膨胀罐下部的冷却液不足指示器F66的导线。

(31) 拔下发动机下部通往换热器左侧的冷却液软管。再拔下汽缸盖接头上通往换热器右侧的冷却液软管。

(32) 拆下空气软管,如图3-8所示。

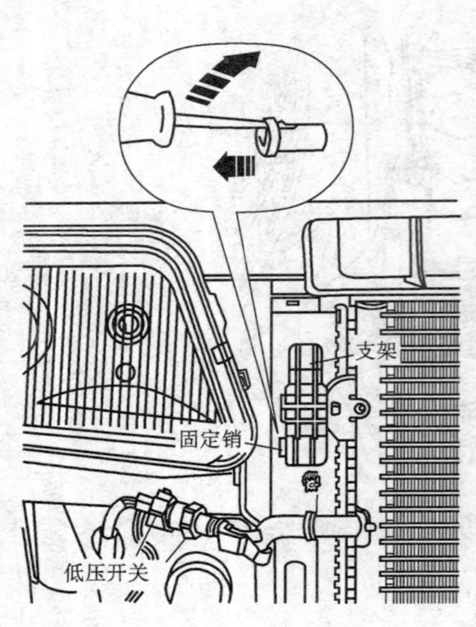

图 3-5　拔下空调低压开关的插头

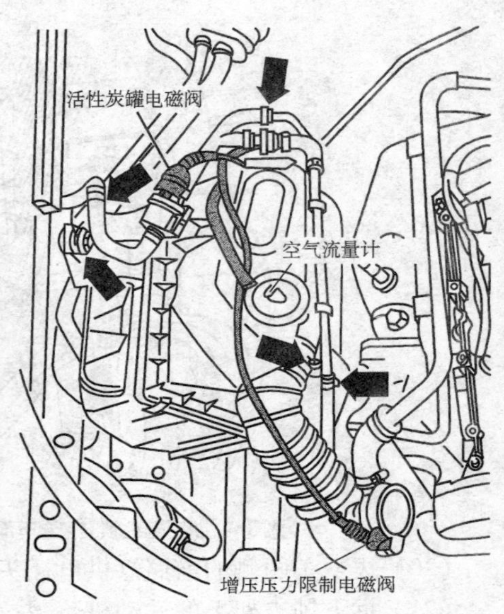

图 3-6　拔下导线及插头

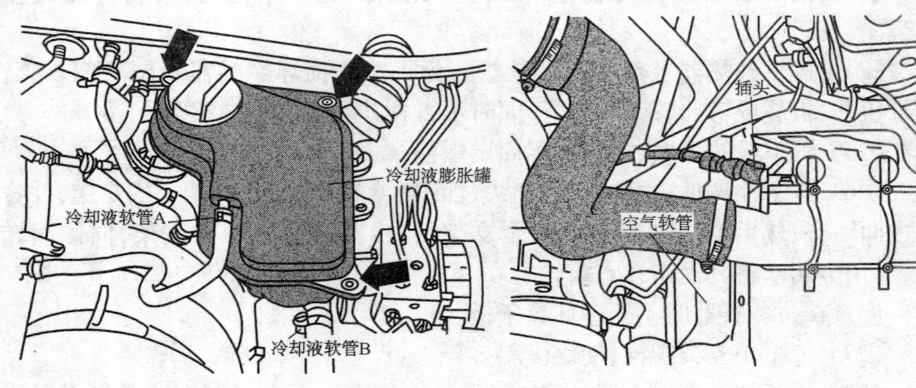

图 3-7　拆下冷却液软管

图 3-8　拆下空气软管

(33) 拔下增压压力传感器(G31)的插头,如图 3-8 所示。由于燃油系统处于压力状态,在拆下插头,即打开系统前,接头应包上抹布,然后慢慢松开接头以卸压,最后才拔下插头。

(34) 拔下燃油供油管和回油管,并将其放置在一旁,如图 3-9 所示。接着拔下接制动助力器的真空管,拔下接活性炭罐电磁阀的真空软管和拔下接真空罐的真空软管。

(35) 拆下压力舱内电器盒盖。用平口螺丝刀小心地松开发动机控制单元(ECU)固定卡箍,如图 3-10 所示。再松开插头定位机构,拔下控制单元的两个插头。

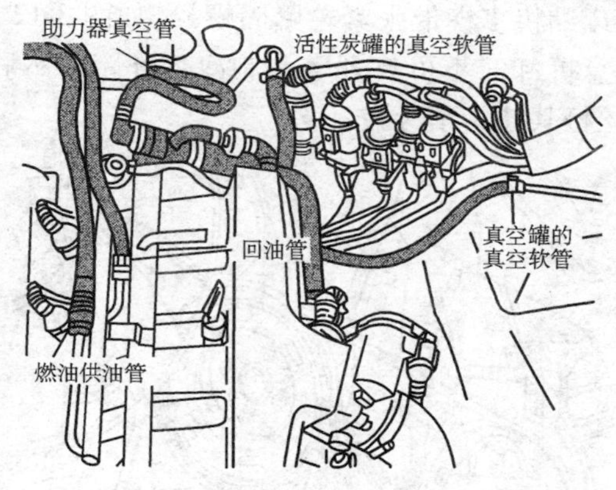

图 3-9 拔下燃油供油管和回油管

(36) 松开如图 3-11 所示箭头所指的定位机构,向上拉出电器盒内的附加继电器盘。

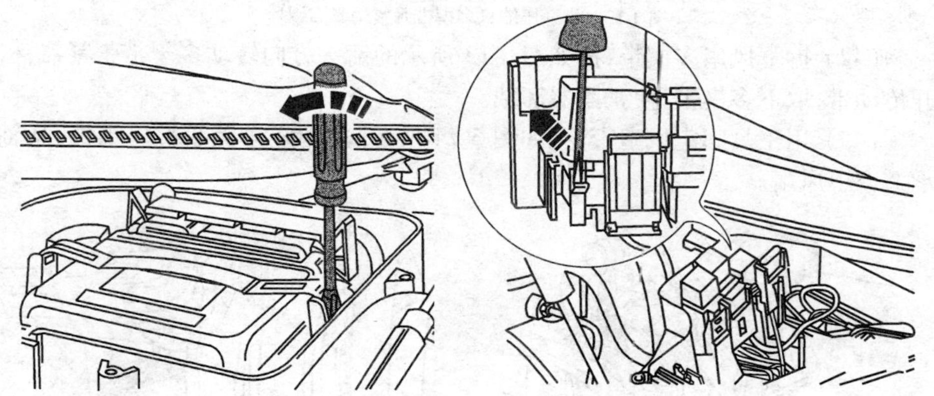

图 3-10 松开发动机控制单元的固定卡箍

图 3-11 松开定位机构

(37) 拔下插座后部的插头。

(38) 拧下搭铁(接地)螺栓,接着从支架上拆下 5 个插头,和拔下 λ 传感器的两个插头,并按图示箭头方向松开线束,将其放置一旁。

(39) 拔下变速器左侧的车速表传感器 G22 的插头,将导线放在一旁。

(40) 拔下变速器上的倒车灯开关插头,将导线放在一旁。

(41) 拆卸空调压缩机多楔带。

注意:在拆卸所有多楔带前,都应标出其旋转方向。若旧传动带安装后沿错误方向旋转,则可能导致传动带断裂。安装时,须确保传动带正确坐落在带轮槽内。

首先松开空调压缩机多楔带张紧轮紧固螺栓,如图 3-12 箭头所示,再松开并取下传动带。注意拆卸时不可打开空调制冷剂环路。然后从支架上拆下空调压缩机,用金属丝将其挂到车身上。

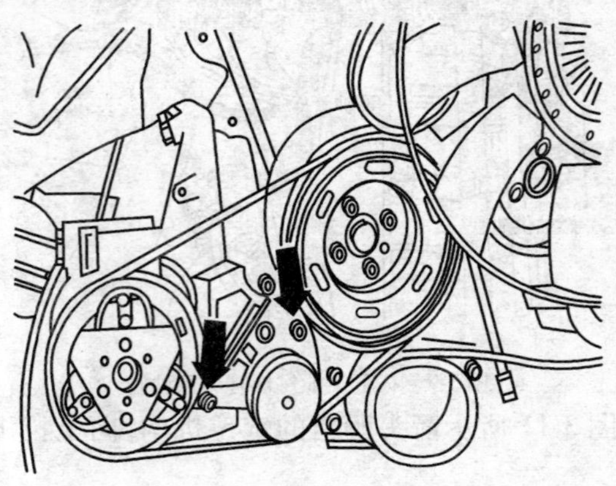

图 3-12　松开压缩机多楔带张紧轮紧固螺栓

(42) 拆下风扇多楔带,按如图 3-13 所示的箭头方向转动多楔带张紧器,松开传动带,取下多楔带,使张紧器卸载。

(43) 用工具固定风扇带轮,如图 3-14 所示,用内六角扳手拧下螺栓,从轴承上取下风扇。

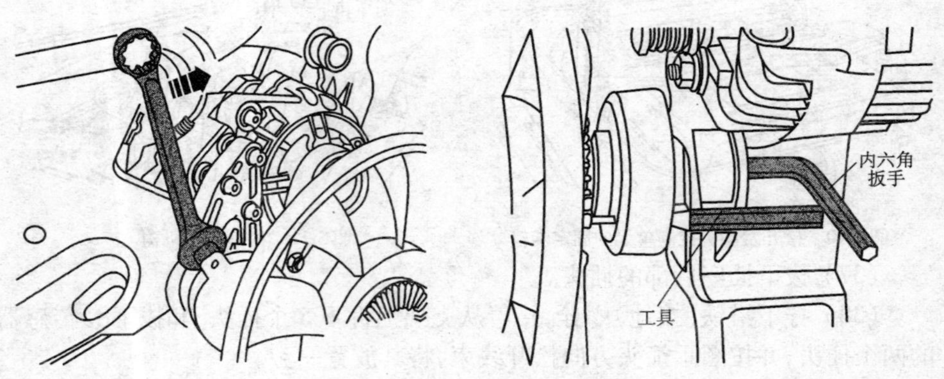

图 3-13　转动多楔带张紧器　　图 3-14　用工具固定风扇带轮

(44) 拧下助力转向叶片泵的皮带轮螺栓,再拧下助力转向叶片泵螺

栓,将其向上捆扎好,注意管路不要拆。

(45) 拧下废气涡轮增压器及催化净化器紧固螺母。

(46) 拆卸排气装置,先拧下排气装置支架螺栓。注意排气系统上的连接件扭曲均不可超过 10°,否则会损坏机件。然后从废气涡轮增压器支座上拉下排气装置。

(47) 拆下起动机上的两根导线,如图 3-15 所示。从起动机正极接头上取下绝缘件,并拧下导线夹的螺母和缸体上支架螺栓。

(48) 从变速器上拧下起动机螺栓并取下起动机。

(49) 从发动机右支架上拧下搭铁(接地)线螺栓。

(50) 从拆下起动机后留下的空间,用专用套筒扳手头 V/175 拧下如图 3-16所示的箭头所指变矩器的 3 个螺栓,每个螺栓间隔曲轴 1/3 圈。注意松开变矩器螺栓时,用减振器中央螺栓定位。

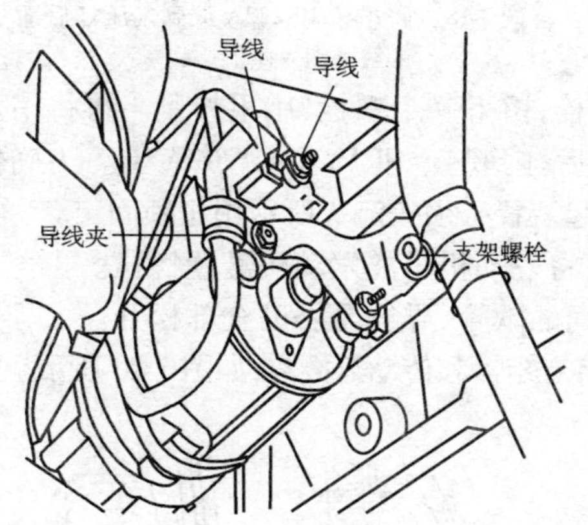

图 3-15 拆下起动机上导线

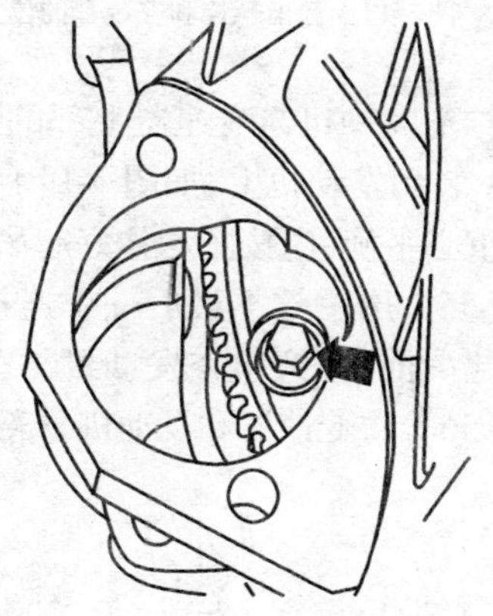

图 3-16 用专用工具拧下变矩器的 3 个螺栓

(51) 将发动机左、右悬置螺母松开几圈。

(52) 因发动机的型号不同,固定孔也不同,所以要先标出螺栓和安装套在发动机左、右悬置下部的位置,如图 3-17 所示。然后拧下发动机左、右悬置下部螺母,并从下面拧下发动机与变速器连接螺栓。

(53) 拉下减振器支座附近的发动机舱盖密封件。

(54) 放下举升器,准备起吊发动机。首先将吊架 10-222A 放到气压撑杆后面的减振器支座上,心轴朝前,如图 3-18 所示。

再将专用工具 3147 穿入变速器壳体的螺纹孔内,用 10-222A/2 连接专用工具 3147 与吊架 10-222A。

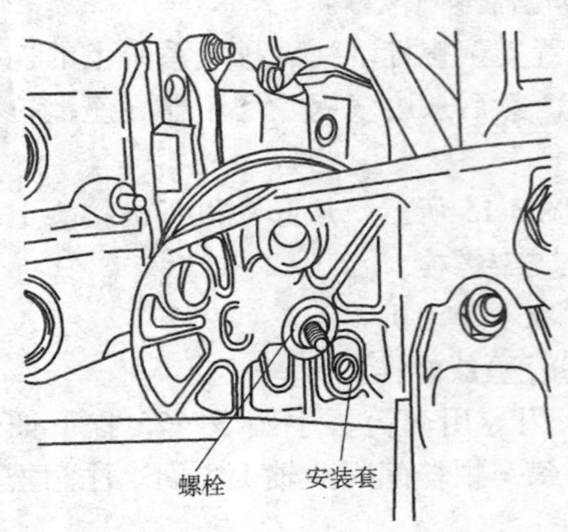

图 3-17　标出螺栓和安装套的位置

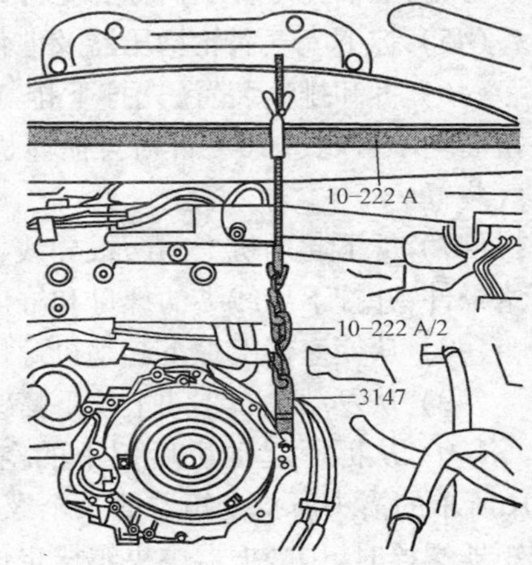

图 3-18　将吊架 10-222A 放到气压杆后面的减振器支座上

拧下发动机与变速器上部的连接螺栓，留下一个螺栓，用手拧紧。再将吊具 2024A 装到发动机上，如图 3-19 所示，然后挂到起重机 V. A. G1202A 上。为确保总成重心平衡，应按图示挂好起吊件，吊起装置必须按箭头所示用止锁固定。

（55）用手拧下最后一个连接螺栓，将发动机吊离发动机悬置螺栓。

起吊前，注意检查发动机与车身之间的软管、导线是否已全部松开。

（56）将变速器和发动机分离，同时将变矩器和传动盘撬离，如图 3-20 所示。

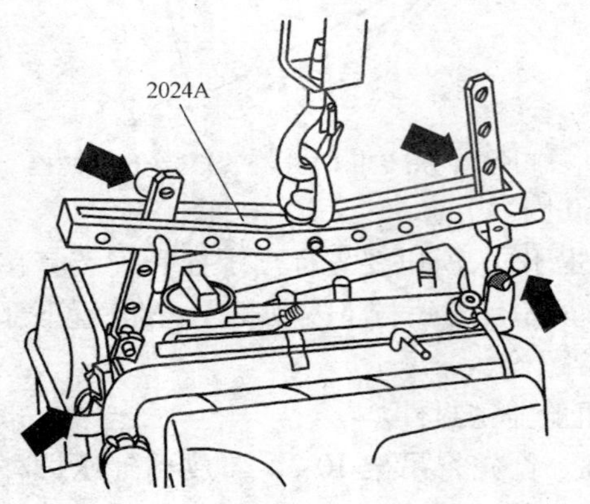

图 3-19　将 2024A 装到发动机上

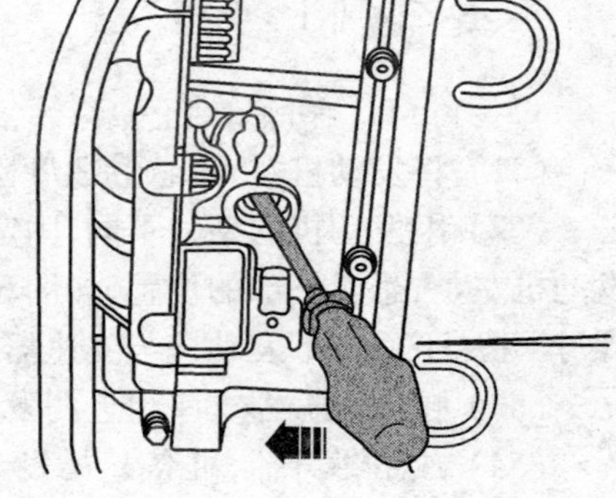

图 3-20　将变矩器和传动盘撬离

从变速器上分离出发动机，将其向前从发动机舱中移出。最后用金属线将变矩器固定在变速器内，防止倾倒。

奥迪 A6L1.8T 轿车匹配手动变速器轿车发动机的拆卸顺序与配置自动变速器基本相同,只是少了自动变速器的油管和变矩器。因而也就减少了(18)、(50)两个步骤和步骤(56)的有关内容。

二、从整车上拆卸变速器的工艺

1. 变速器拆卸的技术要求与注意事项

与发动机拆卸一样,除严格遵循拆卸顺序与正确选择和使用工具外,还应注意以下几点:

(1) 在变速器拆卸前要彻底地清理干净连接部位及其四周。

(2) 拆下的零件要放到干净的垫子上并盖好,可以使用塑料和纸,切忌不要使用纤维擦布。

(3) 圆形密封圈、油封和密封垫原则要更换。

(4) 拆下油底壳或者未给自动变速器加油时,发动机不能工作,车辆也不能拖动。

2. 工具准备

除常用工具以外,需准备如下奥迪 A6 变速器拆卸的专用工具。

(1) 吊架,编号为 10-222A。

(2) 调节板,编号为 3282/19,如图 3-21a)所示。

(3) 变速器夹具,编号为 3282,如图 3-21b)所示。

(4) 发动机、变速器支撑架,编号为 1383A,如图 3-21c)所示,拆悬架时也可用来支撑前、后桥。

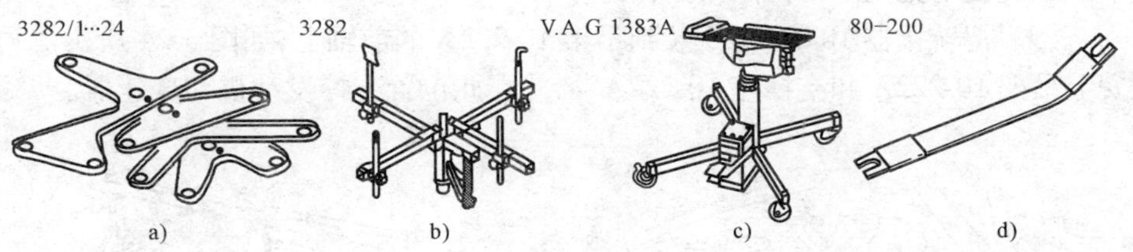

图 3-21 专用工具

a)调节板;b)变速器夹具;c)支撑架;d)压杆

(5) 吊具,编号为 2024A。

(6) 压杆,编号为 80-200,如图 3-21d)所示,专门用于拆变速器拉线。

(7) 专用套筒扳手,编号为 V175。

(8) 接油槽 V. A. G1306。

3. 从整车上拆卸01V 自动变速器的方法和步骤

(1) 拆下蓄电池搭铁(接地)线。

(2) 拆下发动机上盖板。

(3) 拆下空气滤清器和保险杠之间的空气管子,如图 3-22 所示。再拔下活性炭罐电磁阀插头,从支架上拆下电磁阀,拔下空气流量计上的插头。

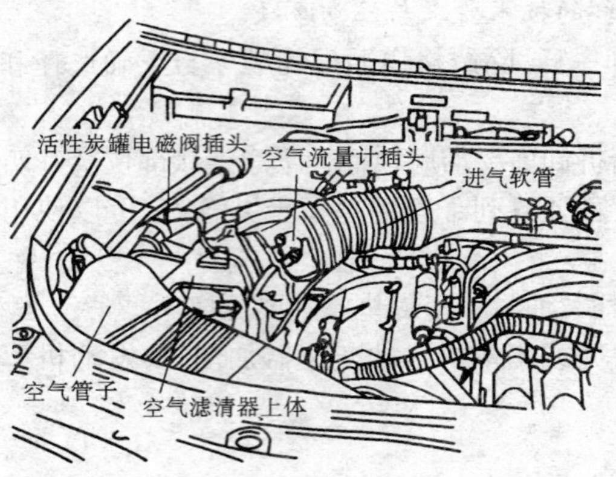

图 3-22 拆下空气滤清器和保险杠之间的空气管子

(4) 拆下进气软管、空气滤清器上体和冷却系统补充罐,并放在一边。

(5) 拆下排气管上的 λ 传感器。

(6) 拆下排气管上部左右两个固定螺母。

(7) 拆下所有发动机和变速器连接螺栓。

(8) 拔下如图 3-23 所示的插头。

(9) 把转接器 10-222A/3 装到吊架 10-222A 的前轴上,如图 3-24 所示。再安上吊架 10-222A 和支撑座 10-222A/1,并在此位置支撑发动机和变速器。

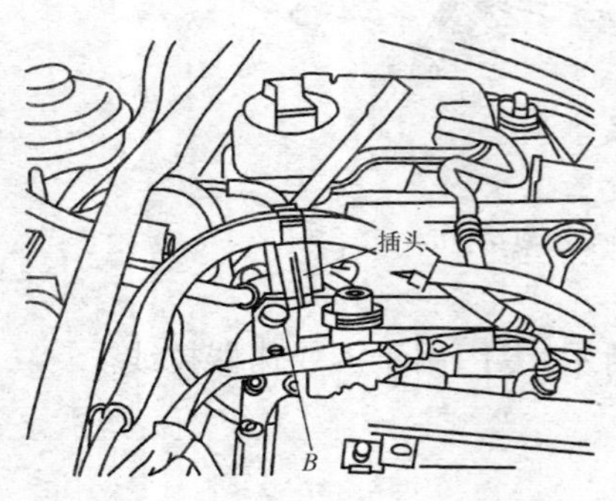

图 3-23 拔下插头

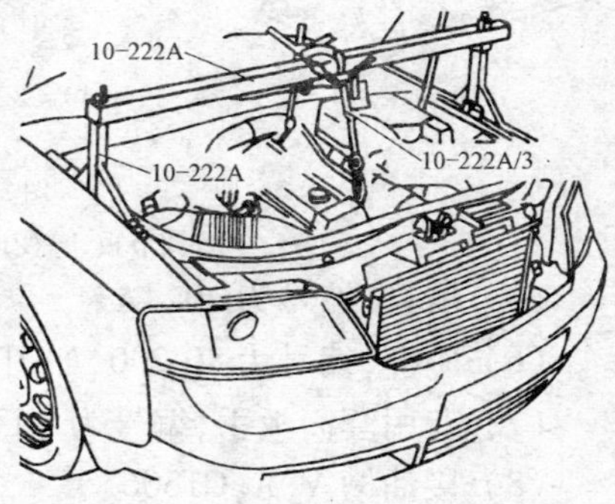

图 3-24 用专用工具支撑发动机/变速器

（10）轻轻旋转转接器 10-222A/3 的螺母手柄，以拉紧发动机与变速器装配体。

（11）举起汽车，拆下前轮、消声器和消声器支架。

（12）拆下左右转向轴隔热板，如图 3-25 箭头所示。

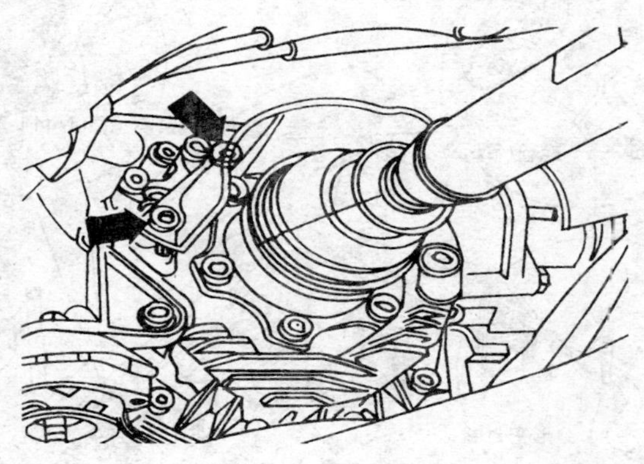

图 3-25 拆下左右转向轴隔热板

（13）拆下万向轴和变速器连接的螺栓。

（14）拔下变速器上速度测量表插头。

（15）拆下排气装置前部。

（16）拆下消声器支架，如图 3-26 所示。再转动卡板拔下变速器线束插头，接着拔下多功能开关插头和拆下插头连接支架。

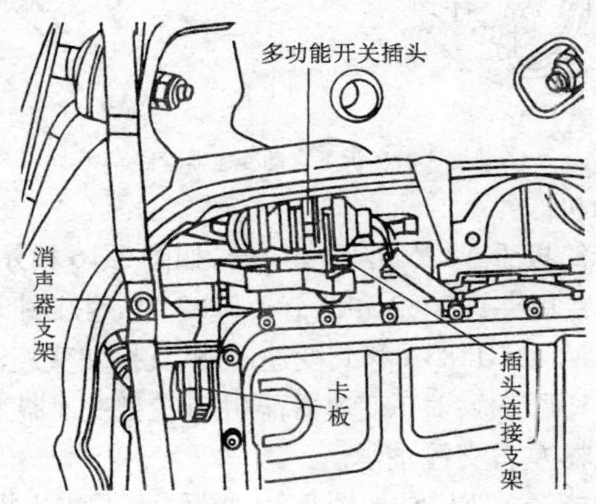

图 3-26 拔下线束及插头

（17）把接油槽 V. A. G1306 放到车下。

（18）松开卡夹螺栓 A，拆下自动变速器油液（ATF）管路支架，如图 3-27 所示。再旋下螺栓 B,拆下变速器到 ATF 散热器油管,并用干净堵塞堵住变速器上的孔和管路,然后把管路放在一边,防止损坏。

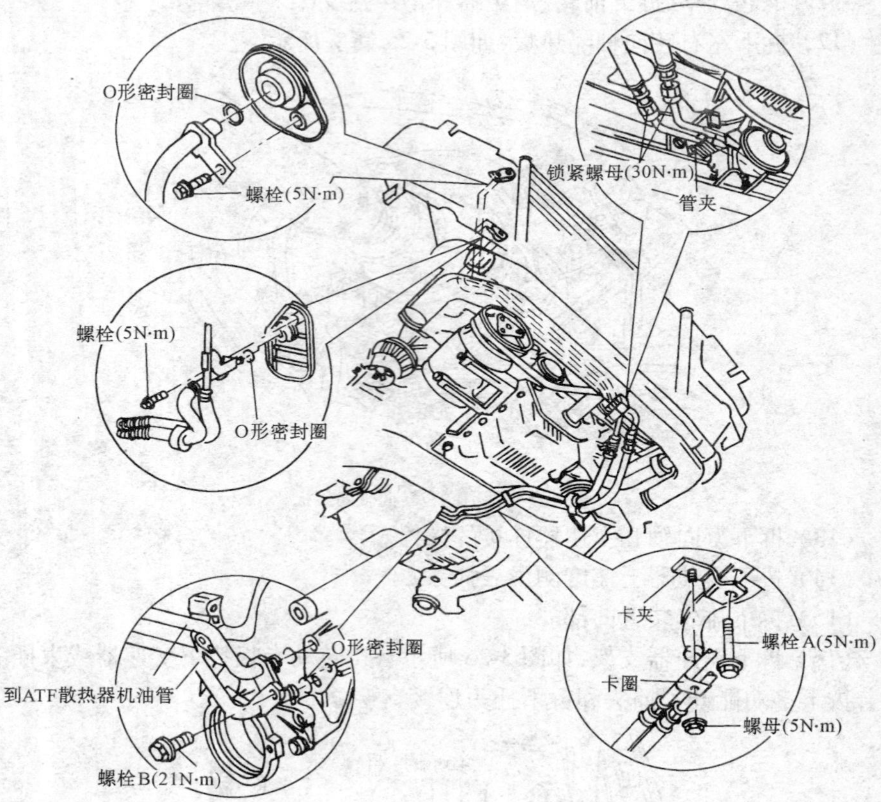

图 3-27　拆下自动变速器管路

(19) 拆下起动机。

(20) 用专用套筒扳手 V175 拆下变矩器,如图 3-16 所示。

(21) 将变速器专用夹具 3282 和调节板 3282/19 等按图 3-28 安装(箭头指自前方)。连同支撑架 V. A. G1383A 移到变速器下,支撑住变速器,如图 3-29 所示。

(22) 平行地调节调节板,对正变速器,再用螺栓把变速器固定到夹具 3282 上。

(23) 拆下变速器左右支撑轴承。

(24) 拆下多功能开关 F125,如图 3-30 所示,为了防止损坏,拆下后应自由放置。

(25) 在变速杆拉线轴承座和变速器壳体上做好标记,拧下螺栓,如图 3-31 箭头所示,并拆下轴承座。

（26）拆下变速杆拉线末端上的卡箍，如图 3-32 箭头所示。

（27）用专用压杆 80-200 拆下变速器拉线，如图 3-33 箭头所示。

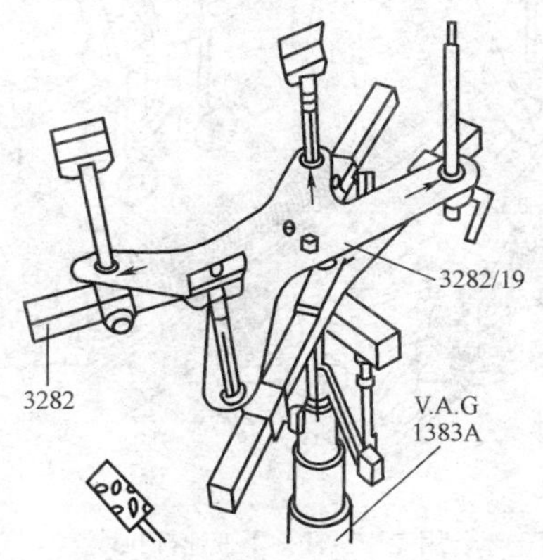

图 3-28　变速器专用夹具与调节板安装

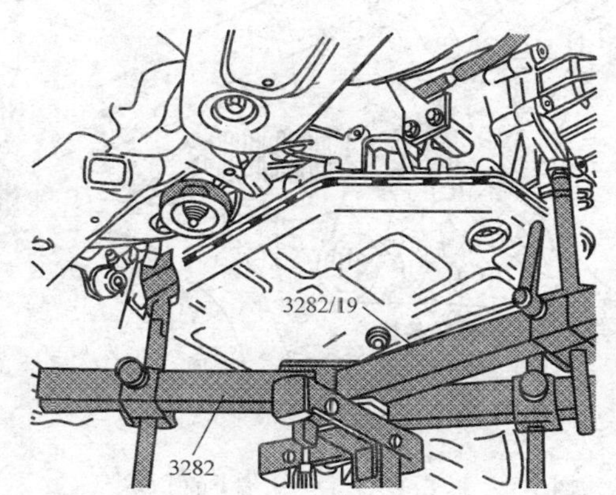

图 3-29　用专用工具支撑住变速器

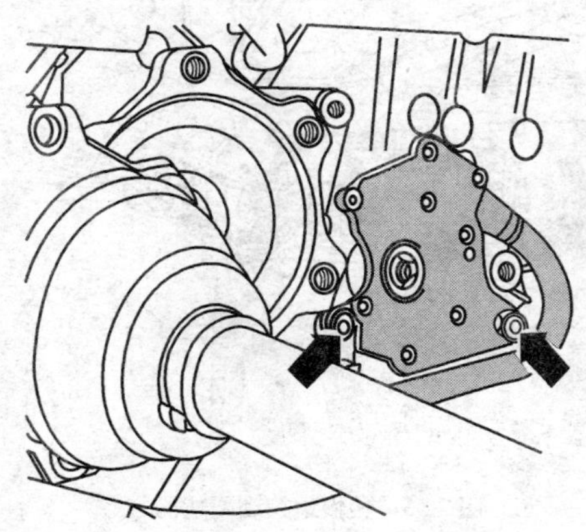

图 3-30　拆下多功能开关 F125

图 3-31　拆下轴承座

（28）拆下发动机与变速器上部连接螺栓，降低总成前后的支撑架，松开装配支架上的两个发动机支撑。如有需要可适当调高发动机，拆卸时注意节气门部件不要碰坏前端面的绝缘垫。

旋下发动机和变速器之间的剩余连接螺栓，将变速器慢慢下落。

（29）把变速器和发动机分开，同时推入变矩器，如图 3-34 箭头所示。朝着 ATF 自动变速器油液泵方向推变矩器，注意防止变矩器掉下来。

（30）慢慢地将变速器向内摆，如图 3-35 箭头所示，并且小心地从支架和底盘之间滑出。降下变速器，完成拆卸。

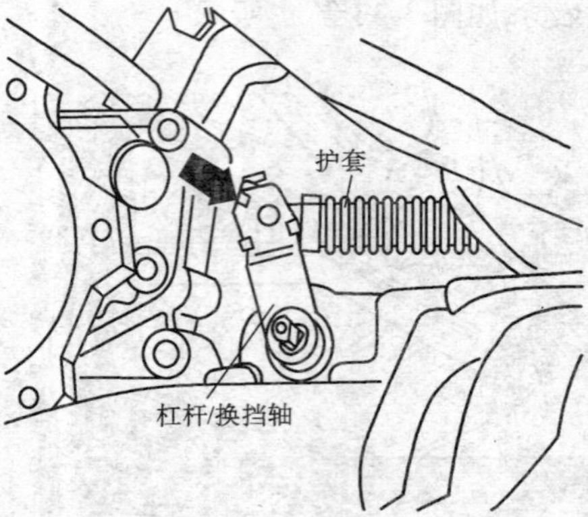

护套
杠杆/换挡轴

图 3-32　拆下变速杆拉线末端上的卡箍

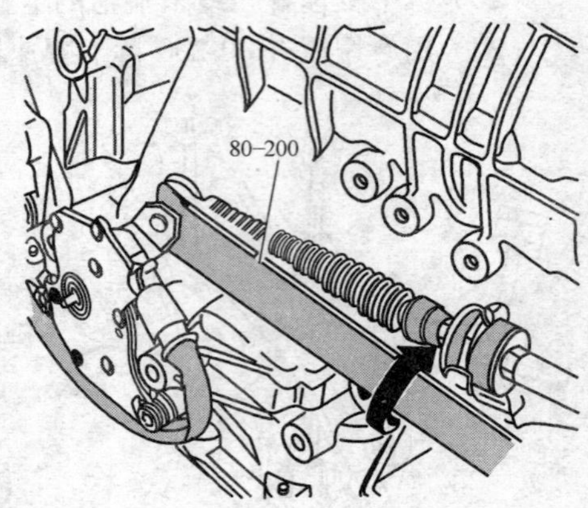

图 3-33　用专用压杆拆下变速杆拉线

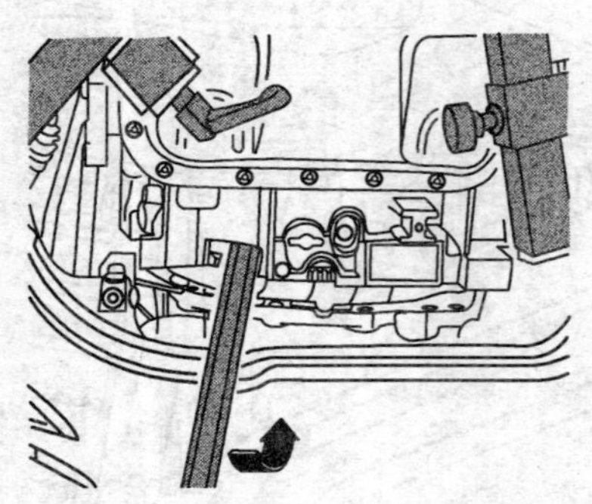

图 3-34　朝着 ATF 泵方向推变矩器

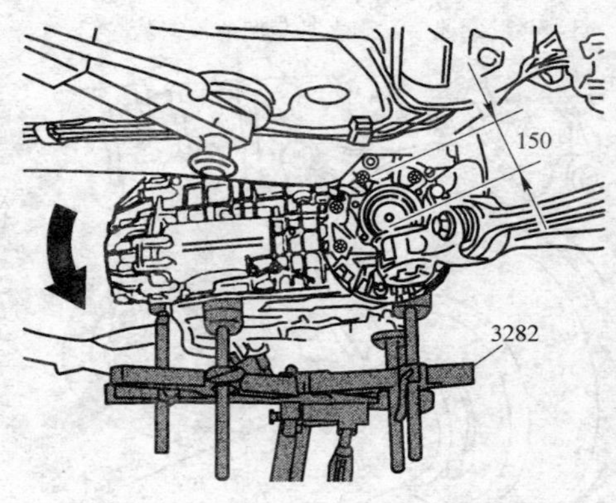

图 3-35　慢慢地摆动变速器

课题二　从整车上拆卸悬架、车轮

一、从整车上拆卸车轮的工艺

奥迪 A6 轿车多采用轻合金车轮，结构如图 3-36 所示，车轮螺栓采用防盗螺栓与防护帽结构。下面以奥迪 A6 轿车为例介绍车轮的拆卸步骤。

1. 车轮拆卸注意事项

(1) 应在车未举起停在地面上时拧松车轮螺栓，然后举起车辆，用手拧下螺栓。

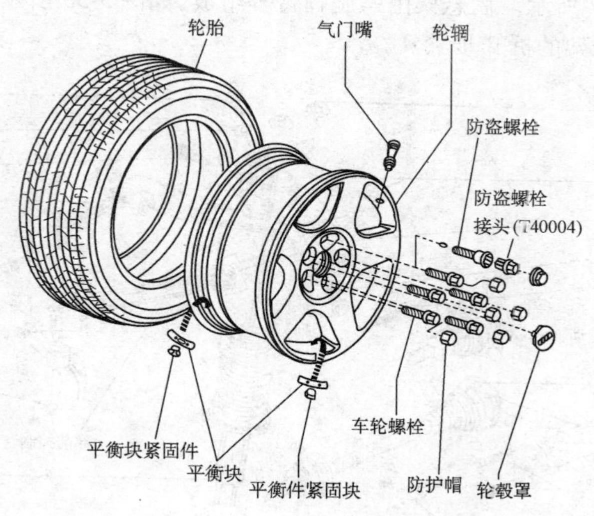

图 3-36　轻合金车轮结构图

（2）如奥迪等车辆车轮螺栓采用防盗结构，所用防盗螺栓接头的安装工具有多种尺寸规格，注意选用。

（3）某些货车因转矩大，车轮螺栓（母）采用右侧为右旋螺纹（顺丝），左侧为左旋螺纹（反丝），拆装时注意拧动方向。

2．工具准备

除常用工具以外，需准备奥迪 A6 拆卸专用工具。主要有防盗螺栓接头专用安装工具，编号 T40004。

3．奥迪 A6 轿车车轮的拆卸方法和步骤

（1）将车开到举升器上。

（2）拆下车轮装饰盖，对于轻合金车轮，用钩子拉下轮毂罩。

（3）用夹子取下螺栓防护帽，用套筒扳手和专用防盗螺栓接头（T40004）拧松车轮螺栓。

（4）举起车辆。

（5）取下车轮螺栓。

（6）拆下车轮。

二、从整车上拆卸悬架的工艺

奥迪 A6 采用独立悬架结构，前悬架装置由副车架、横向稳定杆及控制臂等

组成，如图 3-37 所示。后悬架由螺旋弹簧等组成，如图 3-38 所示。下面以奥迪 A6 为例介绍悬架的拆卸步骤。

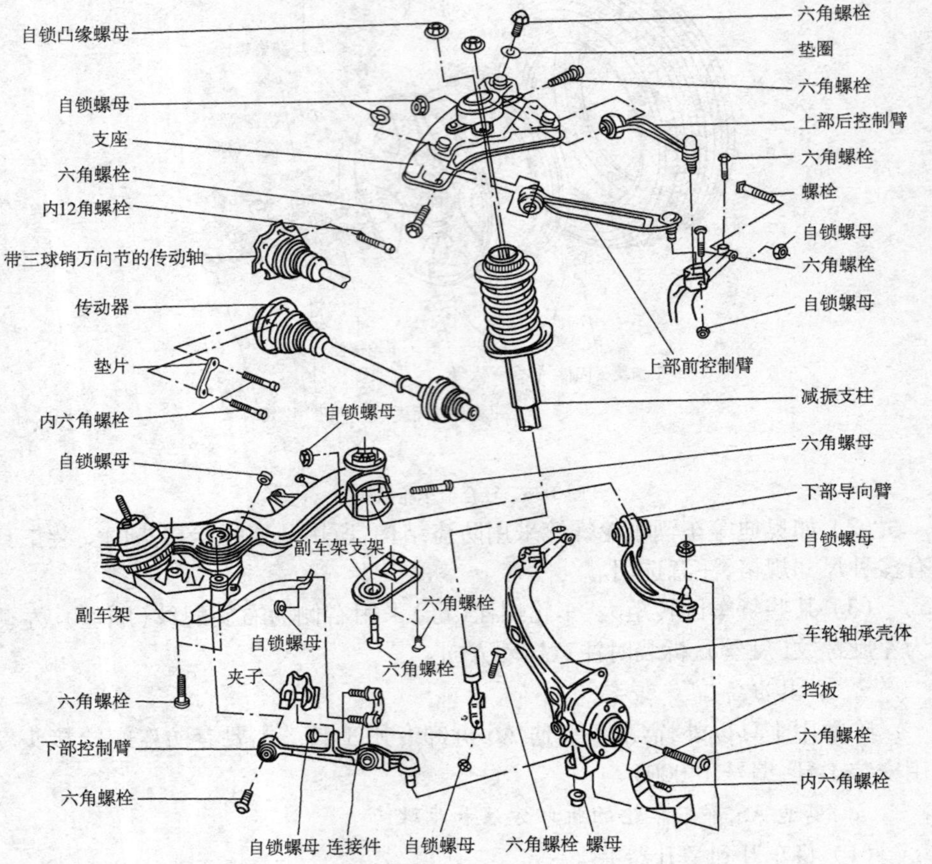

图 3-37　奥迪 A6 前悬架结构图

1. 悬架拆卸注意事项

(1) 因承载件和悬架部件不允许焊接和矫直，所以拆卸时切忌不可折断或弄变形。

(2) 橡胶金属支撑只能转一定角度。因此只有当车停在路面上时才能拧动悬架控制臂上的螺栓，否则易造成支撑损坏。

(3) 悬架临近制动油管，拆卸时切不可损坏管路表面。

(4) 防尘套一般可以再次使用，拆卸时注意不要损坏。

2. 工具准备

除常用工具以外,还需准备奥迪 A6 悬架拆卸的专用工具。主要有支撑架 V. A. G1383A 和万能支架 V. A. G1359/2。

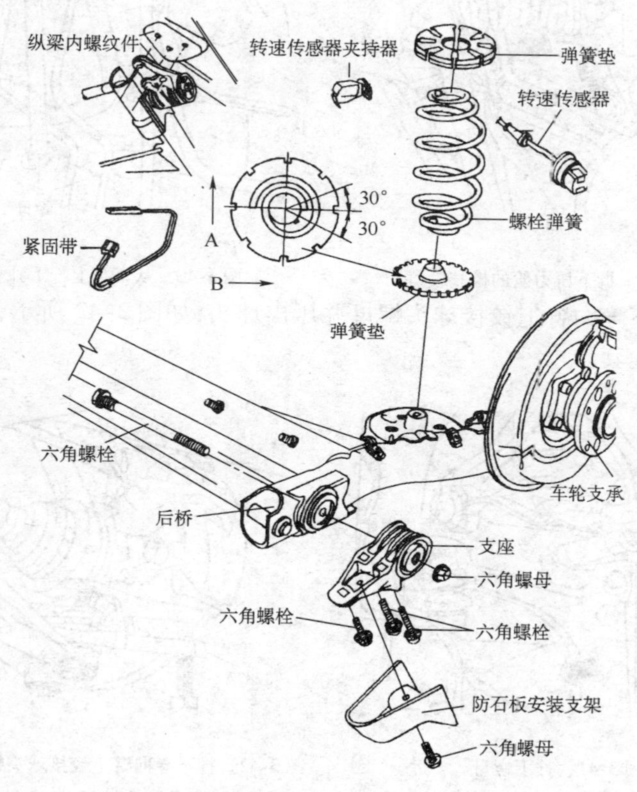

图 3-38 奥迪 A6 后桥和后悬架结构图

3. 拆卸奥迪 A6 前悬架的方法和步骤

(1) 在拆下车轮后,拆下压力舱内的橡胶管口,如图 3-39 箭头所示。为防止损坏下导向臂的铰接头,可用 V. A. G1383A 来支撑,以防止过度回弹。

(2) 拧下螺母,从车身上取下独立悬架,如图 3-40 所示。

(3) 从制动钳体的支架上拔出 ABS 转速传感器导线。

(4) 拧下螺母,如图 3-41 所示。取出六角螺栓,并向上拔出控制臂,再将车轮轴承壳体按图示箭头方向转向一旁。

注意不可松开紧固螺栓,否则,因前轮定位改变,须重新检校。

在拧下独立悬架下部控制臂的六角螺栓时,应从车轮轴承壳体上拆下导向管。如需要,可用一个内六角扳手来固定铰接球头。

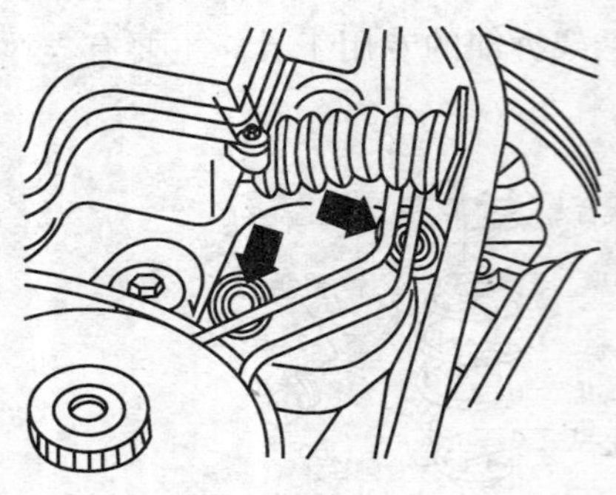
图 3-39　拆下压力舱的橡胶管口

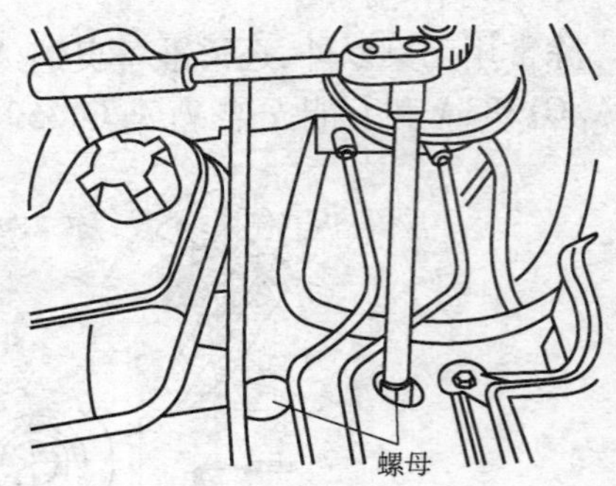

图 3-40　从车身上拧下独立悬架

(5) 拧下导向臂上铰接球头螺母并压出球头，如图 3-42 所示，拆卸时注意不要损坏防尘套。

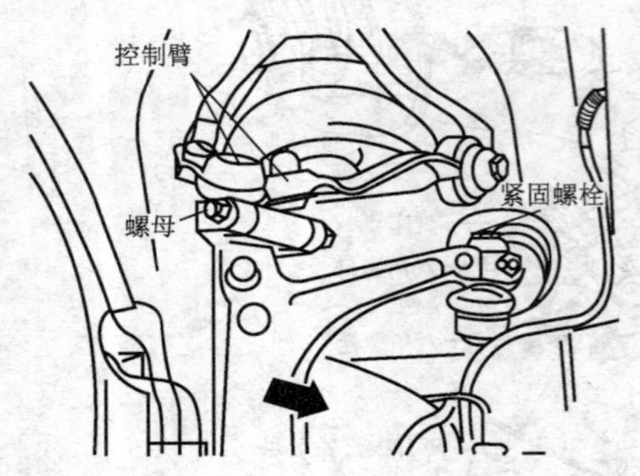

图 3-41　拧下螺母

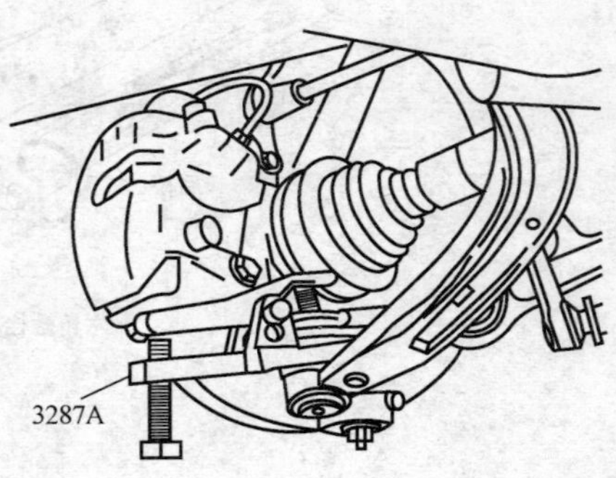

图 3-42　拧下导向臂上铰接球头螺母并压出球头

(6) 拧下独立悬架下部控制臂的螺栓，如图 3-43 所示，向下拆下独立悬架。

4. 拆卸奥迪 A6 带支座的后悬架的方法和步骤

(1) 将车停到举升器上，取下车轮装饰罩，对于轻合金车轮拉下轮毂罩，拧松车轮螺栓。举起车辆，拆下车轮和拆下如图 3-44 箭头所示的盖板。

(2) 对常在恶劣道路上行驶安装有防石板的车辆，须拆下安装支架上的防石板。

(3) 用支撑架 V. A. G1383A 和万能支架 V. A. G1359/2 支撑好后，松开左、右螺栓 B，如图 3-45 所示，再放下支撑架。让另一操作者向下拉后桥，即可拆下螺旋弹簧。

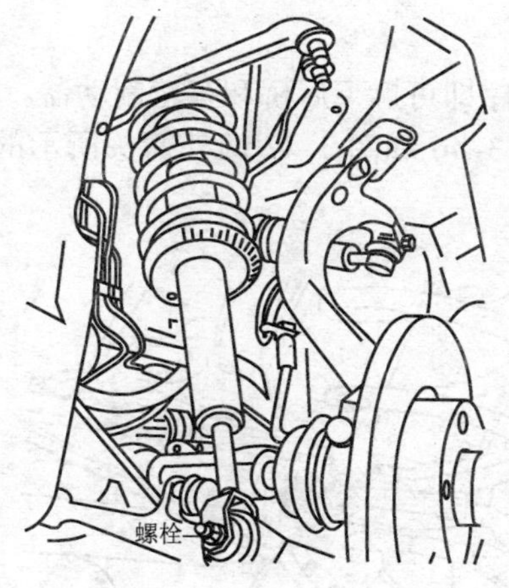

图 3-43　拧下独立悬架

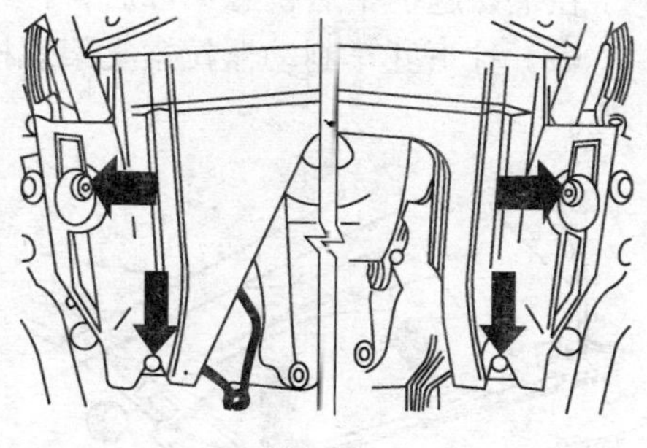

图 3-44　拆下盖板

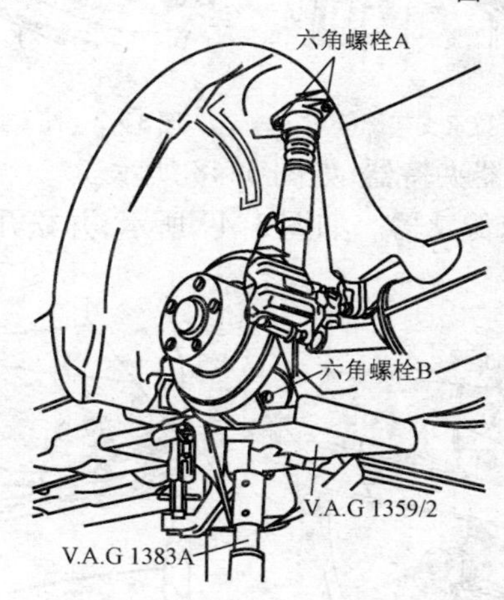

图 3-45　松开左、右螺栓

课题三　从整车上拆卸其他总成或系统

汽车有前轮驱动、后轮驱动、四轮驱动等结构形式，涉及的总成和系统很多，本课题以奥迪 A6 为例，介绍几个主要总成的拆卸方法和拆卸工艺。

一、从整车上拆卸前驱动后桥的工艺

1. 工具准备

除常用工具以外，需准备拆卸专用工具。主要有支撑架 V. A. G1383A 和万

能支架 1359/2。

2. 拆卸的方法和步骤

在上课题拆下后桥悬架以后,再按如下顺序即可拆下后桥和车轮制动器。

(1) 拧下驻车制动器拉索支架螺栓,如图 3-46 和图 3-47 两处箭头所示的部位。

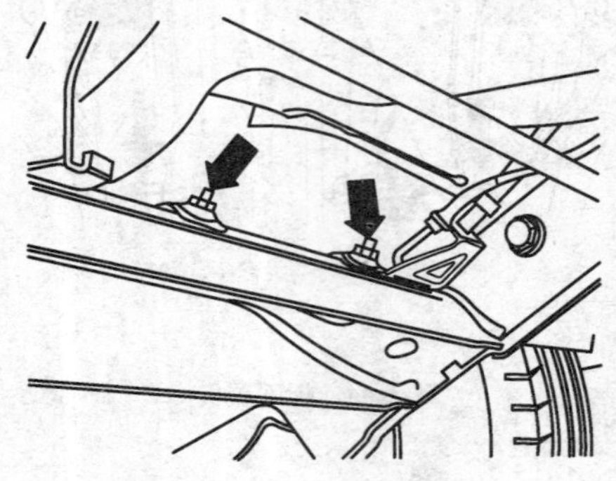

图 3-46 拧下驻车制动器拉索支架螺栓

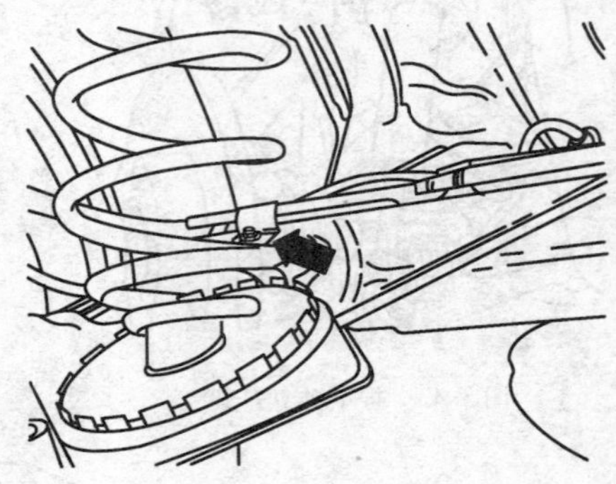

图 3-47 拧下驻车制动器拉索支架螺栓

(2) 拆下转速传感器夹持器,如图 3-48 所示。

(3) 拉出 ABS 转速传感器。如图 3-49 所示,并松开转速传感器导线夹。

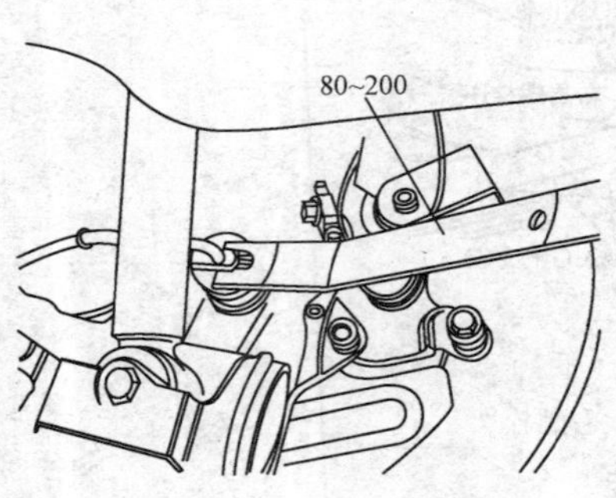

图 3-48 拆下转速传感器夹持器

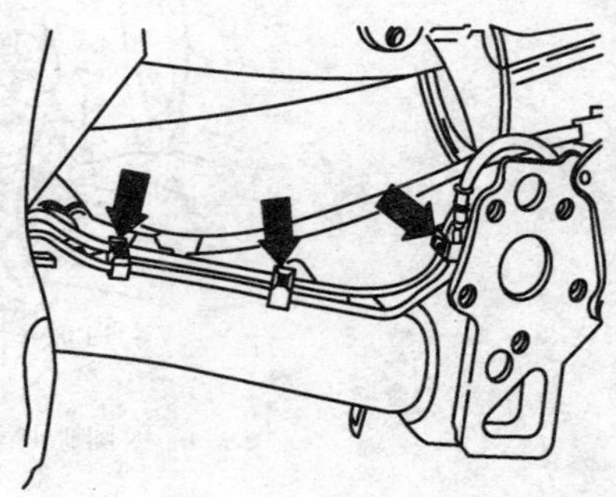

图 3-49 拉出 ABS 转速传感器

(4) 松开制动管路,再拧下制动钳壳体上的螺栓,如图 3-50 箭头所示。

(5) 拆下制动衬片,将制动钳捆在车身上。

(6) 拆下制动盘。

(7) 用记号笔标出支座在纵梁上的位置记号,以便安装复位,用支撑架 V. A. G1383和万能支架 1359/2 支撑后部车身。拧下支架两侧的螺栓,如图3-51 箭头所示,取下后桥。

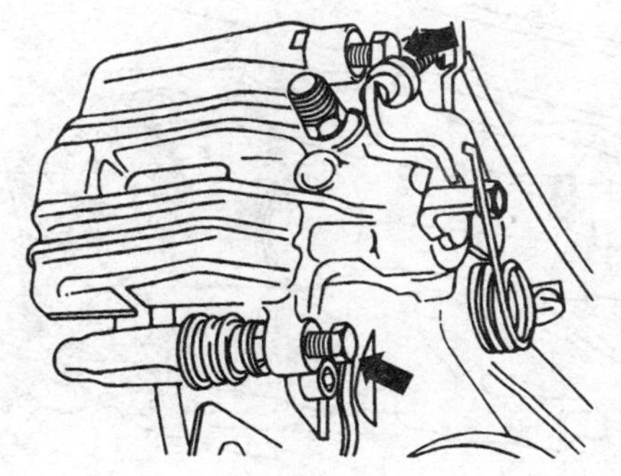

图 3-50　拧下制动器钳壳体上的螺栓

图 3-51　拧下支架两侧的螺栓

二、从整车上拆卸传动系其他总成的工艺

轿车中不仅有前轮驱动而且也有后轮驱动或四轮驱动形式,下面同样以奥迪 A6 四轮驱动车型说明从整车上拆卸传动系其他总成的工艺。

1. 从整车上拆卸分动器的工艺

1) 拆下前排气管

(1) 拆下发动机盖罩堵塞和螺栓,拆下增压器上部的隔热罩,如图 3-52 所示。

(2) 拧下排气管螺栓,如图 3-53 箭头所示。

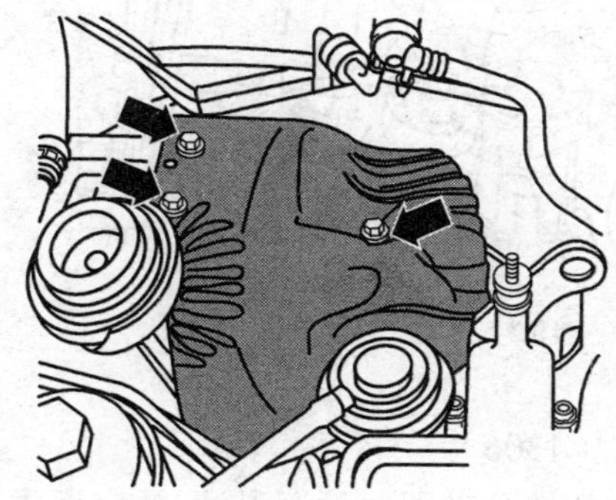

图 3-52　拆下增压器上部的隔热器

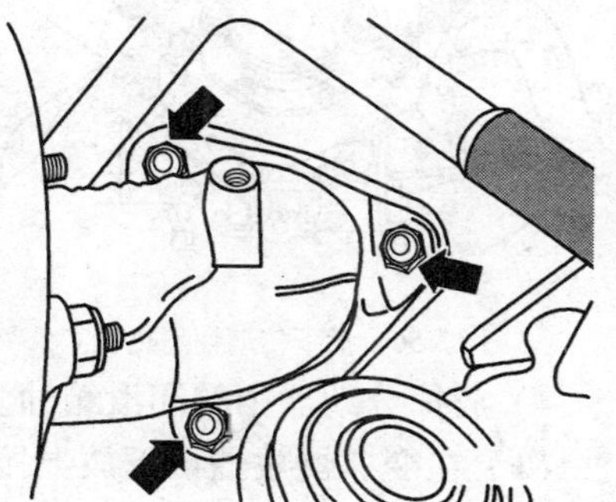

图 3-53　拧下排气管螺栓

(3) 拆下 2 个隔音罩,如图 3-54 所示。

(4) 拆下隔音罩与副车架的连接卡箍。

(5) 松开图 3-55 箭头所指的螺栓,向后推双卡箍,从变速器悬置上拆下带催化净化器的前排气管。

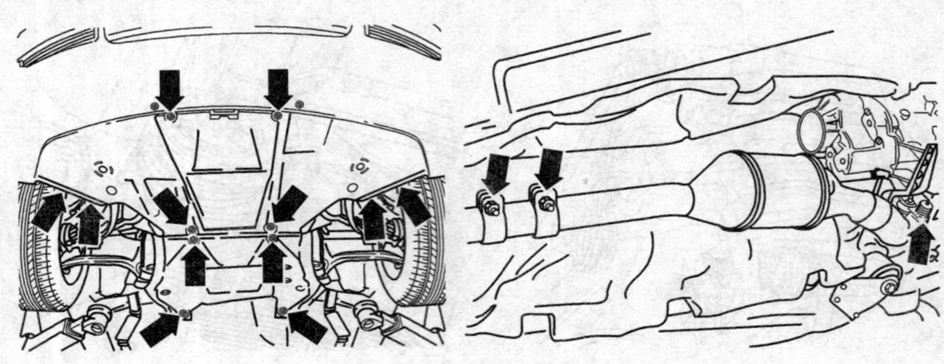

图 3-54 拆下隔音罩

图 3-55 松开螺栓

2）拆下隔热板

拆下固定在托桑(Torsen)差速器盖上的传动轴隔热板,如图 3-56 所示。

3）松开万向轴

松开万向轴固定螺栓。如图 3-57 所示,并把轴放到隔热板上,再用线把万向轴系到燃油管上固定住。

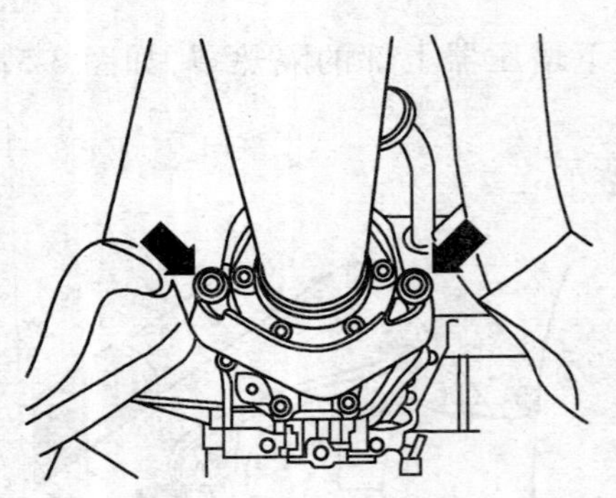

图 3-56 拆下传动轴隔热板

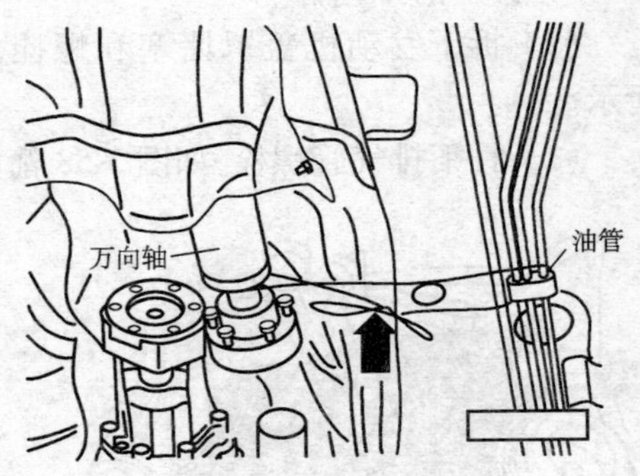

图 3-57 松开万向轴固定螺栓

4）放掉分动器中的润滑箱油。

(1) 在变速器放油口下放上接油槽 V. A. G1306。

(2) 拧下放油螺栓,如图 3-58 箭头所示,放掉分动器中的润滑油,放完后重新拧上放油螺栓。注意每次检修都要更换放油螺栓。

5）拆分动器的壳体

交叉松开分动器固定螺栓,如图 3-59 所示。然后小心地把分动器的壳体从变速器上向后拉下来,注意不要让差速器从变速器上掉下来。

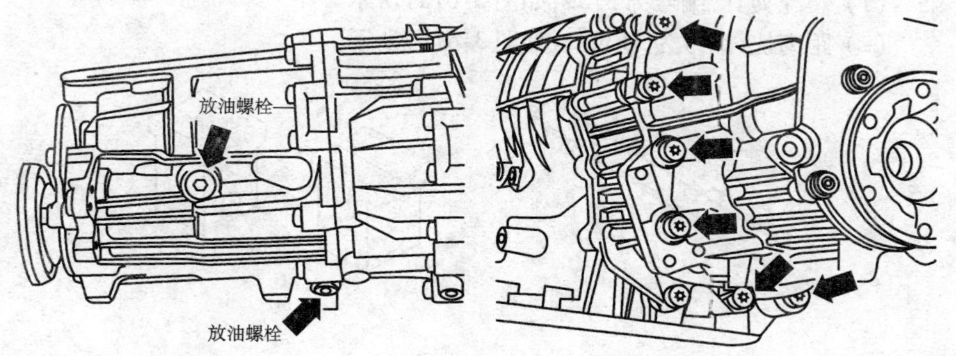

图 3-58　拧下放油螺栓　　　　图 3-59　交叉松开分动器固定螺栓

2. 从整车上拆卸四轮驱动万向轴的工艺

奥迪 A6 轿车万向轴结构,如图 3-60 所示。

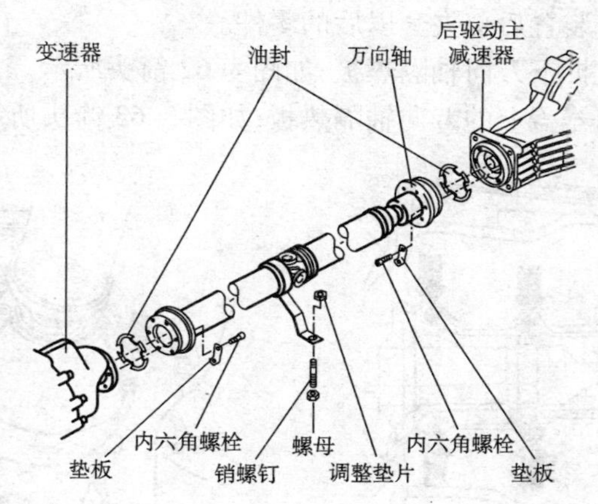

图 3-60　万向轴结构图

1）万向轴拆卸注意事项

(1) 万向轴不能太弯曲,最大允许弯曲角度为25°,否则会损坏万向节。

(2) 在拆卸前,所有零件相互要做好标记,以便按原来位置安装,否则将破坏万向轴的平衡度,最终会造成轴承损坏和出现噪声。

(3) 如果万向轴只是从变速器或后驱主减速器分开,则万向轴必须与等速万向节绑到一起。

(4) 万向轴只能平放贮存和运输。

2）工具准备

除常用工具以外,需准备如下拆卸万向轴的专用工具。

(1) 装配夹具,编号为 3139,如图 3-61a)所示。

(2) 距离块,编号为 3139/3,如图 3-61b)所示。

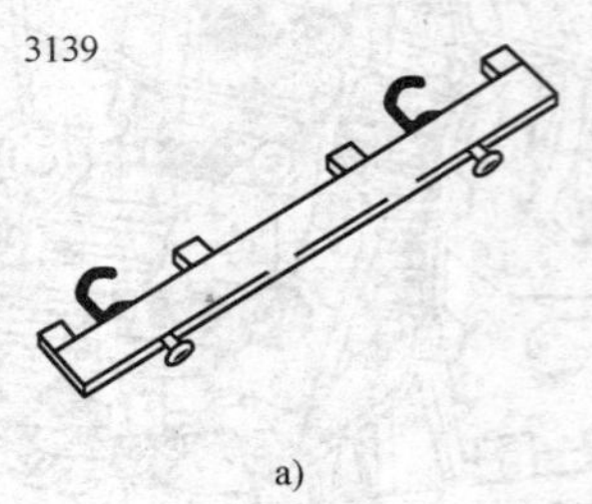

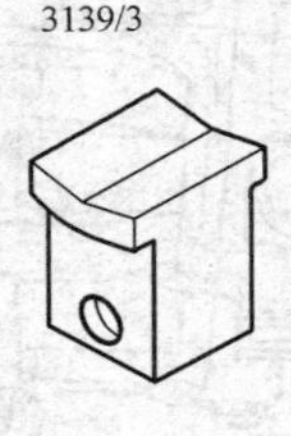
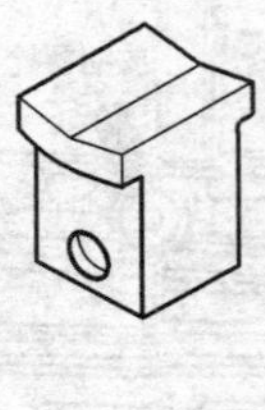

a) b)

图 3-61 专用工具

a)装配夹具;b)距离块

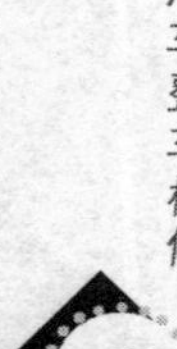

3) 从整车上拆卸万向轴的方法和步骤

(1) 如果有横支架位于排气装置下面,则先拆下横支架。

(2) 拆下排气装置后部夹套以后的零件。

(3) 从车身上拆下万向轴隔热板,如图 3-62 箭头所示。

(4) 拆下差速器盖上的万向轴隔热板,如图 3-63 箭头所示。

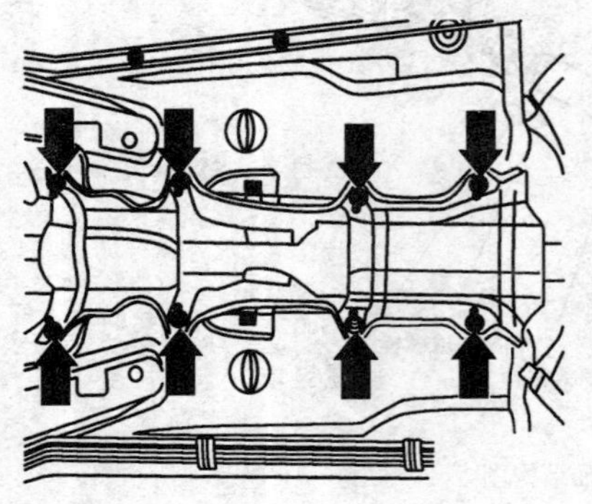

图 3-62 拆下万向轴隔热板

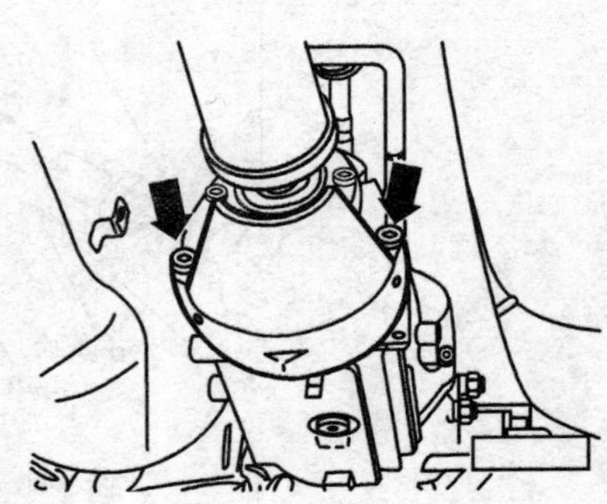

图 3-63 拆下差速器盖上的万向轴隔热板

(5) 请检查在后驱主减速器的万向轴和万向轴凸缘盘上是否有厂家标记的彩色点,如图 3-64 所示。如果没有,分别在后驱主减速器(箭头 B)和万向轴凸缘盘(箭头 A)的位置做上标记。

(6) 松开万向轴上每个等速万向节上的 3 个固定螺栓。

(7) 把带有距离块 3139/3 的装配夹具 3139 放入带紧塑料螺母,如图 3-65 所示。原装的万向轴在平衡试验时装有平衡片,在装夹时,尽量不要把装配夹具放到平衡片上。

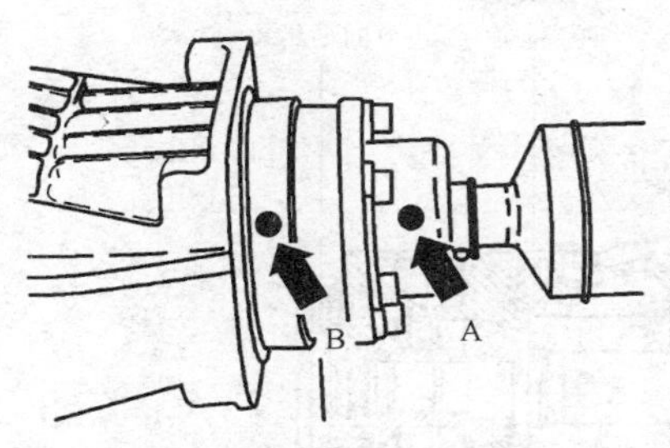

图 3-64　做出标记

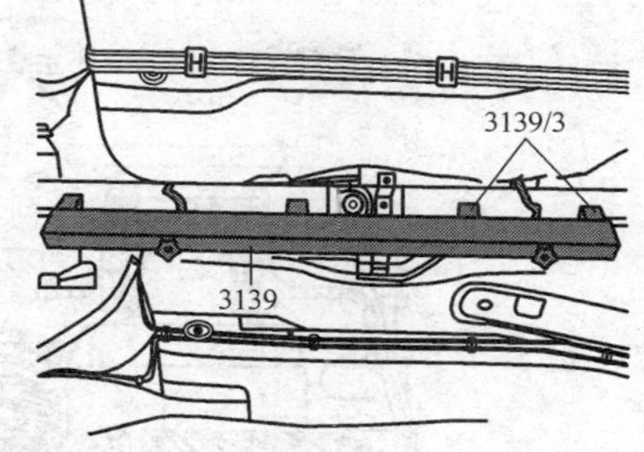

图 3-65　放入装配夹具

（8）拆下其余的等速万向节前部和后部固定螺栓。

（9）拧下中间轴承的固定螺母，如图 3-66 箭头所示。将万向轴和装配夹具一起取下，完成拆卸。

注意万向轴拆下后应平放，以免变形。

3. 从整车上拆卸四轮驱动后主减速器和差速器总成的工艺

奥迪 A6 轿车后驱动主减速器的结构，如图 3-67 所示。

1）工具准备

除常用工具以外，还需准备拆卸的专用工具。主要有带万能支架 V. A. G1359/2 的支撑架，编号 V. A. G1383A，如图 3-21c）所示。

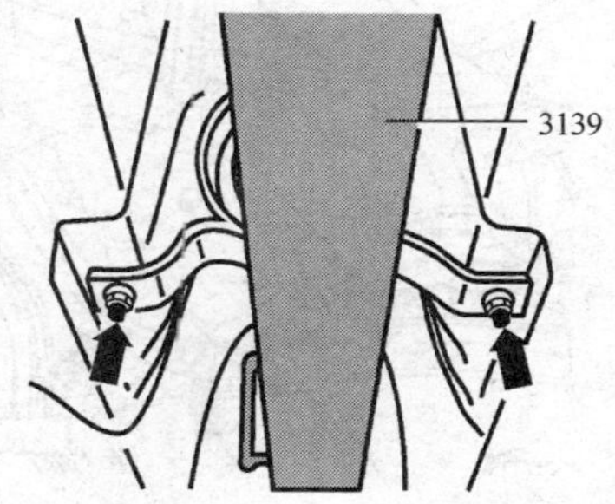

图 3-66　拧下中间支撑的固定螺母

2）从整车上拆卸后驱主减速器和差速器总成的方法和步骤

（1）拆下排气装置后部连接轴套以后的部分。

（2）拆主减速器前要脱开万向轴，同前拆万向轴步骤（5）一样，拆前先检查在万向轴上是否有厂家做的颜色点标记，如果没有应做上标记，如图 3-64 所示。然后把万向轴和后驱主减速器凸缘盘连接脱开，再把万向轴上绑到排气装置卡夹上。

（3）拆下主减速器上的隔热板，如图 3-68 箭头所示。

（4）拆下左右万向轴螺栓，并将万向轴放到横拉杆上。

（5）松开横梁上橡胶金属轴承上螺母，如图 3-69 箭头所示，注意螺栓先不要取出。

（6）把带万能支架 1359/2 支撑架 V. A. G1383A 放到主减速器下部托住，如图 3-70 所示。

(7) 拧下主减速器左侧支撑固定螺栓，如图 3-71 箭头所示。

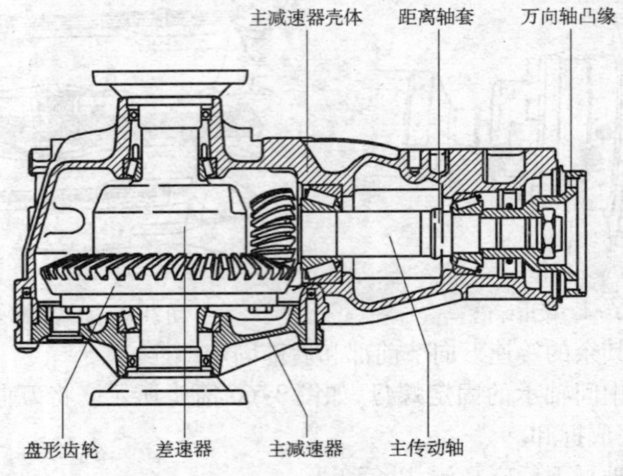

图 3-67 后驱动主减速器结构示意图

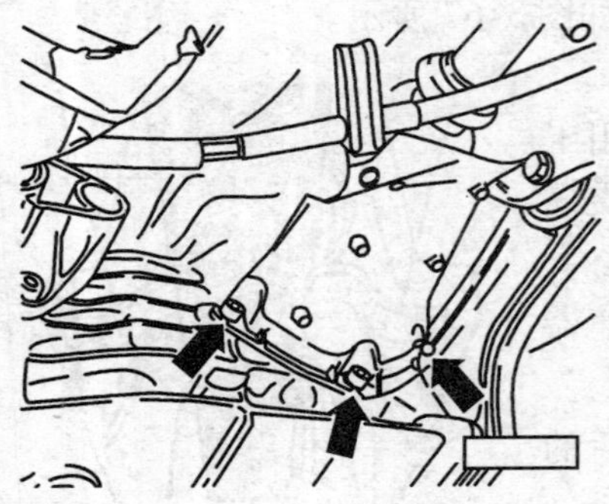

图 3-68 拆下主减速器上隔热板

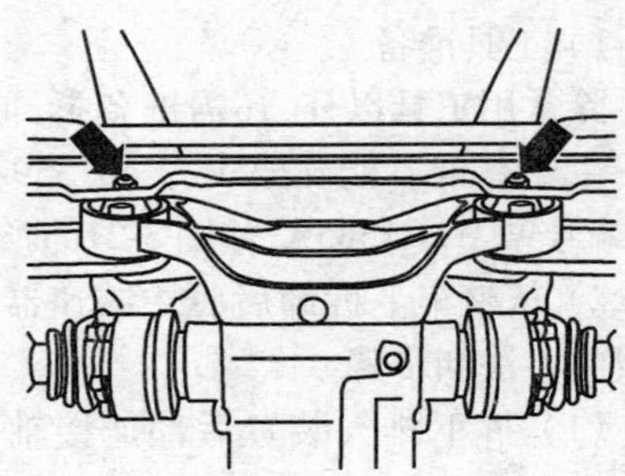

图 3-69 松开螺母

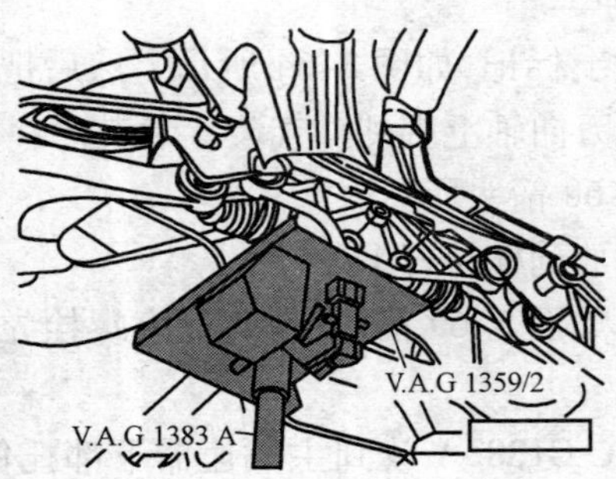

图 3-70 放到主减速器下部托住

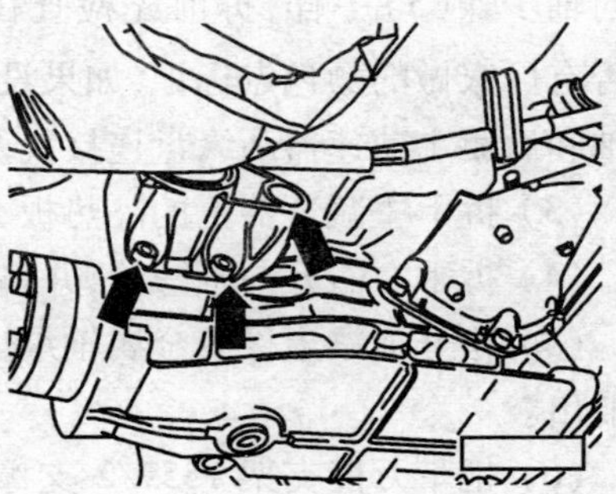

图 3-71 拧下主减速器左侧支撑固定螺栓

(8) 把后横梁上的橡胶金属轴承的螺栓推出去,落下主减速器和差速器总成,完成拆卸。

三、从整车上拆卸助力转向器的工艺

奥迪 A6 轿车助力转向器的结构,如图 3-72 所示。

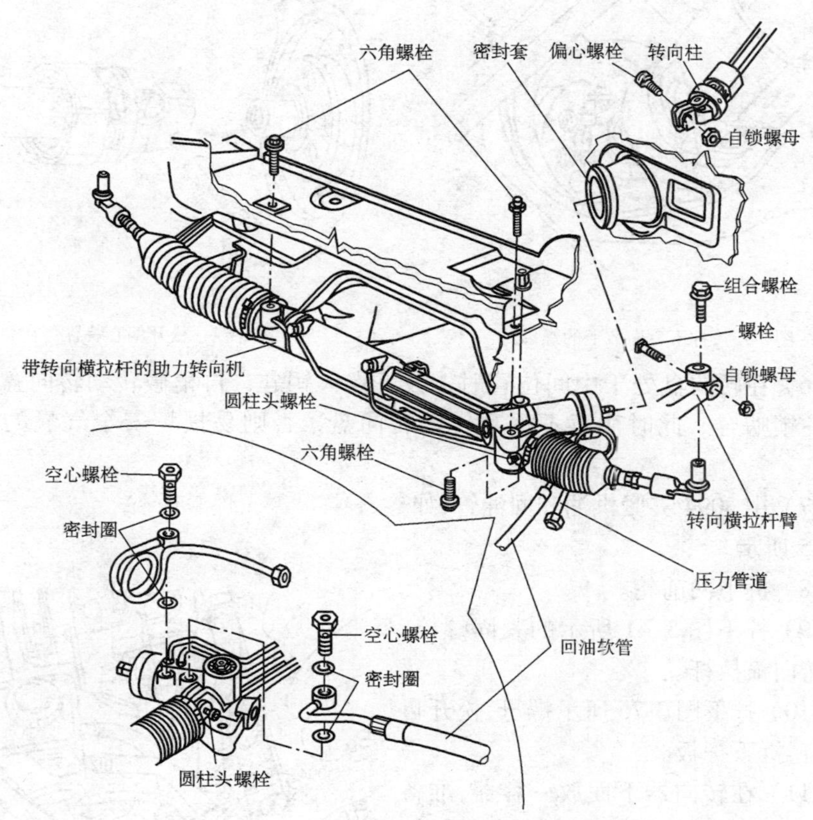

图 3-72　助力转向器结构

1. 工具准备

除常用工具以外,还需准备拆卸专用工具。主要有软管夹,编号为 3094。

2. 拆卸奥迪 A6 轿车助力转向器的方法和步骤

(1) 拆下压力舱盖。

(2) 拆下蓄电池。

(3) 拆下驾驶员一侧杂物箱。

(4) 将车轮摆正。

(5) 拧下转向柱万向节上的螺母,如图 3-73。然后顺时针转动并拆下紧固螺栓,以松开偏心装置,如图 3-74 所示,再将万向节转动放置一旁。

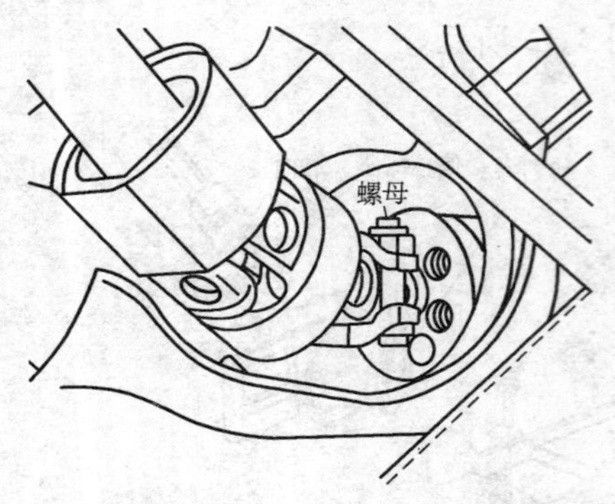

图 3-73　拧下万向节上的螺母

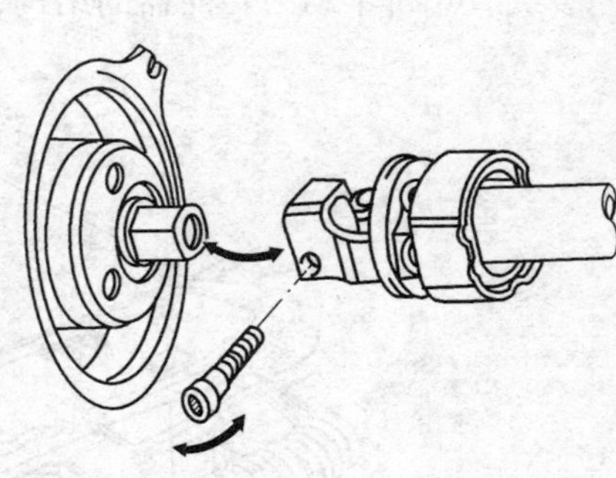

图 3-74　松开偏心装置

(6) 在转向盘处于中间位置时，拔下点火钥匙，再稍微转动转向盘，使转向柱锁啮合。此时注意不得乱转动转向盘，否则易损坏安全气囊的螺旋弹簧。

(7) 用 3094 夹紧供油和回油管,如图 3-75 所示。

(8) 拆下两前轮。

(9) 拧下图 3-41 所示的紧固螺栓,拔出转向横拉杆。

(10) 拧下图 3-76 所示螺母,松开自攻螺钉,拆下护板。

(11) 在转向器下面放一容器,准备接液压油。然后用套筒扳手从转向机上拧下回油管螺栓,如图 3-77 所示。再从转向机上拧下压力软管螺栓,如图 3-78 箭头所示,放出液压油。

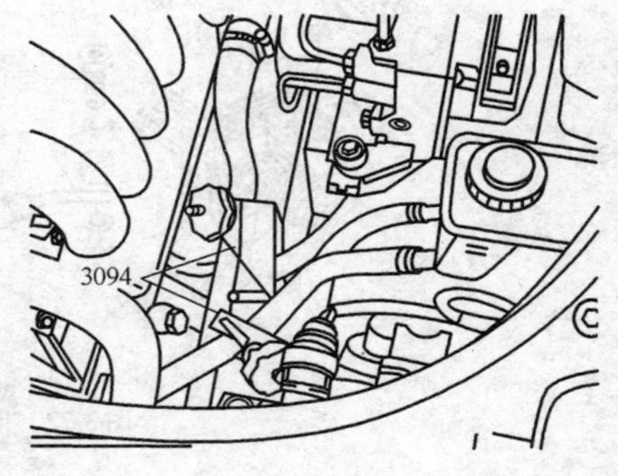

图 3-75　用 3094 夹紧供油和回油管

(12) 对于装有随速助力转向(Servotronic)的车,要拔下 Servotronic 伺服电磁阀插头。

(13) 松开转向机 3 个连接螺栓,如图 3-79 所示,通过左车轮罩拆下转向机,完成拆卸。

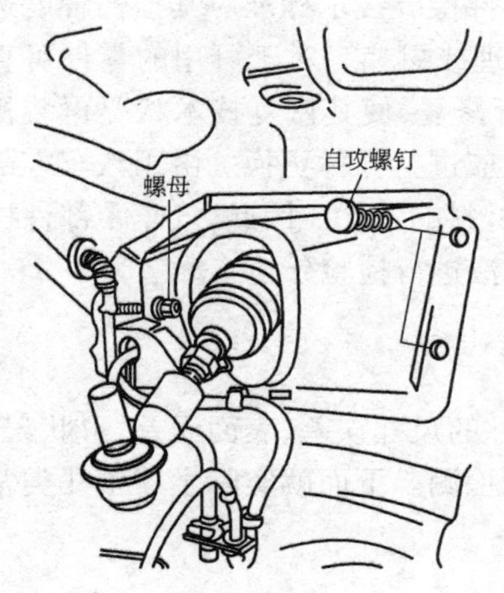

图 3-76　拧下螺母

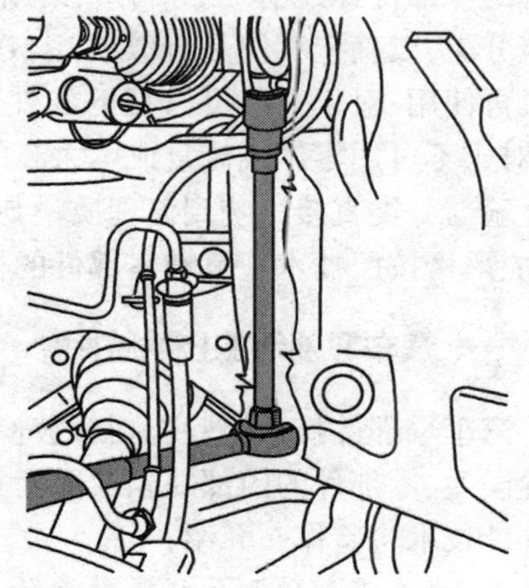

图 3-77　从转向机上拧下回油软管螺栓

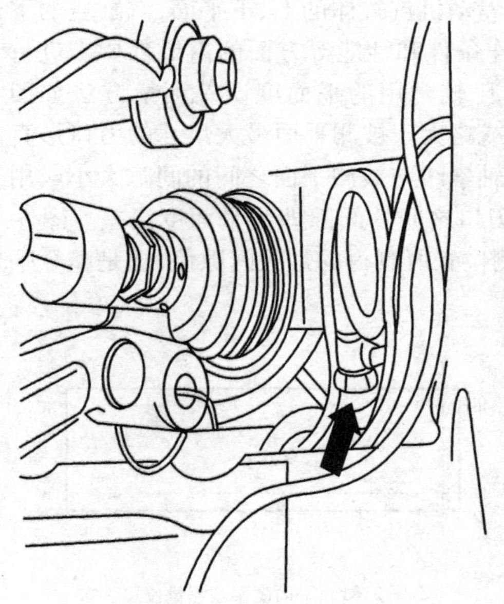

图 3-78　从转向机上拧下压力软管螺栓

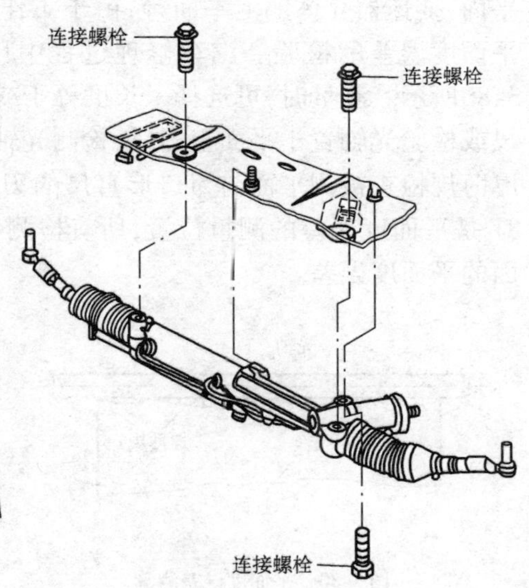

图 3-79　松开转向机的连接螺栓

课题四　总成及零部件的检验分类

汽车通过整车拆卸可解体成各总成，各总成又可分解成各零部件。对已经

拆解的零部件经过清洗之后，应按照汽车零件检验技术标准对其损伤程度进行检验分类，以确定零件是继续使用，还是修理或更换。对于可用的零件可直接装机再使用；对于一些可修复的零件应进行修复，使其恢复技术状况再装机使用；对于不可用零件或修复成本太高的零件应进行零件更换。由于汽车零部件的检验与分类直接影响到修理质量与修理材料的消耗。因此，汽车零部件拆解后，应严格按照技术规范和零部件的检验方法进行检验分类。

一、汽车零部件的技术检验

汽车零部件技术检验包括对被检零部件的尺寸误差、表面误差、形状误差、位置误差、零部件的内部缺陷及平衡等进行检测。下面就实际生产中几类常见的零件技术检验作一介绍：

1. 汽车零部件形位误差的检验

1）平面度误差的检验

汽车零件上有许多重要的平面，如发动机汽缸体的上、下平面，汽缸盖的下平面，变速器壳体的上平面等，由于工作条件和性能等方面的需要都要求进行平面度误差的检验。汽车修理过程中比较常用的平面度误差测量方法如图3-80所示。测量时，可选择一长度等于或略大于被测平面最大尺寸的刀口形直尺或检验光轴置于平面上，直接检测光轴素线与被测平面之间的间隙大小或用厚薄规检查被测平面与刀口形直尺的刃口之间的间隙即为平面度误差。图3-81是平面度误差的测量位置，所有检测位置所测得的最大间隙值，即是整个平面的平面度误差。

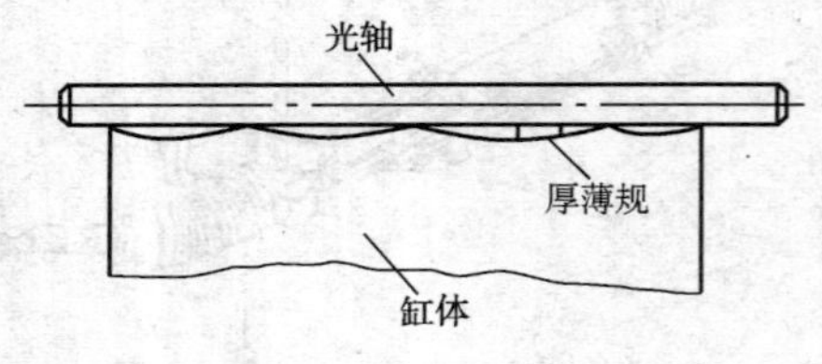

图3-80 平面度误差测量

图3-81 平面度误差测量位置

2）圆度误差的检验

圆度误差是指横截面上实际圆的外形偏离理想圆的实际值。检测时在零件同一横截面上选取不同方向测量其直径值，取最大值与最小值之差的一半作为圆度误差。检测结果应符合技术标准值，否则予以维修。

3）圆柱度误差的检验

圆柱度误差是指实际圆柱面偏离理想圆柱面的实际值。在轴类或孔类零

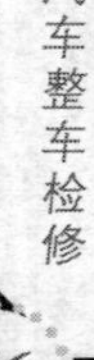

件上一般选取两个或三个平面作为检测面,在每个检测面上测量不同方位上的直径,其中所有检测直径中最大直径与最小直径差值的一半作为待测的圆柱度误差。实际测量中一般在每个检测面上选择纵向与横向两个方向进行检测,最后取几个检测面上所有测量数据中最大值与最小值之差的一半作为圆柱度误差。

4)圆跳动的检验

圆跳动的检验包括径向圆跳动和端面圆跳动的检验。前者的测量方向与基准轴线垂直且相交,测量面为垂直于基准轴线的同一正截面;后者的测量方向与基准轴线平行,测量面是与基准轴线同轴的圆柱面。图 3-82 所示为变速器前后端面对第 1、2 轴轴承孔的公共轴线的端面圆跳动测量。

5)平行度误差检验

平行度误差属于位置误差。图 3-83 为变速器壳体各轴承孔轴线与壳体上平面的平行度误差测量方法。将壳体倒放在平板上,在变速器的一、二轴承孔和中间轴轴承孔中装上定心套和测量轴,用外径千分尺测量两轴间的距离。该轴左、右两端距离之差即为两轴轴承孔轴线在全长上的平行度;用带百分表的高度尺测量同一测量轴两端的高度差,其差值即是两轴承孔轴线与壳体上平面的平行度。

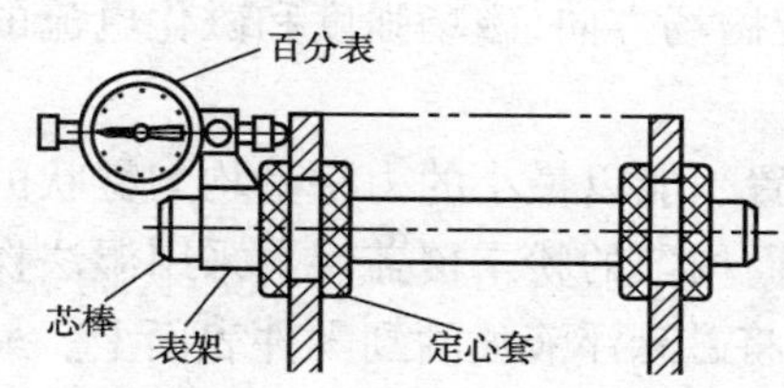

图 3-82 变速器端面圆跳动的检验

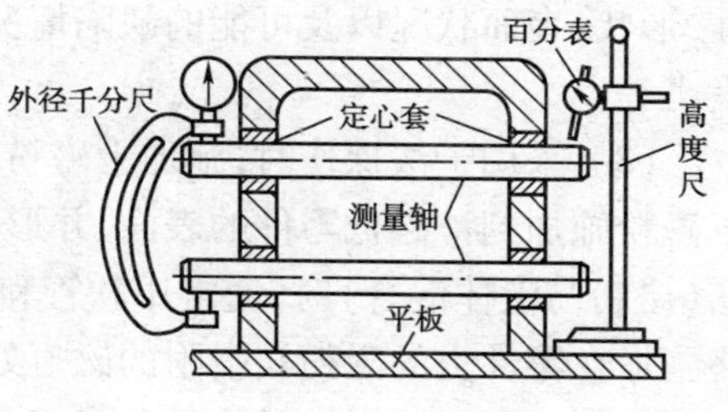

图 3-83 平行度测量

2. 汽车零部件内部缺陷的检验

1)磁粉探伤法检验

在汽车维修中由于被测零部件主要是用钢铁等铁磁性材料制成,而磁粉探伤对铁磁性零部件检测灵敏度比较高,而且直观、方便、无毒,同时其对零部件的技术要求及投资成本都很低。因此,磁粉探伤法作为汽车维修的无损探伤得到广泛的应用。

磁粉探伤的原理为:利用电磁原理来检验金属零件的内部隐蔽性缺陷。当被检零件中有磁力线通过时,若零件内部有裂纹,则在裂纹部位会由于磁力线

的外泄形成局部磁极，产生一对有 S、N 极的局部磁场，如图 3-84 所示。若在零件表面上撒上磁性铁粉，或将铁粉与油的混合液布于零件表面，铁粉将被磁化并吸附在裂纹处，从而显现出裂纹的位置和大小。

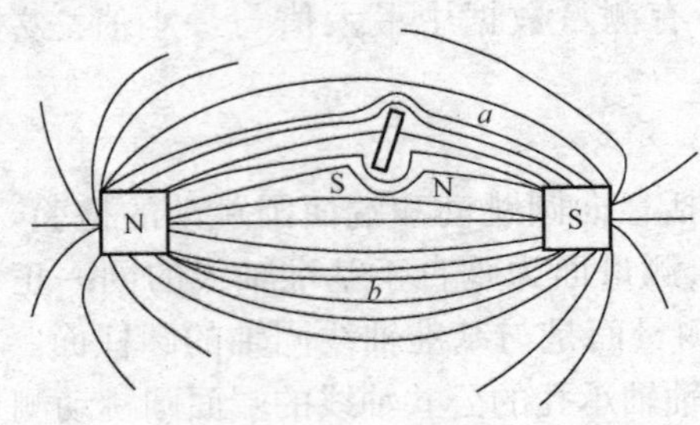

图 3-84　磁场在缺陷边缘的分布和磁极的形成

磁力探伤的工艺为：

（1）探伤前零件的预处理工作包括消除零件表面的油污、铁锈等。有非导电覆盖层的零件在进行通电磁化探伤时，应将零件表面的非导电层如油漆层等清除干净。

（2）磁化与缺陷显示。零件磁化时应根据其所用材料的磁性能、零件尺寸、形状、表面状况以及可能的缺陷情况确定磁场方向、磁场强度和磁化电流的大小等。

（3）采用干法探伤时，施加干磁粉的装置须能以最小的力将呈均匀雾状的干磁粉施加到被磁化零件的表面，并形成薄而均匀的粉末覆盖层。采用湿法探伤（磁粉与液体混合）时，通常用软管和喷嘴将磁悬浮液喷洒到零件表面上。最终施加在零件上的磁粉被吸附的磁痕处，便显示的是缺陷处，应做好标记。

（4）退磁。退磁就是将零件置于交变磁场中，并使磁场的幅值由大到小逐渐降到零，将其剩余磁场退掉或减少到不妨碍使用的程度。退磁方法为：将零件从电流逐渐减小的通电线圈中慢慢退出，也可向零件直接通以逐渐减小的电流，如此重复进行 2～3 次即可退磁。

（5）后处理。零件探伤完毕应进行后处理。如用磁悬浮液进行磁粉探伤检查后的零件，可用汽油或煤油等溶剂洗掉零件上残存的磁粉。

2）水压法检验

水压试验专门用于水冷式发动机的汽缸体、汽缸盖裂纹的检查。水压试验所需装置简单，检测结果可靠，是国家标准中所规定的检测项目。

水压检验通常是在专用装置上进行。检验时先将汽缸盖连同橡胶质检验专用汽缸垫一起装于汽缸体上，缸体水套侧盖及各出水口处也用橡胶垫及盖板进行封闭。然后将缸体上与水压检验装置水管相连的管接头的盖板垫以橡胶垫装在汽缸体前端进水口处，并向水套内压水。水满后关闭放水开关，继续压水，使水套内的水压力达到0.3～0.4MPa，并持续5min时，若有裂纹则裂纹处会有水珠渗出。

3. 汽车零部件平衡的检验

在汽车修理中，对主要的高速旋转零件或组合件，如曲轴、飞轮、离合器压盘、传动轴、甚至车轮等在检修后都要进行平衡检验。

汽车零件、组合件在长期的使用过程中，因各部分磨损不均、变形以及修理作业等缘故而使其原有的平衡受到破坏，不平衡度增加。不平衡程度超过修理标准时会给零件本身和支撑件带来附加载荷，产生过大的振动，从而导致加速磨损和其他损伤的出现。

汽车零件的平衡分为静平衡和动平衡。

1）静不平衡

静不平衡是由于零件的质心偏离了其旋转轴线而引起的，而汽车零件的静平衡要求一般是针对径向尺寸较大而轴向尺寸较小的盘形零件，如发动机飞轮、离合器压盘、制动盘、带轮等提出的。

静不平衡校正的方法为减重法或加重法。前者是在零件质量偏心的同侧减去一定重量，后者是在零件质量偏心的相反一侧加上一定重量来使其平衡状态满足给定的要求。究竟采用何种方法，要根据零件的结构、功用等来决定，在可能的情况下，尽量采用减重法。

2）动不平衡

动不平衡是由于零件的质心偏离了其旋转轴线或零件的惯性主轴与其旋转轴线不重合而引起的。汽车零件的动平衡要求一般是针对轴向尺寸较大而径向尺寸较小的轴类零件，如发动机曲轴、底盘传动系统的传动轴、质量较大的轮胎等提出的。

在汽车修理作业中，动不平衡程度的检验一般在专用的检测装置上检验，如曲轴动平衡机、传动轴动平衡机。动不平衡程度的检验远较静不平衡复杂，但其检验的原理都是根据动不平衡的零件转动时会给支撑以附加载荷，而将支撑做成径向弹性支撑，检测时在一定转速下取其支撑的弹性变形量和变形时刻，并转换成电信号予以显示的。同静平衡一样，动平衡也用加重或减重的方法校正，但需在两个校正平面内进行。

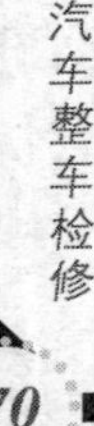

二、汽车零部件的检验分类

汽车零部件检验分类是指通过对零部件检验与技术鉴定，根据其技术条件及检验结果，把零件分为可用零件、需修零件和不可用零件（报废零件）三类零部件的作业过程。零部件检验分类多采用集中检验的方法，一般在整车和各总成分解清洗后，由专职检验员对集中在一起的零部件进行检验和分类。

1. 可用零件

可用零件是指几何尺寸和形状偏差均在技术标准允许范围内的零件，这类零部件不经修理便可直接安装使用。例如奥迪 A6 汽车前盘式制动器，制动盘标准厚度为 25mm，磨损极限为 23mm，当实际检修时制动盘的尺寸大于 23mm 且没有其他缺陷则作为可用零件，不经修复或更换直接装机使用。

2. 需修零件

需修零件是指零件的几何尺寸超出技术条件规定的允许值的零件，但通过修理，能使零件符合大修技术标准，并且经济上也合算的零件。如奥迪 A6 ANQ 发动机汽缸，规定的使用极限为：当实际尺寸超过标准尺寸 0.08mm 时（标准尺寸为 ϕ81.01mm），则可以作为需修零件通过镗缸来修复重新装机使用，如超过最后一级修理尺寸（ϕ82.01）则只能作为不可用零件报废。

3. 不可用零件

不可用零件是指具有超出技术条件规定的缺陷，并且不能修复或虽可修复但修复所需的成本在经济上很不合算的零件。如发动机汽缸盖如有了深度裂纹，虽然可用粘结法或焊修法等方法处理，但由于强度及性能均与原来差别较大，且修复的工艺及成本要求较高。所以现在一般都作为不可用零件或报废件予以更换。

汽车零件的检验和分类是汽车修理工艺过程中的一项重要工序，它对汽车的修理质量及修理成本将产生很大的影响。由于检验分类不当，将可用零件划分为需修零件或不可用零件，会造成修理成本的提高；反之报废零件或需修零件被划分为可用零件，将会造成修理质量的下降。

三、汽车整车及各总成大修送修检验标准

汽车修理中，要确定汽车各总成是否需要大修，必须熟悉汽车各总成送修检验技术标准，并通过对汽车各总成用大修检验标准来检验确定，这样才符合技术与经济相结合的维修维护原则。汽车总成大修的送修检验标准中，多数为定性规定，在实际检验时，应结合各级交通运输管理部门的实施细则，并结合本地区的车辆实际具体工作情况进行检验确定。以下是汽车及各总成大修的送

修检验标准：

1. 汽车大修送修检验标准

对于货车，发动机已达到大修标准，同时有两个或两个以上其他总成符合大修条件时；对于客车、轿车，车身总成已达到大修的送修条件，同时发动机或其他两个总成也达到大修标准时，均应送车进行整车大修。

2. 挂车大修送修检验标准

（1）挂车大修的检验标准，以挂车车架总成为主（包括转盘），结合货箱、前轴总成中任何一个总成符合送修条件时即进行挂车大修。

（2）固定牵引的挂车和铰接客车等，按照汽车大修的标准与牵引的汽车同时进厂大修；在定车、定挂的情况下，一般挂车随汽车同时进行大修；为使挂车的磨损与汽车平衡，在挂车二次大修之间，允许大修挂车部分总成。

3. 总成大修送修标准

1）发动机总成

发动机汽缸磨损达到极限，即圆柱度误差达到 0.175 ~ 0.250mm 或圆度误差已达到 0.050 ~ 0.063mm（以其中磨损量最大的一个汽缸为准）；最大功率比标准功率降低 25% 以上，或汽缸压缩压力达不到标准压力的 75%（在发动机预热水温在 70℃以上，转速为 100 ~ 150r/min 时测量）；发动机燃油和润滑油消耗量显著增加。

国产车一般行驶 10 万 km 左右要大修，进口车一般要行驶 10 万 km 以上才大修。经过大修之后，发动机性能可恢复到先前的 90% 以上。发动机何时大修好，也可结合以下 3 种发动机运行情况来辅助确定：

（1）机油严重减少，冒蓝烟，但没有漏机油。机油冒蓝烟分两种情形：一种可能是气门油封老化。这种情形不需要大修，更换气门油封即可；另一种可能是活塞与缸壁间隙过大，这种情形必须大修。上述两种情形通过相应检测方法确定。

（2）发动机冒黑烟严重。这种情况可通过汽缸压力表测量汽缸压力，如果汽缸压力低于正常值，就必须要大修了。

（3）发动机有异响。当发现发动机有异响时，可通过发动机异响检测仪测量。如果是大小瓦响，发动机小瓦烧得严重并且曲轴严重磨损，此时必须大修；如果是拉缸的响声，通过解体发动机发现活塞和缸壁严重拉伤，此时也必须大修。

2）车架总成

车架断裂、锈蚀，弯曲、扭曲变形超过标准，大部分铆钉松动或铆钉孔磨损，必须拆卸其他各总成后才能进行校正、修理或重铆才能修复。

3）变速器（分动器）总成

变速器（分动器）壳体变形、破裂，轴承孔磨损超过标准，变速齿轮及轴恶性磨损、损坏，需要彻底修复。

4）后桥（驱动桥）总成

后桥（驱动桥、中桥）桥壳破裂、变形，半轴套管轴承孔磨损超过标准，减速器齿轮恶性磨损、损坏，需要校正或彻底修复。

5）前桥总成

前桥裂纹、变形，主销承孔磨损严重超过标准，需要校正或彻底修复。

6）客车车身总成

客车车厢骨架断裂、锈蚀、变形严重，蒙皮破损面积较大，需要拆开彻底修复。

7）货车车身总成

货车驾驶室锈蚀、破裂、变形严重，或货车车厢纵梁、横梁腐蚀，底板、栏板破损面积较大，需要彻底拆开修复。

课题五　汽车总成装复、调整

汽车总装或汽车总成装复是指将经过修理或更换后并经检验合格的汽车零部件及各总成，以车架为基础，按照规定的技术要求组装连接成一体的过程。汽车总成装复质量的好坏，直接影响着汽车使用性能及运行安全。

一、汽车总装一般程序

为了确保汽车总成装复质量，总成装复时必须严格按照合理的工艺顺序和技术要求进行操作。装配前，对各总成、组合件、零件和附件进行检查，各项指标均应符合技术条件的规定；总装时，要认真执行技术条件中的规定，严格按照安全操作规程及装配工艺，正确进行装配作业并完成相关调整；总装后，必须进行试车检验，确保汽车符合技术条件的各项要求，恢复汽车的各项性能指标。汽车总成装复技术要求通常包括配合副配合特性、主要连接件的紧固力矩及均匀性、各零件工作表面和轴线间的相互形状位置要求、旋转件的平衡要求、高速运动件的质量要求及总成的密封性、清洁度等各方面的要求。

汽车总装的顺序，随汽车结构的不同而有所不同，但主要的装配顺序基本相同。汽车总成装复的一般顺序如下：

（1）安装前桥及前悬架；

（2）安装后桥及后悬架；

(3) 安装全车部分电气线路;

(4) 安装油箱及燃油管路;

(5) 安装制动管路及制动装置;

(6) 安装空调系统蒸发箱及暖风热交换器等;

(7) 安装仪表板及中控台总成;

(8) 安装转向器及转向传动装置;

(9) 安装发动机附离合器总成;

(10) 安装变速器、主减速器及传动轴总成;

(11) 安装三元催化反应装置及消声器;

(12) 安装冷凝器、散热器(风扇)、翼子板、保险杠及脚踏板;

(13) 安装驾驶室座椅及室内装饰件;

(14) 安装各车门总成;

(15) 安装全车其余线路、蓄电池、全车灯具、喇叭及其他各连接件;

(16) 各部加注润滑油并润滑各润滑点;

(17) 汽车总装后的检查调整。

以上顺序,可根据不同车型,不同的结构情况有所调整。下面同样以奥迪A6轿车为例介绍汽车主要总成往整车上装复的步骤、调整方法及相关注意事项。

二、往整车上安装发动机的工艺

1. 往整车上安装发动机的技术要求与注意事项

发动机安装基本可按与拆卸相反的顺序进行,但同时应注意以下事项:

(1) 必须检查发动机与变速器的对中套筒是否已装入缸体。

(2) 将中间板正确压到定心套筒上。

(3) 带手动变速器的车,应检查离合器分离轴承磨损状况,检查离合器从动盘是否对中;并在变速器输入轴花键上轻涂一层G000100润滑脂,但分离轴承导套上不涂;另外,发动机曲轴上必须装一滚针轴承。

(4) 带自动变速器的车,发动机曲轴上不得装滚针轴承;必须用套筒扳手SW 15Matra V175将变矩器原装螺栓固定在传动盘上。

(5) 维修时,应更换全部有规定拧紧角度的自锁螺母、螺栓及密封件。

(6) 可以用发动机机油做辅助润滑剂涂少量在螺栓或螺母上,但不可用石墨润滑剂。

2. 往整车上安装并调整发动机的方法和步骤

配置自动变速器的奥迪A6 1.8T轿车发动机(AWL)往车上安装调整的方

法和步骤为:

(1) 如图3-85所示,检查变矩器的安装尺寸:对于01V自动变速器,如变矩器安装得正确,变矩器螺纹孔下部接触面与变矩器针型壳体接触面间距离约为23mm;如果变矩器未全插入,则该距离约为11mm(若变矩器安装不当,当把变速器装到发动机上时,会严重损坏变矩器或自动变速器油泵)。

(2) 转动变矩器和传动盘,使一个孔或螺栓与发动机上的安装孔处于同一水平高度。

(3) 摇动发动机进行对中以使发动机悬置处于无应力状态(将发动机沿纵向轴线稍微向车的右侧转动,直到发动机和变速器上的凸缘孔对齐)。

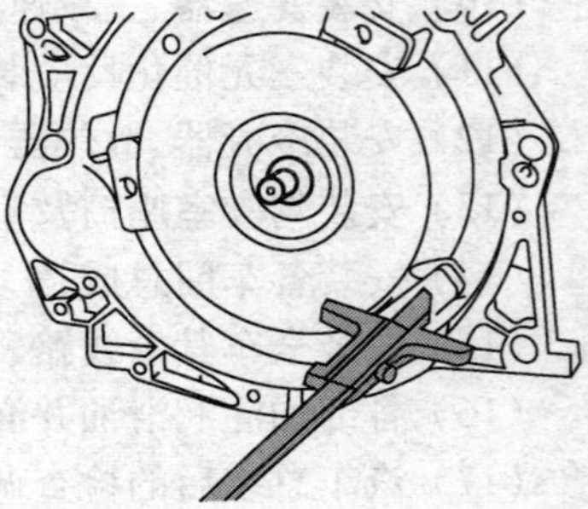

图3-85 检查变矩器安装尺寸

(4) 安装空调压缩机和转向助力叶片泵。

(5) 安装多楔带。

(6) 安装锁支架。

(7) 拧紧自动变速器机油管路

(8) 排气系统无应力校正。

(9) 进行电器连接及布置安装。

(10) 接上蓄电池,输入收音机防盗密码。

(11) 用电动开关将车门玻璃升至上止点,然后沿关闭方向再次操纵所有电动开关至少一秒钟,以启动车窗玻璃单独功能。

(12) 调整时钟。

(13) 起动发动机前,检查机油油位,加注冷却液(不得使用已脏污的冷却液,只有在没有更换缸盖和缸体的情况下,才可再次使用已排出的冷却液)。

(14) 进行节气门控制单元自适应;检查发动机电子油门控制系统(E-Gas)。

(15) 查询故障存储器,并清除故障存储器。

(16) 检查或更换自动变速器机油,必要时补充。

(17) 起动发动机并作动态检查与调整。

匹配手动变速器的奥迪A61.8T轿车发动机的安装与调整方法与配置自动变速器车型基本相同,只是少了自动变速器的油管和变矩器,因而也就减少了(1)、(2)、(7)等步骤。

3. 发动机安装拧紧力矩

下面所列拧紧力矩仅指涂少量润滑脂、机油、磷化或发黑处理的螺栓和螺

母，拧紧力矩允许误差为±15%。

1）配置自动变速器车的发动机与变速器连接螺栓拧紧力矩

其安装连接如图3-86所示，螺栓、螺母拧紧力矩见表3-1。

2）配置手动变速器车的发动机与变速器连接螺栓拧紧力矩

配置手动变速器车的发动机与变速器连接同配置自动变速器的连接位置一致，其安装连接图与图3-86相同，只是螺栓、螺母规格及拧紧力矩不同，具体数值见表3-2。

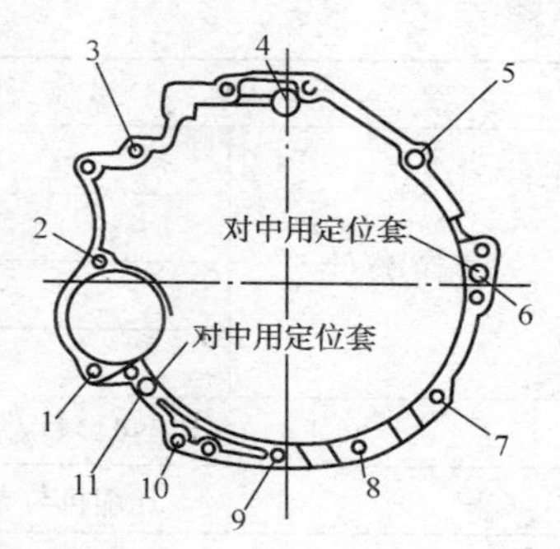

图3-86　自动变速器车的发动机/变速器连接

自动变速器车发动机连接螺栓拧紧力矩　表3-1

序号(图3-86)	螺栓	拧紧力矩(N·m)
1, 8, 9, 10	M10×45	45
2,3,4,11	M12×67	65
5	M12×110	65
6	M12×190	65
7	M10×60	45

手动变速器车发动机连接螺栓拧紧力矩　表3-2

序号(图3-86)	螺栓	拧紧力矩(N·m)
1, 3, 4	M12×67	65
2, 6	M12×90	65
5,11	M12×110	65
7, 8, 9, 10	M10×45	45

3）其他拧紧力矩

其他有关发动机装配的拧紧力矩见表3-3。

发动机/变速器附件连接螺栓、螺母拧紧力矩　表3-3

部件		拧紧力矩(N·m)
螺栓、螺母	M6	10
	M8	20
	M10	45
	M12	65
发动机悬架与副车架		25
发动机支座与发动机悬架		25
传动盘与变矩器 M10×1		85
催化转换器与涡轮增压器		30
自动变速器机油管支架		10
助力转向叶片泵与支架		23
皮带轮与助力转向叶片泵		23

续上表

部件		拧紧力矩(N·m)
螺栓、螺母	M6	10
	M8	20
	M10	45
	M12	65
风扇与支座		45
压缩机与支架		25
扭矩支座与油底壳		28
冷却液软管卡箍		2
空气软管卡箍		3.5

三、往整车上安装自动变速器的工艺

1. 往整车上安装自动变速器的技术要求与注意事项

(1) 安装前清洁 ATF 管路。

(2) 安装变速器之前要正确装入变矩器。

(3) 注意配合轴套的正确配合(如果配合轴套留在变速器壳体内,则必须先把它取出,换新的安装套)。

(4) 注意在把发动机和变速器往一起推时不要碰到管路。

(5) 安装发动机与变速器连接螺栓时应将管夹或负极搭铁线一起拧上。

2. 往整车上安装 01V 自动变速器的工艺

奥迪 A6 配置四缸发动机的自动变速器安装方法和步骤如下:

(1) 如图 3-85 所示,检查液力变矩器的安装尺寸。

(2) 用螺栓 A 把变速器支在 3282 上,见图 3-29。

(3) 把变速器总成从下降的总成支架和车底之间滑入。

(4) 把变速器对正发动机,在配合轴套上放上中间垫片,安装发动机/变速器下部连接螺栓。

(5) 装上多功能开关 F125,见图 3-30。

(6) 用举升架 V. A. G1383A 把发动机与变速器后部抬起一点,装上发动机支架,同时注意拧紧顺序和用主孔定位(必要时进行车辆定位)。

(7) 用变速器托架托着装上变速器左右支撑,变速器和发动机用螺栓连好后,拧下螺栓 A(如图 3-29 所示),螺栓的接触位置 A 应涂上油底壳防锈剂。

(8) 如图 3-87 所示,用专用工具 V175 把变矩器和传动盘连接上。在拧紧

发动机/变速器之间凸缘上的螺栓之前及操作期间,要反复检查传动盘后面的变矩器是否能够转动。

(9) 装上起动机。

(10) 将 ATF 管路装到发动机和变速器上,拧上 ATF 管路管夹。

(11) 插上速度表传感器插头,把转向轴装到变速器凸缘上。

(12) 向后推变速器上杠杆/换挡轴,直到停车锁止起作用,见图 3-32。

(13) 变速杆推到“P”位,推杠杆/换挡轴变速杆拉线,如果有锁箍,可推变速杆拉线末端的锁箍。

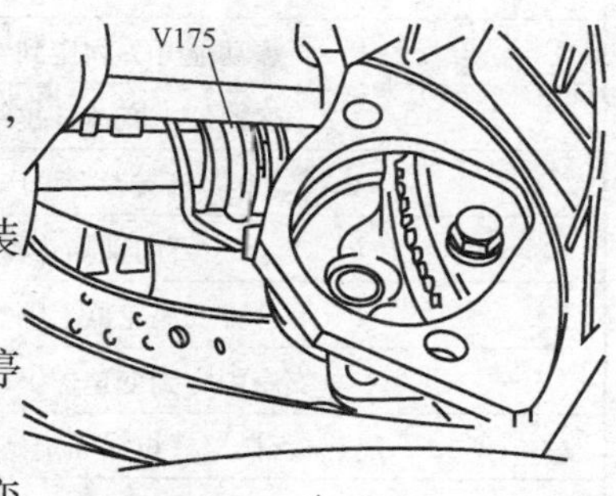

图 3-87　用专用工具 V175 连接变矩器与传动盘

(14) 拧上变速杆拉线支撑上的螺栓,装上变速杆拉线,必要时进行调整。

(15) 插上多功能开关插头,插上变速器线束插头,并用锁杆 2 锁住,见图 3-26。

(16) 装上屏蔽板/变速杆拉线,装上前部排气管。

(17) 装上并拧紧其余的发动机/变速器连接螺栓。

(18) 装上消声器卡夹,装上消声器。

(19) 装上前轮。

(20) 接上蓄电池接线后,输入收音机防盗密码。

(21) 检查并调整变速杆拉线,检查主传动器中的变速器油,检查 ATF 液位,不足时补加。

3. 自动变速器固定螺栓拧紧力矩

(1) 对于 4 缸(5 气门涡轮增压)发动机车型,固定发动机与变速器的螺栓拧紧力矩如表 3-1 所示。

(2) 所有车型:固定发动机与变速器螺栓的拧紧力矩如表 3-4 所示。

固定变速器螺栓拧紧力矩　　表 3-4

零　件		拧紧力矩(N·m)
螺栓、螺母	M16	10
	M8	20
	M10	45
	M12	65
传动盘固定到变矩器上　M10×1		85

续上表

零　　件	拧紧力矩(N·m)
多功能开关固定到变速器	8
变速器上变速杆拉线支座	23
发动机支架上消声器夹	10
万向轴隔热板	25
排气涡轮器上隔热板	10
支座固定到变速器上(2×M8)	23
隔热板/换挡杆拉线固定到变速器上 M8	23
隔热板/换挡杆拉线固定到变速器上 M8	23

(3) 变速器左右支撑拧紧力矩见表3-5。

变速器支撑拧紧力矩　　表3-5

零　　件	拧紧力矩(N·m)
变速器上变速器支撑用 M10 螺栓	40
变速器轴承上变速器支撑用 M10 螺栓	50
发动机支架上变速器支撑用 M8 螺栓	23

四、往整车上安装前后悬架和车轮的工艺

1. 往整车上安装前悬架与车轮的工艺

1) 安装注意事项

(1) 必须去掉铰接球头螺纹上的粘接剂残余物。

(2) 拧紧独立悬架上的新螺母时注意不要损坏制动管路表面。

(3) 应正确选用安装车轮固定螺栓的专用工具。

(4) 应在车未举起停在地面上时拧紧车轮固定螺栓。

2) 安装方法和步骤

(1) 以如图3-88箭头所示的孔应指向车的中部为安装定位标记，装入独立悬架。

(2) 将独立悬架拧到下部控制臂上。

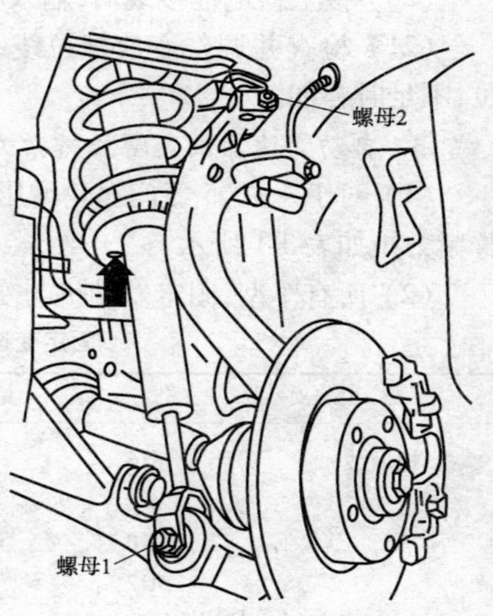

图3-88　装入独立悬架的定位孔

(3) 在车已停在地面上时,拧紧独立悬架/下部控制臂处的螺栓(橡胶金属衬套只能转一定角度)。

(4) 用90N·m力矩拧紧新螺母1。

(5) 将上控制臂装入车轮轴承壳体,用40N·m力矩拧紧新螺母2,拧紧时,应尽量向下压上控制臂。

(6) 用100N·m力矩拧紧铰接头螺母。视需要,可用一内六角扳手SW4固定铰接球头。

(7) 将ABS导线装入制动钳体的支架内。

(8) 以20N·m力矩拧紧独立悬架上的新螺母。

(9) 将橡胶管口装入压力舱。

(10) 装上车轮,用专用防盗螺栓接头T40004以120N·m力矩拧紧车轮固定螺栓,并装上车轮装饰盖。

2. 往整车上安装后桥和后悬架的工艺

1) 安装注意事项

(1) 必须更换自锁螺母。

(2) 只有当车停在地面上时,才可拧紧减振器和后桥之间的连接螺栓。

(3) 正确选用专用工具及支架。

2) 安装方法和步骤

(1) 装上后桥。

(2) 按已画好的标记将支座装到纵梁上。

(3) 装上螺栓,检查调整值,如需要,进行调整。

(4) 以110N·m力矩拧紧支架两侧的螺栓,如图3-51箭头所示。

(5) 将减振器装入车身并拧紧,如需要,同时让另一人向下拉后桥,并装上螺旋弹簧,注意安装位置。

(6) 如图3-89所示,安装减振器与后桥的下部连接螺栓。

(7) 拧紧减振器和后桥间的螺栓连接(只有当车停在地面上时)。

(8) 以50N·m力矩拧紧螺栓后,再拧90°。

(9) 装上制动管和ABS导线。

(10) 如图3-90所示,放上新橡胶密封垫后,压入ABS转速传感器(左侧传感器凸缘A朝前,右侧的朝后),并装上转速传感器卡夹。

(11) 以10N·m力矩拧紧驻车制动拉索支架。

(12) 装上制动盘和制动衬片,拧紧制动钳。

(13) 装上两个车轮,并以120N·m力矩拧紧车轮固定螺栓。

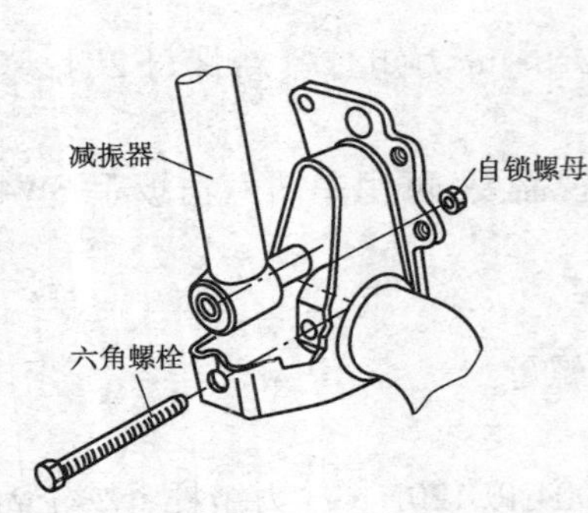

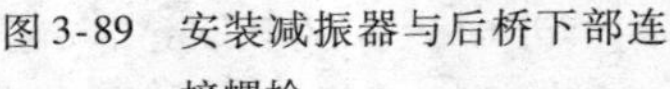

图 3-89　安装减振器与后桥下部连接螺栓

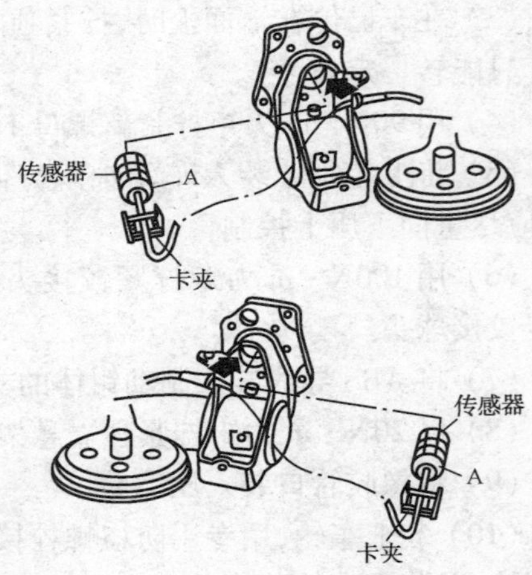

图 3-90　ABS 传感器的安装

3）奥迪 A6 前驱动后桥及后悬架安装螺栓的拧紧力矩

奥迪 A6 前驱动后桥及后悬架的安装螺栓的拧紧力矩如表 3-6 所示。

后桥及后悬架的安装拧紧力矩　　表 3-6

螺　　栓	拧紧力矩（N·m）
支架安装六角螺栓	10
支座与车身固定螺栓	110 + 90°
支座与后桥固定螺栓	120 + 90°
减振器与后桥间连接螺栓	50 + 90°
驻车制动拉索支架固定螺栓	10
制动钳固定螺栓	35

五、往整车上安装传动系其他总成的工艺

轿车中不仅有前轮驱动而且也有后轮驱动或四轮驱动，下面同样以奥迪 A6 四轮驱动车型说明。

1. 往整车上安装四轮驱动分动器的工艺

1）分动器的安装注意事项

（1）密封面涂上少许变速器油，这样可以避免油封滑动。

（2）在安装分动器时要对照变速器油进行加注。

（3）注意正确安装和调整各零部件，边安装边检查边调整。

2）分动器安装的方法与步骤

（1）检查如图 3-91 箭头 A 和箭头 B 所示配合轴套位置。

（2）装上油封。

（3）把托盒内的干净磁铁插入中间凸缘。

（4）从输出轴油堵加入 200mL 轴油。

（5）如图 3-92 所示，装 Torsen 差速器并轻轻转动使之和输出轴及最下面的行星啮合在一起。

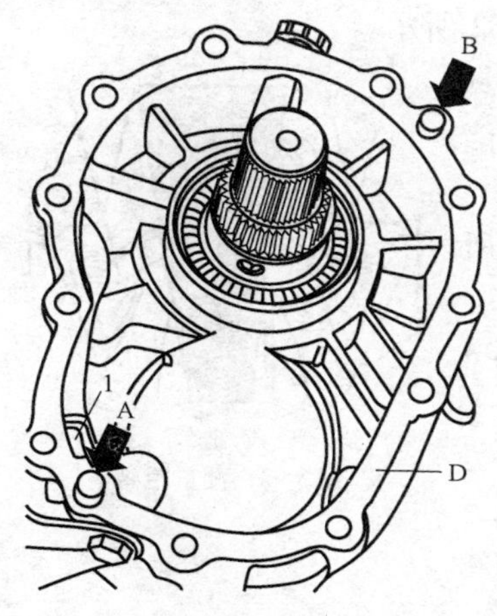

图 3-91 分动器检查

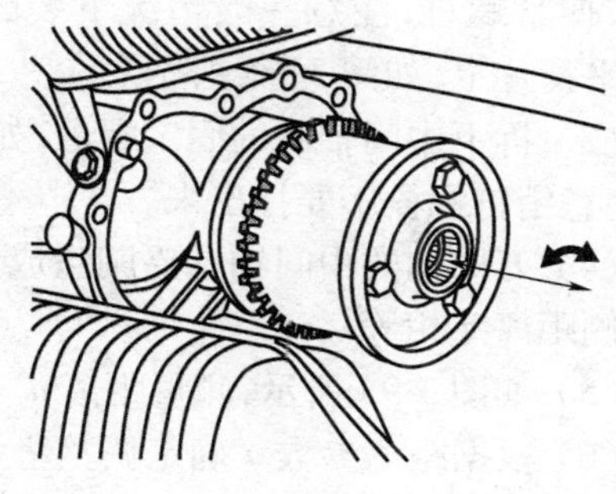

图 3-92 差速器的安装

（6）用手转动差速器，看是否能灵活转动。

（7）把带有行星齿轮和输出轴凸缘的分动器壳体安到变速器凸缘上。

（8）装上分动器固定螺栓，并交叉分步拧紧到规定力矩，如图 3-59 所示。

（9）往分动器中加注变速器油并检查液位。

3）奥迪 A6 分动器的拧紧力矩

奥迪 A6 分动器的拧紧力矩为：分动器壳体固定螺栓 23 N·m；万向轴隔热板固定螺栓 23 N·m。

2. 四轮驱动万向轴的安装工艺

1）万向轴的安装注意事项

（1）注意安装标记，不能出现不平衡，万向轴凸缘箭头 A 和后驱主减速器凸缘箭头 B 要对齐（见图 3-64），使其上厂家颜色标记及后来的标识在一条直线上。

（2）如果装上一个新的万向轴并且后驱主减速器凸缘上的厂家标记不可见，则必须测量凸缘和万向轴径向跳动，调整万向轴上彩色标记和凸缘上新的标识对齐。

（3）应更换凸缘轴上的油封（拆下油封保护膜，油封贴到凸缘轴上）。

(4) 拆卸万向轴后一定要用丝锥清理变速器和主减速器凸缘轴螺孔内的密封剂残留物,否则当拧上新螺栓时会咬死,当再拆时会拉断。

(5) 应更换万向轴自锁螺栓。

2) 万向轴的安装及调整方法步骤

安装顺序与拆卸顺序相反,调整方法如下:

(1) 从车身上拆下万向轴隔热板,如图 3-62 所示。

(2) 安上带距离块 3139/3 的装配夹具 3139,拧紧螺母,注意一般情况下装配夹具不能放到平衡片上,如图 3-65 所示。

(3) 拆下中间轴承的固定螺母,如图 3-66 所示,注意销钉螺栓不要拧出来。

(4) 万向轴的中间轴承要调整成左侧距离 a 和右侧距离 a 相等。

(5) 如图 3-93 所示,测量距离 a。

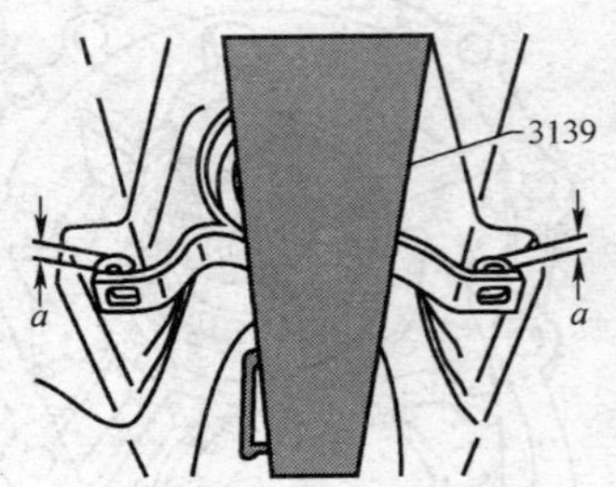

图 3-93　测量距离 a

(6) 根据距离参数 a 确定调整垫片,如表 3-7 所示。

可用调整垫片　　表 3-7

距离 a(mm)	调整垫片厚度(mm)	距离 a(mm)	调整垫片厚度(mm)
0~3.0		7.1~9.0	6
3.1~5.0	2	9.1~11.0	8
5.1~7.0	4	11.1~13.0	10

3) 万向轴安装拧紧力矩

万向轴安装拧紧力矩如表 3-8 所示。

万向轴安装拧紧力矩　　表 3-8

零　　件	N·m
车身上中间轴承固定螺栓	25
变速器上万向轴固定螺栓	55
后驱主减速器上万向轴固定螺栓	55
Torsen 差速器盖上万向轴用隔热板固定螺栓	25
车身上排气系统前部横支架固定螺栓	25
夹套螺母	40

3. 往整车上安装四轮驱动后主减速器和差速器总成的工艺

1) 主减速器及差速器总成的安装注意事项

(1) 每次安装都要更换自锁螺母。

(2) 安装前应用丝锥清理干净后驱主减速器凸缘轴螺纹与螺栓上的密封残留物。

(3) 拆下的后驱主减速器万向轴后允许附加的平衡片(较厚的垫片)不再装入。

(4) 注意装配标记,不能出现不平衡。

2) 主减速器及差速器总成的安装方法与步骤

主减速器及差速器总成往整车上安装安装顺序和拆卸顺序相反。

3) 主减速器及差速器总成安装的拧紧力矩

主减速器及差速器总成安装拧紧力矩如表 3-9 所示:

主减速器及差速器总成安装拧紧力矩 表 3-9

零　　件	N·m
前横梁上后驱主减速器固定螺栓	40
后横梁上后驱主减速器固定螺栓	55
凸缘轴上万向轴固定螺栓	40
后驱主减速器隔热板固定螺栓	55
连接轴套螺母	40

六、往整车上安装助力转向器的工艺

1. 安装注意事项

(1) 正确合理选用安装专用工具。

(2) 检查前罩板密封圈的性能及正确位置。

(3) 必须保证螺纹及接触面无机油和润滑脂。

2. 奥迪 A6 助力转向器的安装方法和步骤

(1) 如图 3-94 所示,用 V. A. G1907 对已拆下的转向器定中心。拧下转向器上的内六角螺栓,移动齿条,直到齿条上中心点与螺纹孔对齐为好。

(2) 将转向机传动机构装到压力舱旁,装上上面的两个螺栓但不拧紧,如图 3-79 所示。

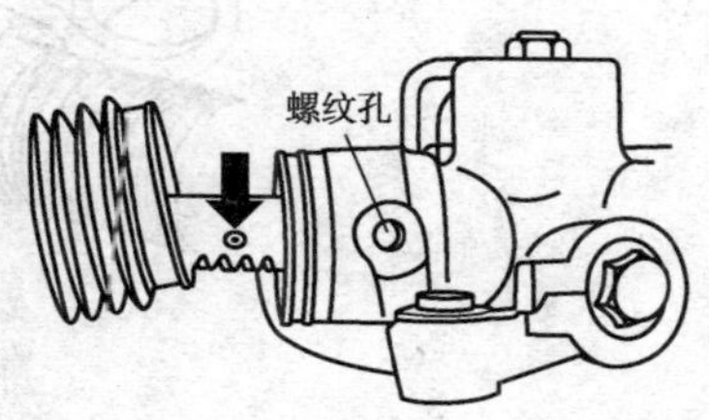

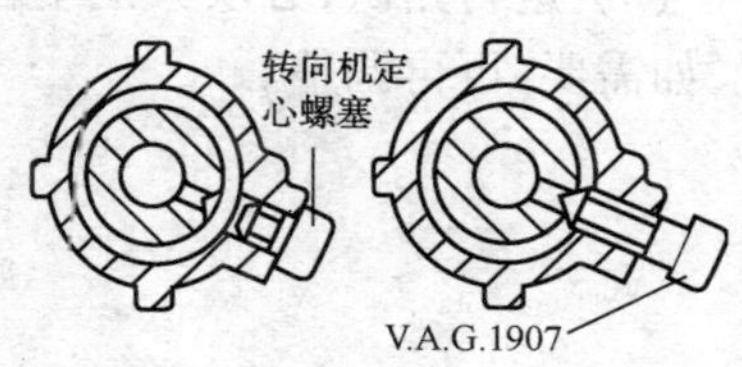

图 3-94　转向机定心螺塞

(3) 装上下面的螺栓并拧紧,然后再拧紧上面的两个螺栓,如图 3-79 所示。

(4) 拧上回油软管,以 50N · m 力矩拧紧 SW22 螺栓。

(5) 拧上压力软管,以 40N · m 力矩拧紧 SW19 螺栓。

(6) 松开转向柱锁,摆正转向盘,将万向节装到转向小齿轮上,装上固定螺栓,逆时针拧紧。

(7) 从转向器上拧下 V. A. G1907,如图 3-94 所示,用内定心螺塞封住转向机。

(8) 装上驾驶员一侧杂物箱,装上车轮罩装饰机。

(9) 装好转向器后,拆下 3094。

(10) 装上蓄电池,给收音机编码。

(11) 检查液压油油面高度,给转向系统排气并检查转向系统密封性。

(12) 检查底盘定位。

3. 奥迪 A6 助力转向机的检查与调整

(1) 调整时需两个操作者,且发动机应关闭。

(2) 举起车辆,摆正两前轮。

(3) 以中心轴约 30°左右来回转动转向盘,如果转向系统间隙过大,会发出"咔哒"响声。

(4) 这时,如图 3-95 箭头所指,让另一操作者拧调整螺栓,拧到声响消失为止。

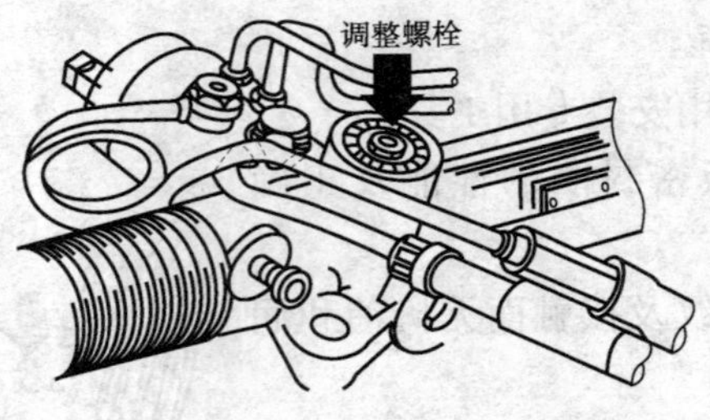

图 3-95 调整螺栓

(5) 进行路试,必须保证车在行驶和转弯时,转向系统可自动转到直行位置,如需要,可再调整。

单元四　车身电器及附属电气设备检修

知识目标

1. 熟知电动车窗、电动座椅、电动后视镜的结构特点及电路上的共性；
2. 熟知巡航控制系统的工作原理及检修要点；
3. 熟知中央门锁及防盗系统的基本工作原理及检修要点；
4. 熟知汽车音响系统的基本组成及常用故障诊断方法。

技能目标

1. 会检修电动车窗、电动座椅、电动后视镜并熟练排除各种故障；
2. 能根据巡航故障现象准确判断并排除各种故障；
3. 能熟练进行奥迪 A6 汽车中央门锁及防盗系统的检修；
4. 会进行汽车音响常见故障的诊断与排除并能熟练进行汽车音响解码操作。

现代汽车为提高使用和乘坐舒适性和安全性，广泛采用了电动车窗、电动座椅、电动后视镜、巡航控制、中央门锁及防盗系统及汽车音响等装置。这些装置或系统的故障诊断和排除也将成为汽车整车检修的重要组成部分。

课题一　电动车窗、电动座椅、电动后视镜的检修

电动车窗、电动座椅、电动后视镜在汽车中的装配已越来越普及，它们的基本工作原理相似，都是驾乘人员很方便地通过控制开关控制相应的电路去驱动电动机运转来实现车窗、座椅和后视镜的动作。在学习本单元内容时，应触类旁通，掌握其基本工作原理和检修要点。

一、电动车窗检修

1. 电动车窗的组成

电动车窗系统是由车窗、车窗玻璃升降器、车窗控制电路、电动机、开关等装置组成。典型电动车窗在车上的布置如图 4-1 所示。

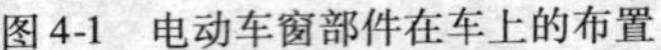

图 4-1　电动车窗部件在车上的布置

电动车窗最主要的组成是车窗升降器，车窗升降器一般由电动机、减速器、传动机构及托架等组成。目前使用的玻璃升降器有电动钢丝绳式、电动齿轮式、电动交叉臂式等几种，其结构分别如图 4-2 所示。

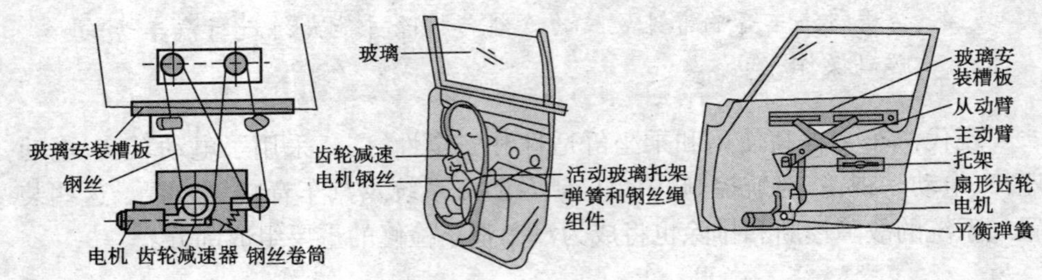

图 4-2　车窗升降器

2. 电动车窗的工作原理

电动车窗使用的电动机是双向的，有的为永磁型，有的为双绕组串励型。现代汽车的每个车窗都装有一个电动机，通过开关控制电流的方向，使车窗升或降。所有车窗系统都装有两套控制开关。一套装在车门上，为总开关，由驾驶员控制。另一套分别装在每个车窗中部为分开关，由乘客操作。每个车窗都通过总开关搭铁，所以电流不但通过每个车窗上的分开关，还要通过总开关上的相应开关。有的汽车在总开关上装有锁止开关，如将它断开，分开关就不起作用。

为了防止电路过载，电路或电动机内装有一个或多个热敏断路开关，用来控制电流。当车窗完成关闭或由于结冰而车窗玻璃不能自由运动时，即使操纵的开关没有断开，热敏开关也会自动断路。有的车上还专门装有一个延时开关，在点火开关断开以后约 10min，或车门打开之前，仍有电流供应，使驾驶员和乘客能有时间关闭车窗和操纵其他辅助设备。

图 4-3 所示为一种具有 4 个车门玻璃升降器的电动车窗控制电路。它除具有一般车辆的控制开关、驱动电动机等以外，还有能使驾驶员自动控制玻璃升降的机构，以便驾驶员安全行车。

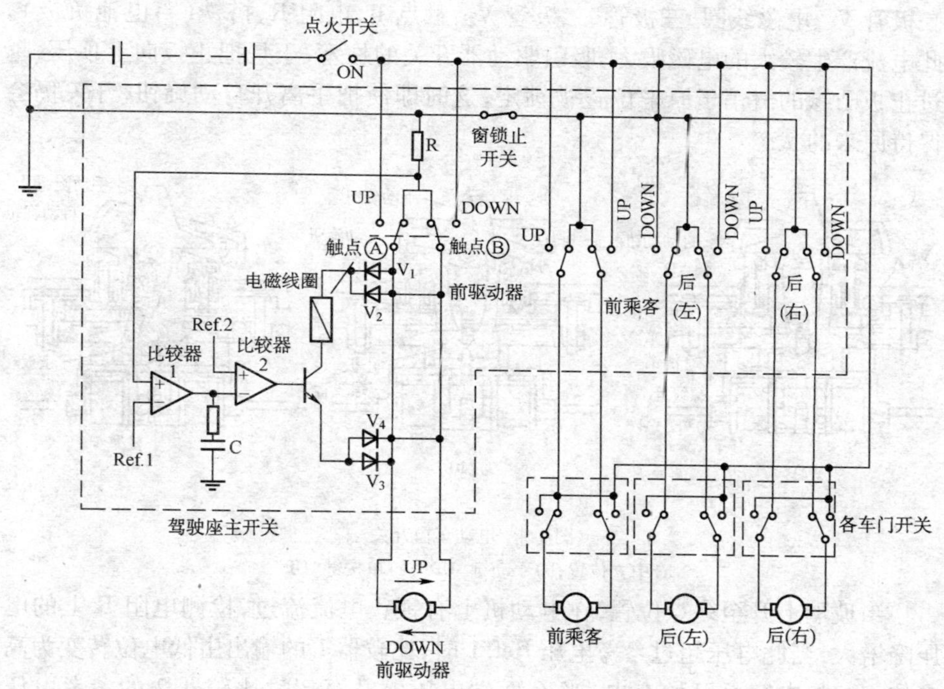

图 4-3　电动车窗控制电路

1）手动操作控制玻璃升降

如图 4-4b）所示，当把手动旋钮推向车辆前进方向时，车窗玻璃即上升。此时，触点 A 与“UP”（向上）接点相连，触点 B 处于原来状态，电动机按“UP”箭头方向（图 4-3）通过电流，车窗玻璃上升直至关闭；当把手离开旋钮时，利用开关自身的回复力，开关即回到中立位置。若把手动旋钮推向车辆后方，触点 A 保持原位不动，而触点 B 则与“DOWN”（向下）侧相连，电动机按“DOWN”箭头所示的方向通过电流，电动机反转，以实现车窗玻璃向下移动，直至下降到底。

2）自动控制玻璃升降

当把自动旋钮压向车辆前进方向时，如图 4-4c）所示，触点 A 与“UP”侧相接，电动机按"UP"箭头方向通过电流，车窗玻璃上升；与此同时，检测电阻 R（如图 4-3 所示）上的电压降低，此电压加于比较器 1 的一端，它与参考电压 Ref. 1 进行比较。Ref. 1 的电压值设定为相当于电动机制动时的电压。所以，通常情况下，比较器 1 的输出为负电位。比较器 2 的基准电压 Ref. 2 设定为小于比较器 1 的输出正电位，所以比较器 2 的输出电压为正电压，晶体管接通，电磁线圈通过较大的电流。其路径依次为：蓄电池"＋"、点火开关、"UP"、触点 A、二极管 V_1、电磁线圈、三极管、二极管 V_4、触点 B、电阻 R、搭铁（蓄电池负极）。此电流产生较大的电磁吸力，吸引驱动器开关的柱塞，于是把止板向上顶压，越过止板凸缘的滑销于原来位置被锁定，这时即使把手离开自动旋钮，开关仍会保持原来的状态。

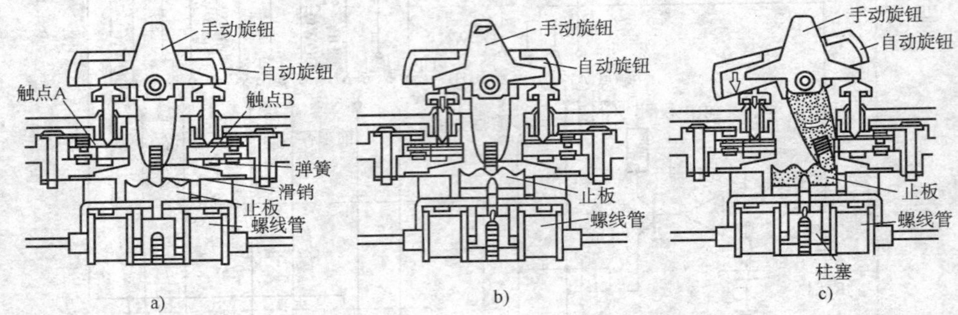

图 4-4　电动车窗开关

a) 中立位置；b) 手动键"UP"；c) 单按键"UP"

当玻璃上升至终点位置，在电动机上有锁止电流流过，检测电阻 R 上的电压降增大，当此电压超过参考电压 Ref. 1 时，比较器 1 的输出由低电位转变为高电位，此时，电容 C 开始充电，当 C 两端电压上升至超过比较器 2 的参考电压 Ref. 2 时，比较器 2 则输出低电位，三极管立即截止，电磁线圈中的电流被切断，止板被弹簧通过滑销压下，自动旋钮自动回复到中立位置，触点 A 搭铁，电动机停转。

在自动上升过程中，若想中途停止，则向反方向扳动手动旋钮，然后立刻放松。这样触点 B 将短暂脱离搭铁，使电动机因回路被切断而自动停转。同时，通过电磁线圈的电流亦被切断，止板被弹簧通过滑销压下，自动旋钮自动回复到中立位置，触点 A、B 均搭铁，电动机停转。

车窗玻璃自动下降的工作情况与上述情况相反，操作时只需将自动旋钮压向车辆后方即可。目前许多汽车的手动、自动开关制成一体。当需要手动时，可轻按开关；当需要自动时，可稍用力按开关；当需要使自动状态停止时，可反向轻按开关；

3）电动车窗防夹功能原理

目前，许多汽车电动车窗上都具有防夹功能。汽车防夹电动车窗（包括防夹电动天窗）的防夹功能的实现需要“触觉”或“视觉”的配合。所谓“触觉”，就是当电动车窗机构感触到有异物在玻璃上方时，会自动停止玻璃上升。防夹电动车窗的电路原理如图 4-5 所示，在关闭过程中，驱动机构中有电子控制单元（ECU）及霍尔传感器（脉冲发生器），时刻检测电动机的转速，当霍尔传感器检测到转速有变化时就会向 ECU 传送信息，ECU 向继电器发出指令，使电动机停转或反转（下降），车窗也就停止上升或下降。所谓“视觉”就是一套光学控制系统，用于检测有无异物在电动车窗移动范围内，从而控制玻璃移动。控制系统的主要元件是光学传感器，它由红外线发射器和接收器组成，安装在车窗的内饰件上，能连续精确地扫描指定的区域。一旦检测到有异物，传感器会把信息反馈至 ECU，ECU 发出指令使电动机停止运转。一般普通轿车的防夹电动车窗只具有“触觉”，一些高档轿车则配有“视觉”。

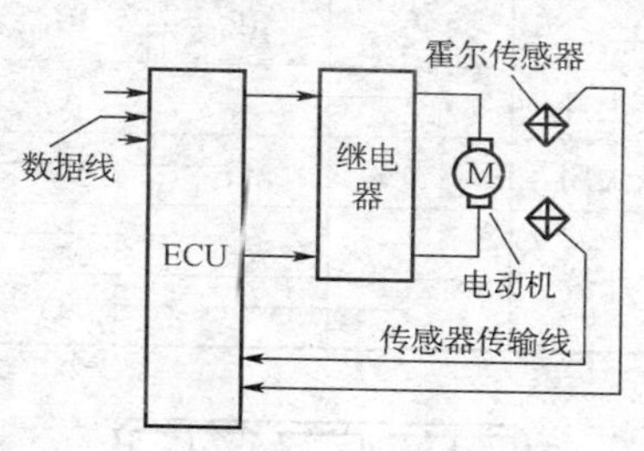

图 4-5　防夹电动车窗的电路原理图

3. 电动车窗的检修

下面以丰田皇冠轿车电动车窗为例说明。

1）电动车窗主要部件检测

（1）电动车窗主控开关的检测：电动车窗主控开关（左、右）的接线端子如图 4-6 所示。

检查车窗主控开关各端子之间的导通情况，当车窗主控开关处于上升、关闭和下降的不同工作状态时，主控开关各接线脚之间的导通情况如表 4-1 所示。如果所测的结果与表 4-1 不符合，说明主控开关已损坏，应予以更换。当开关在闭锁的位置时 B_1 接线脚与 W/L 接线脚处于断路；当车窗闭锁开关位于正常位置时，B_1 接线脚与 W/L 接线脚应处于导通状态。否则说明闭锁开关已损坏，应进行更换。

（2）电动车窗开关的检测：电动车窗电路的端子接线如图 4-7 所示。当电动车窗开关处于上升、关闭、下降时，开关接线端子之间的通断情况如表 4-2 所示。当某一位置开关的通断情况与表 4-2 不符合时，说明开关已坏，应予以更换。

主控开关各接线脚之间的导通情况表 表 4-1

车窗开关	前 右/左				后 右/左			
接头 开关	B_1	FR_U RL_U	FR_D RL_D	E	B_1	RR_U RL_U	RR_U RL_D	E
上升	○	○	○	○	○	○	○	○
关闭		○	○	○		○	○	○
下降		○		○	○		○	
	○		○			○		○

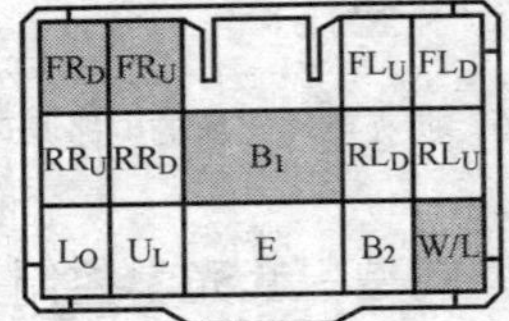

图 4-6 主控开关接线插座图

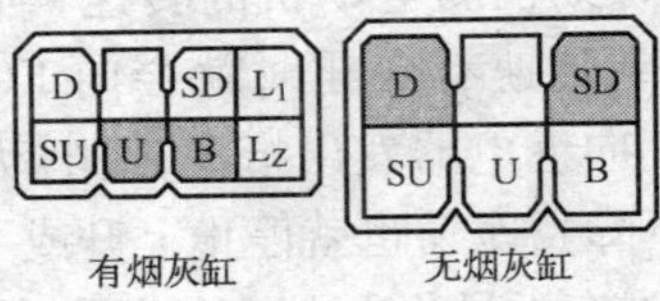

图 4-7 车窗电路的端子接线

电动车窗开关导通情况表 表 4-2

接头 开关	B	U	D	SD	SU	L_1	L_2
上升	○	○	○	○		○	○
关闭			○			○	○
		○			○		
下降	○	○	○			○	○
		○			○		

(3) 电动车窗继电器的检测:如图 4-8 所示,测试继电器首要问题是分清楚继电器的各个引脚。一般通过继电器外壳上的标识就可以辨别电路和负载电路的引脚。在确定各个引脚的前提下,使继电器控制电路通电,接通时会听到"咔哒"声,(如果听不到,则说明控制电路有问题)用电压表测试继电器开关与接地间的电压,应该显示电源电压的大小。如果电压不符合,则说明继电器有问题,应更换。

(4) 电动车窗电动机的检测:其端子接线如图 4-9 所示。检查电动机正转时,将蓄电池正极接电动机第 1 脚,负极接电动机第 2 脚,如果电动机能正常转动,说明电动机正转是良好的。否则,说明电动机有故障,应予以更换;检查电动机反转情况类似。

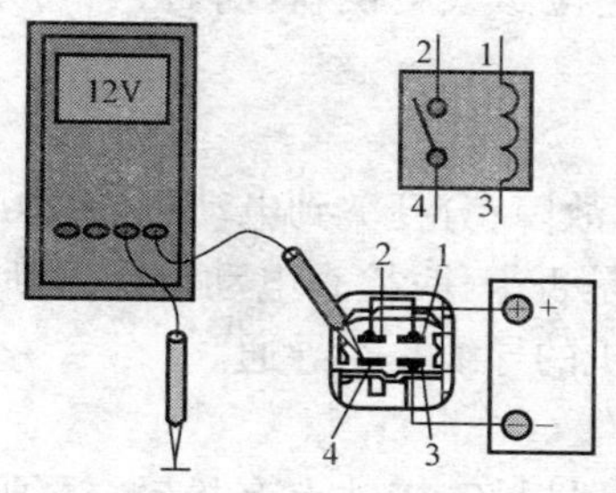

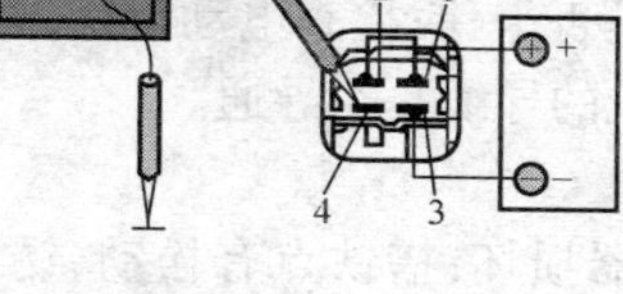

图 4-8　电动车窗继电器的检测

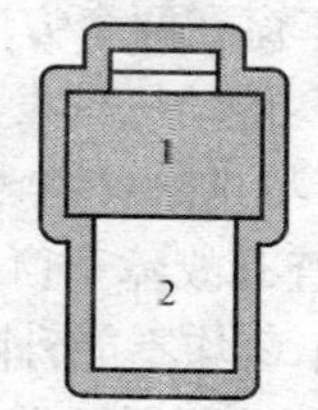

图 4-9　车窗电动机的端子接线

2）电动车窗的故障诊断与排除

电动门窗系统常见故障有整个控制系统失灵及某个车门失灵。

（1）电动车窗故障诊断一般方法步骤

① 在整个系统失灵时，可重点检查熔断器，组合开关等部位。

② 某个门窗失灵时，应在检查电动车窗故障之前按不同方向轻轻摇动玻璃。因为只要玻璃能向所有方向稍微运动，电动机就能使玻璃升降，通过玻璃的检查，可以将检查工作缩小到较小的范围。

③ 分别操作组合开关和失灵门上的分动开关，初步断定故障部位。如果操作时门窗玻璃均不动，可拆下分动开关，首先检查电源线和搭铁线是否正常；如果正常，可将门窗电机插头取下，采取外接电源法直接给电机送电检查，以确定电机是否正常；在确定外电路及电动机均正常后，故障很可能出在分动开关上，一般是接触点烧蚀而接触不良，可拆下开关用砂纸打磨，装后重新试验能否工作。

④ 如果故障还不能排除，则去掉组合开关，检查电源线电压是否正常，如果没有电压，可能是熔断器断路或插接件接触不良；如果电压正常，应查看搭铁线是否可靠。

⑤ 拆下组合开关，查看电源线及搭铁线是否正常。以右前门为例，试验右前门在组合开关上能否正常控制，若能说明右门上分动开关失灵，右门电动机是好的，故障可能在导线或分动开关上。应将右门分动开关分解检查常开触点有无烧蚀现象，必要时更换新品。同理可检查其他车门情况。

（2）电动车窗典型故障诊断

① 一个车窗只能向一个方向运动

故障原因：该车窗按键开关损坏；该车窗电机损坏；分开关到总开关连接导线断路。

故障诊断与排除：检查该车窗的按键开关工作是否正常；再通电检查该车

窗的电机正反转是否运转稳定，若有故障，应检修或更换新件；若正常，则应检查连接导线是否有故障。

② 一个车窗在两个方向都不能运动

故障原因：传动机构发卡；车窗电动机有故障；分开关到电动机导线断路。

故障诊断与排除：检查齿轮机构或链带是否卡住；检查电动机是否断路、短路或搭铁；检查有故障车窗的分开关到电动机的导线是否导通。

③ 所有车窗均不能升降

故障原因：熔断器断路；电机损坏；继电器损坏；搭铁点有松动、锈蚀现象；连接导线断路；按键开关损坏。

故障诊断与排除：首先检查熔断器是否断路；若熔断器良好，则应将点火开关置 ON 位置，检查继电器接柱上的电压是否正常；若电压为零，应检查开关的内部线路连接结点及电机是否正常；若电压正常，检查、清洁和紧固搭铁线。

二、电动座椅检修

汽车电动座椅的位置和角度是电动可调的。电动座椅必须要满足便利性和舒适性两大要求，即驾驶者通过操纵键，不仅能使驾驶者获得最好的视野，便于操纵转向盘、踏板、变速杆等，还可以将座椅调整到最佳的位置上，获得最舒适和最习惯的乘坐角度。为了满足这些要求，汽车厂家不断采用机械和电子技术手段，制造出可调整的电动座椅。

1. 普通电动座椅

1）普通电动座椅的基本结构

普通电动座椅主要由若干个双向电动机、传动装置及控制开关等部分组成，如图 4-10 所示。

传动装置由变速器、联轴节、软轴、螺旋千斤顶及齿轮传动机构组成，如图 4-11 所示。图中一组电动机安装在托架上，电动机轴分别与不同的软轴相连，每个软轴与对应的变速器输入轴相连。变速器的作用是降速增矩。各变速器输出轴分别与不同的蜗杆轴或齿轮轴相连，通过蜗轮蜗杆或齿轮齿条传动来带动座椅支架产生位移，实现不同位置的调节。开关接通后，电机动力经齿轮联轴节、软轴、变速器传至螺旋千斤顶及齿轮传动机构，驱动座椅移动。当座椅到达行程终点时，软轴停止运动，此时若电机仍在运转，其动力将被橡胶联轴节所吸收，以防电机过载损坏。

2）普通电动座椅的工作原理

电动座椅的电动机一般为永磁直流电动机，常采用多电机驱动。利用开关控制流经电动机的电流方向，从而使电动机有正反两个转动方向，以实现座椅

在两个方向上的调整。其控制电路如图 4-12 所示，该座椅共设置了滑动电动机、前垂直电动机、倾斜电动机、后垂直电动机及腰垫电动机，该图为丰田皇冠前排座椅电路图（左驾驶型）。分别对座椅前后滑动、前部上下移动、靠背前后倾斜、后部上下移动及腰垫前后等十个方向进行调节。

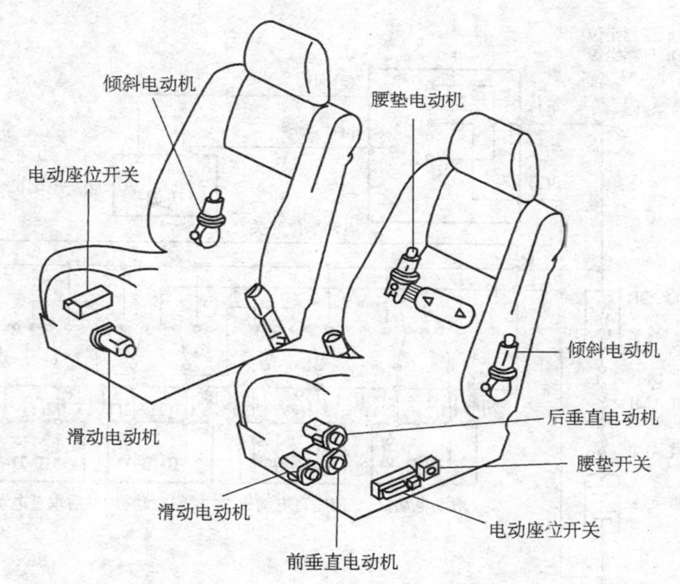

图 4-10 普通电动座椅的基本组成

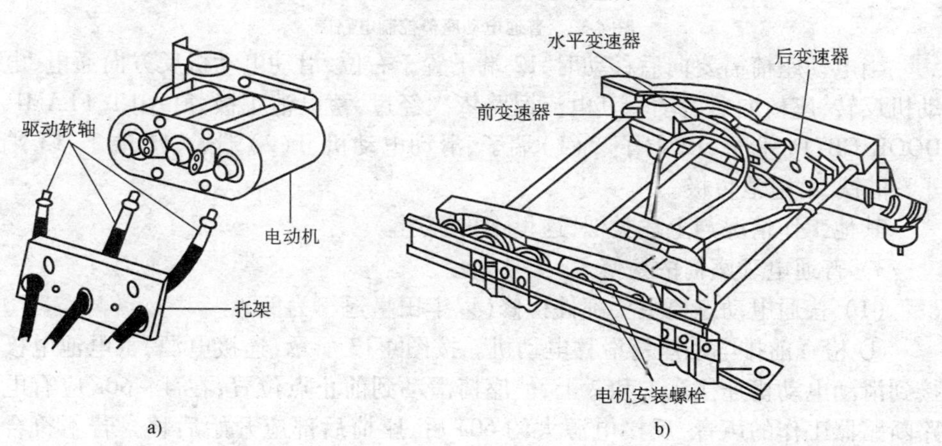

图 4-11 普通电动座椅的传动装置结构
a）电机及软轴；b）传动机构

当电动座椅需要向前移动时,开关置于前进位,即图4-12中11位端子置于左位,因而使电动机正向通电,电动机正转,座椅向前滑动。其电流回路依次经过:蓄电池正极、FLAILT、FLAMI、DOOR CB、14端子、11端子、1(2)端子、滑动电动机、2(1)端子、12端子、13端子、搭铁、蓄电池负极。

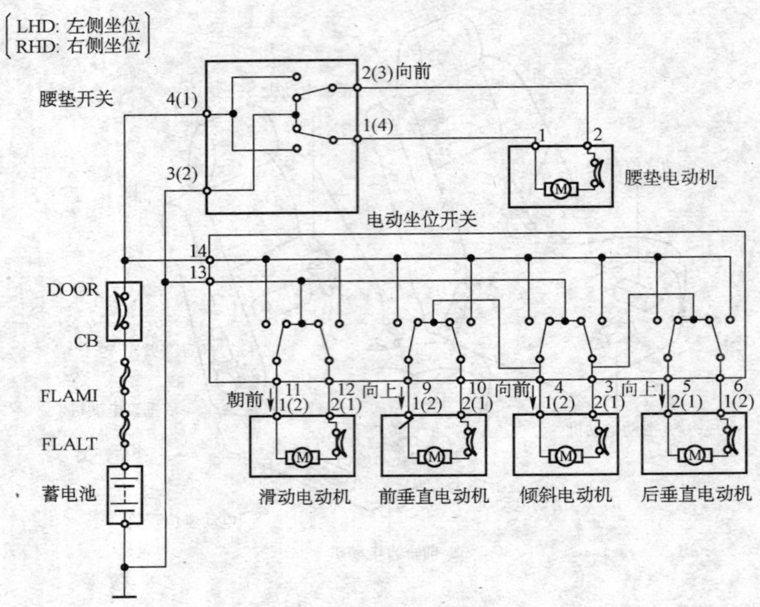

图4-12 普通电动座椅控制电路图

当电动座椅需要向后移动时,12端子置于右位,滑动电动机反方向通电,电动机反转,座椅向后滑动。其电流回路依次经过:蓄电池正极、FLAILT、FLAMI、DOOR CB、14端子、12端子、2(1)端子、滑动电动机、1(2)端子、11端子、13端子、搭铁、蓄电池负极。

其他工作情况与上述类似,这里不再赘述。

3)普通电动座椅的检修

(1)普通电动座椅主要部件检修(以丰田皇冠车为例)

① 检查前排电动座椅滑移电动机。按图4-13所示,连接电源,蓄电池电极接到滑动电动机连接头1和2上,使座椅滑动到前止点位置,在4~60s应有电路断路器工作的声音,反接电源大约60s后,座椅后部应开始后移。若不符合要求,则更换电机。

② 检查前排电动座椅前端升降电动机。其检查方法类似前排电动座椅前后移动的检查。使蓄电池电极分别接上该电极的两接线槽,先使座椅前端上

升，当升到上止点以后大约4～60s应有电路继电器工作的声音，反接电源大约60s后，座椅开始下降。若不符合要求，则更换电机。

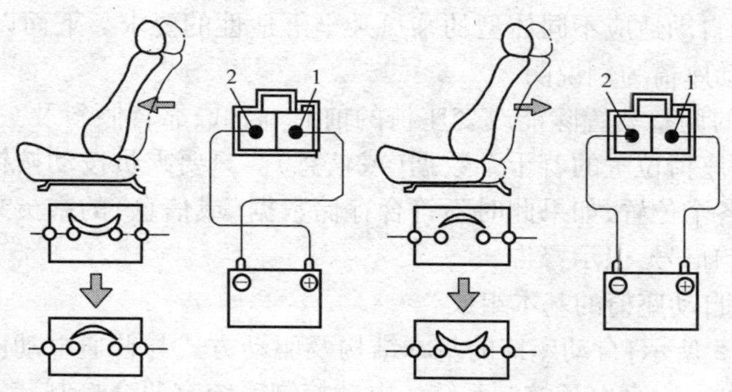

图4-13　前排电动座椅前后移动电动机检查

③ 检查前排电动座椅后端升降电动机。其检查方法与上述类似。

④ 检查前排电动座椅靠背倾斜调整电动机。如图4-14所示，电池正极接6号接头，负极接2号接头，靠背向前倾斜到止点，大约4～60s有电路继电器工作的声音，反接电源大约60s后，后靠背向后倾斜。若不符合要求，则更换电机。

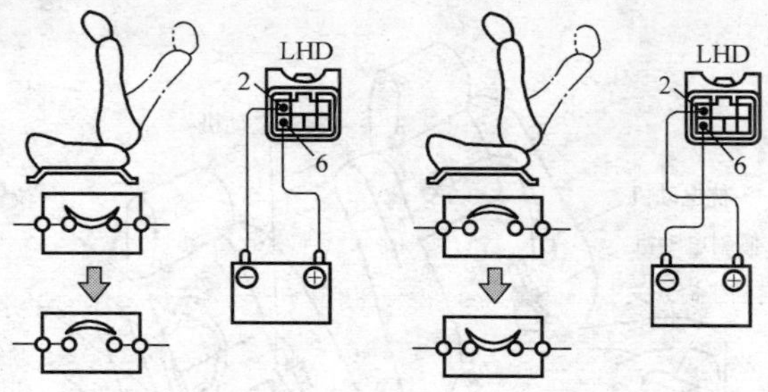

图4-14　前排电动座椅靠背倾斜调整电动机检查

（2）普通电动座椅检修常见故障诊断与排除

电动座椅常见故障有：完全不动作或某个方向不能工作。

① 电动座椅完全不动作的主要原因有：熔断器断路，线路断路，座椅开关有故障等。可以首先检查熔断器是否断路，若熔断器良好，则应检查线路是否正常；然后检查开关，最后检查电动机。

② 电动座椅某个方向不能工作的主要原因：该方向对应的电动机损坏、开关、连接导线断路。可以先检查线路是否正常，再检查开关和电动机。

2. 电控自动座椅

电控自动座椅是带存储功能的电动座椅，它是人体工程与电子技术相结合的产物，它能自动适应不同体型的乘员乘坐舒适性的要求。下面以凌志 LS400 轿车电控自动座椅为例说明。

该座椅的调整装置除能改变座椅的前后、高低、靠背倾斜及头枕等的位置外，还能存储座椅位置的若干个数据（或信息）。只要乘员按动按钮，就能自动调整座椅的各个位置，如果此时不符合存储数据（或信息）的乘员乘坐，汽车便发出蜂鸣声响信号，以示警告。

1）电控自动座椅的基本组成

如图 4-15 所示，自动座椅的基本结构及驱动方式与普通电动座椅相似，不同之处是附加了一套电子控制系统。电动控制系统有两套控制装置，一套是手动的，它包括电动座椅开关、腰垫开关、腰垫电机以及一组座椅位置调整电动机等，各人根据其需要，通过相应的座椅开关和腰垫开关来调整，此套控制方式与普通电动座椅完全相同；另一套是自动的，它包括一组位置传感器、储存和复位开关、ECU 及与手动系统共用的一组座椅位置调整电动机。此套装置可以根据位置传感器的信号将座椅位置储存起来，以备下次恢复座椅位置时使用。两套装置驾驶员可以根据不同需要，通过操纵储存与复位开关选择使用。

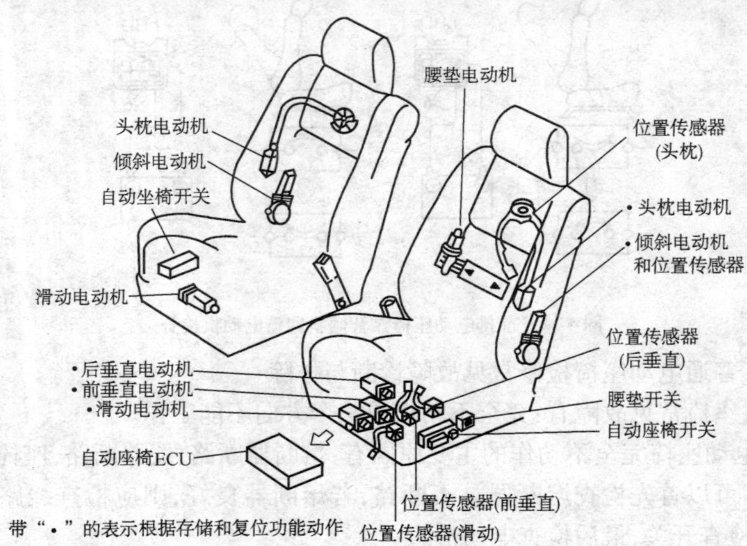

图 4-15　电控自动座椅结构

2）电控自动座椅的基本工作原理

电控自动的电路原理如图 4-16 所示，其动作方式有左翼前后滑动调节、座椅前部上下调节、座椅后部的上下调节、靠背的倾斜调节、头枕的上下调节及腰垫的前后调节等。其中腰垫前后调节是通过腰垫开关和电动机直接控制，无存储功能。驾驶员通过操作电动座椅开关可以控制其余 5 种调整。当座椅位置调整好后，按下存储和复位按钮，电控装置就把各位置传感器的信号存储起来，以备下次恢复座椅位置再用。当下次使用时，只要一按位置存储和复位开关，座椅 ECU 便驱动座椅电动机，将座椅调整到原来的位置。

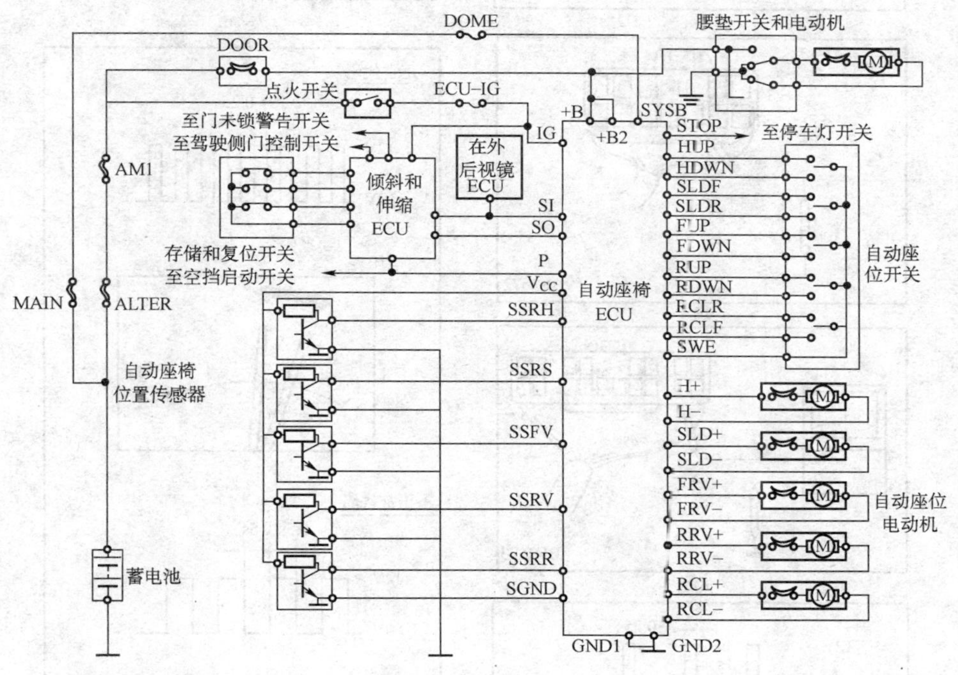

图 4-16　电控座椅电路图

3）电控自动座椅检修

其机械部分及开关、电动机、连线的检测与普通座椅相同，在此不再赘述。下面主要介绍传感器及电脑的检测：

① 拆下驾驶侧座椅，拆下前垂直调节器上的螺栓并将坐垫略微抬高。坐垫不宜抬得太高，否则线束会被拉出，夹箍可能会松动，如图 4-17a）所示。

② 随连接器一起从坐垫下面的固定处拆下电动座椅 ECU。

③ 将电动座椅 ECU 的端子 CHK 连接车身搭铁，使 ECU 进入检查状态，如图 4-17b）所示。

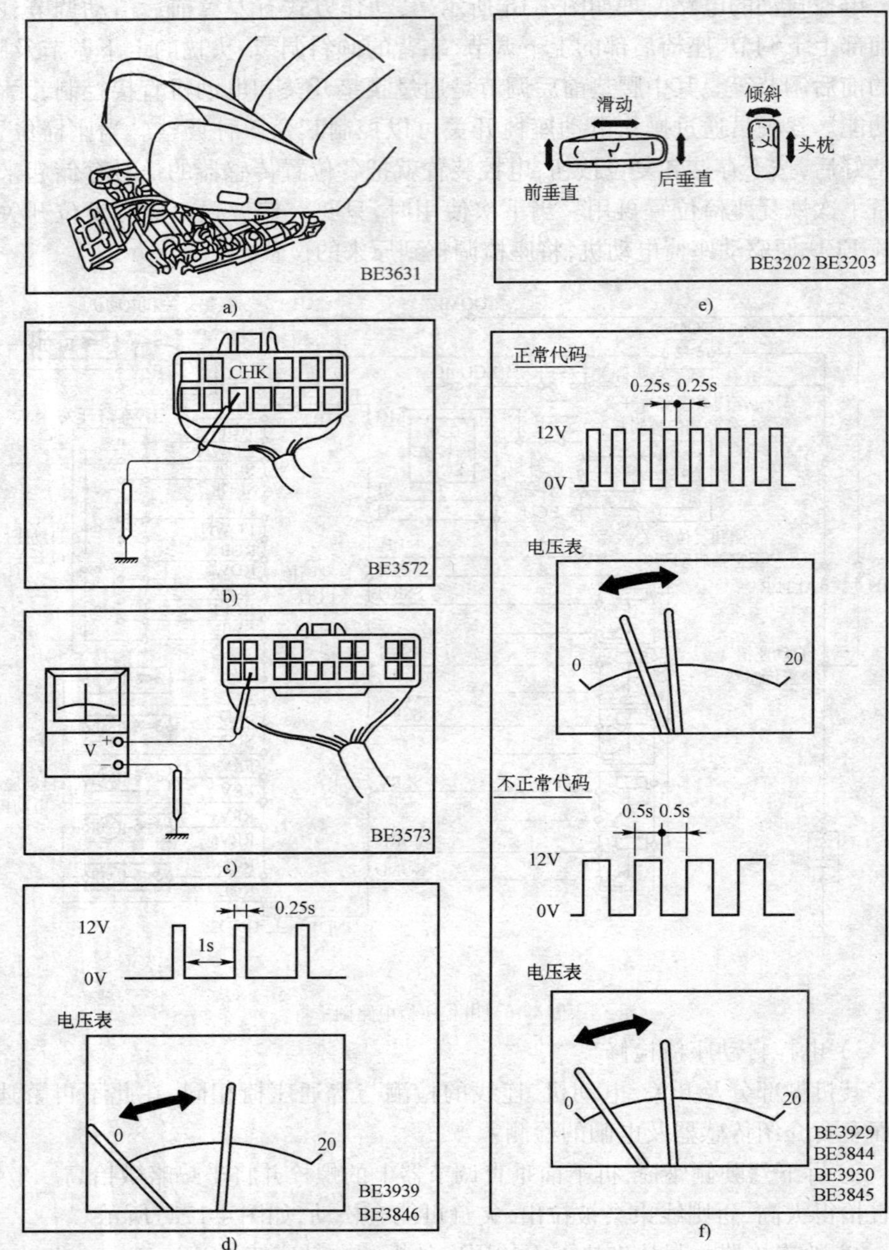

图4-17 电控自动座椅传感器检测示意图

④ 测量电动座椅 ECU 的端子 SO 与车身搭铁间的电压(采用指针式电压表)。

⑤ 检查应输出图示“已准备好”代码,如图 4-17a)~图 4-17f)中右下方所示。

⑥ 分别打开电动座椅手动开关并检查座椅各向移动时电压变化。

⑦ 输入信号正常和不正常时,输入电压的变化,如图 4-17d)~图 4-17f)所示。

当座椅移动到极限位置时,电压应从正常代码变为不正常代码。当证实其他系统功能完好,并通过对电压表指针的摆动量比较,确认正常和不正常的代码后,再进行分析处理。电压表指针的摆动量取决于仪表所选的量程。

三、电动后视镜检修

汽车后视镜也称倒车镜,通常分为外后视镜和内后视镜两种。外后视镜一般汽车左、右侧都有,其功能主要是让驾驶员观察汽车左右两侧的行人(包括上下车人员)、车辆以及其他障碍物的情况,确保行车和倒车安全。内后视镜主要供驾驶员观察和注视车内乘客及物品的情况;内后视镜还具有在夜间防止后面车辆前照灯光线所引起的炫目的功能。

内后视镜安装在车身内部,驾驶员可方便地对其进行调节;外后视镜安装在车身外部,距离驾驶员较远,调整它的位置比较困难。因此,很多汽车把后视镜做成电动形式以便驾驶员可通过遥控开关操纵,对镜面的角度进行上下、左右调节,调节范围为 20°~30°。

1. 电动后视镜的结构和工作原理

1)电动后视镜的结构

电动后视镜主要由直流电机、车镜支架、连接机构、镜面玻璃等构成。图 4-18所示为电动后视镜结构总成,两个直流电动机的其中一个控制后视镜的上下偏转,而另外一个则是用来控制后视镜的左右偏转。后视镜控制开关通过交换电机电路的极性来改变电机转动的方向。每个电机带有一个自复位的电路断路器,当后视镜到达行程的机械极限时,电路断路器就会将电路中断。

电动后视镜的开关由选择开关和调节开关组成,选择开关通过电路的切换选择所调节的是左侧还是右侧电动后视镜。调节开关具有上、下、左、右 4 个位置,通过电动后视镜内的两个永磁双向微型电机来调节后视镜片作垂直或水平方向的摆动,使其达到理想的位置,如图 4-19 所示。有的电动后视镜还可带有电动折合、镜面加热除霜、驾驶姿势存储等功能。

2)电动后视镜的工作原理

电动后视镜主要是通过电动后视镜的开关控制两个电机来调整镜面位置和角度，一个是上下位置调整电机，一个是左右位置调整电机。

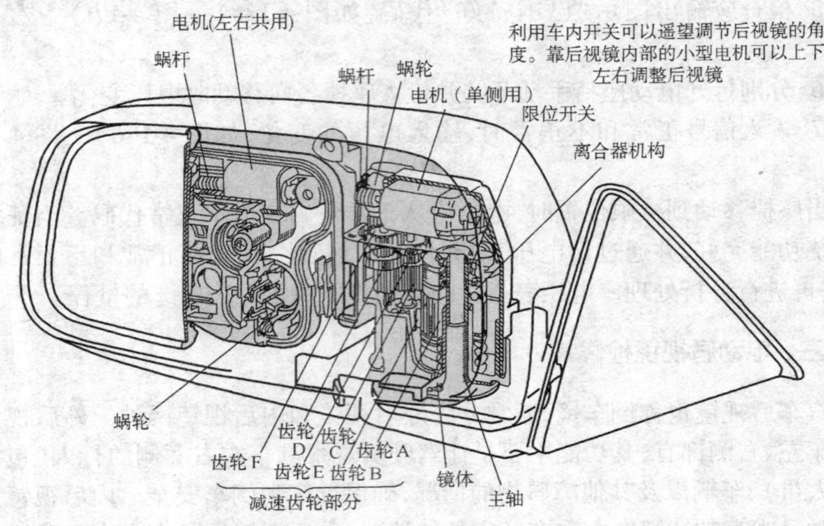

图 4-18　电动后视镜的结构

图 4-20 所示为广州本田雅阁轿车的外后视镜控制系统电路图。下面就以此为例介绍电动后视镜的工作原理。在进行电动后视镜调整时，首先通过电动后视镜调整开关选择要调节的方式，然后将开关按钮按下到认为合适的位置松开即可。

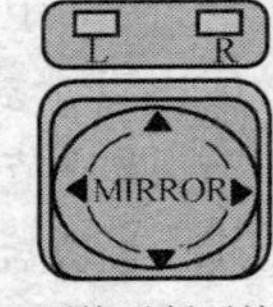

图 4-19　电动后视镜开关

如果要使左侧后视镜镜面向下侧摆动时，先将选择调整开关按向左侧，再按下向下调整的开关按钮，此时电动后视镜开关分别将左后视镜的接点 5 接负极，左后视镜的接点 4 接正极，使负责镜面上下转动的电动机正转，将后视镜镜面向下侧摆动。电路电流方向为：由蓄电池正极、熔断器、(发动机盖下熔断丝/继电器盒中)、点火开关、熔断器(驾驶席侧仪表盘下熔断丝/继电器盒中)、电动后视镜开关接点 1、电动后视镜开关接点 7 、左后视镜插接器接点 4、电动机、左后视镜插接器接点 5、电动后视镜开关接点 4、电动后视镜开关接点 2、搭铁形成回路。

其他调整与上述左侧后视镜镜面向下侧摆动时的电路分析相似。

2. 电动后视镜的检修

由于不同车型的电动后视镜组件结构各不相同，所以在维修时应该针对具体的车型，确定应该采用的维修方法。下面主要针对广州本田轿车的后视镜结

构，介绍具体的检修过程。

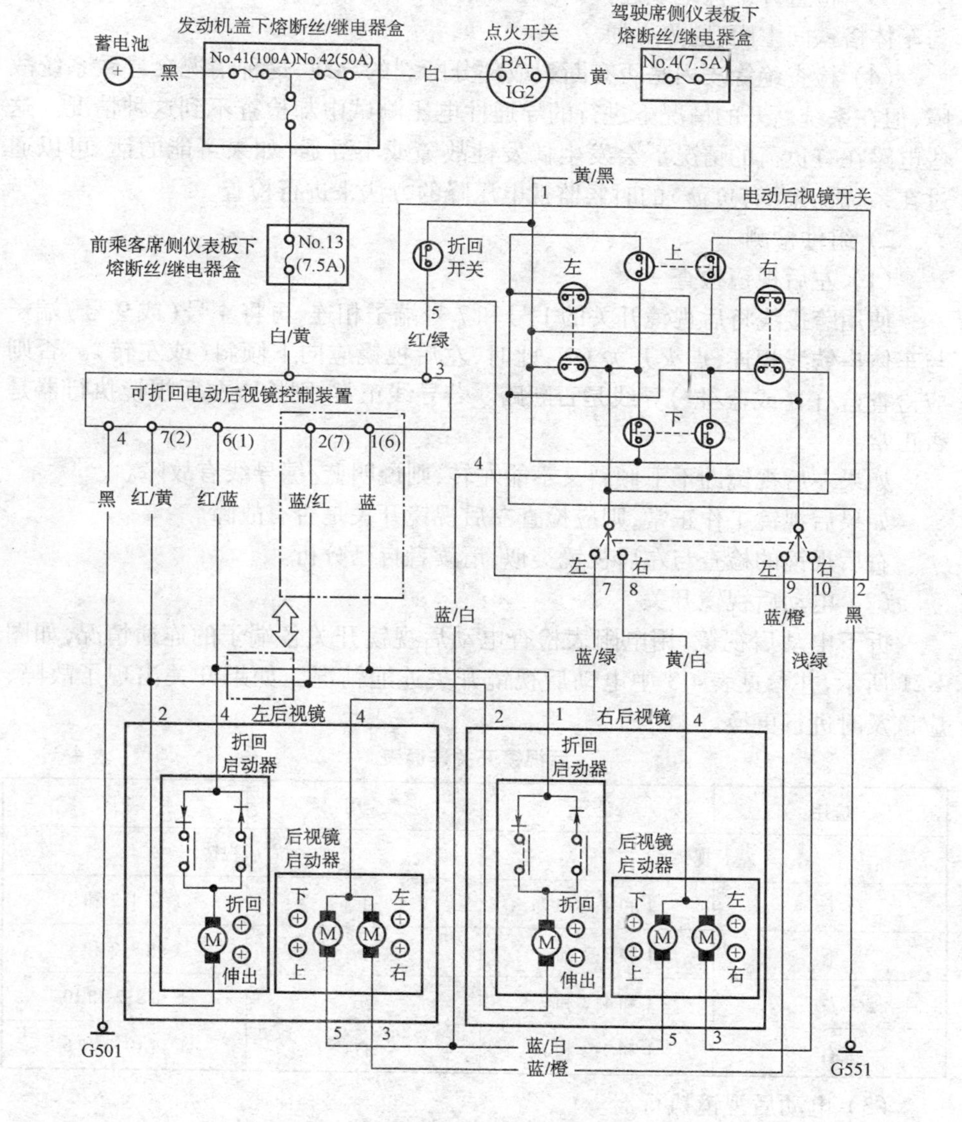

图 4-20　电动后视镜控制电路

1）基本检查

在进行具体的测试之前，应该首先进行下面一系列检查：

（1）接通点火开关 ON，用万用表检查电动后视镜开关 1 号端子与车体搭铁之间的电压，其值应为蓄电池电压。

(2) 检查驾驶席侧仪表盘下熔断丝是否熔断,必要时进行更换。

(3) 检查并确保地线连接牢固,可用万用表检测电动后视镜开关2号端子与车体搭铁间电阻,应为导通。

(4) 检查绝缘皮内是否有断裂或部分断裂的导线,这种情况会导致系统故障,但在系统断开的情况下进行的导通性电压测试中却检查不到这种情况。这些电路在有负荷的情况下会发生偶发性故障或不导通,如果可能的话,可以通过在系统工作(有负荷)的时候监视电压降的方法来进行检查。

2) 组件检测

(1) 左后视镜检查

使用跨接线将后视镜开关的1号和7号端子相连,再将4号(或9号)端子与车体搭铁线相连,点火开关ON,此时,左后视镜应向下倾斜(或左转)。否则应检查蓝/白(或蓝/橙)导线是否断路。若导线正常,则检查左后视镜执行器是否正常。

如果左后视镜即不下倾斜又不能左转,则说明蓝/绿导线有故障。

如果后视镜工作正常,则应检查左后视镜开关是否有故障。

右后视镜的检查与左后视镜类似,请读者自己分析。

(2) 电动后视镜开关

拆下电动后视镜,用电阻表检查电动后视镜开关各端子的连通情况,如图4-21所示,并参见表4-3中电动后视镜开关连通情况。如果开关出现了故障,应该及时进行更换。

后视镜开关连通表 表4-3

应用	端子	应用	端子
左后视镜		右后视镜	
上	1和4;2和7	上	1和4;2和8
下	1和7;2和4	下	1和8;2和4
左	1和4;2和9	左	1和8;2和10
右	1和9;2和7	右	1和10;2和8

(3) 电动后视镜执行器

拆下车门内板,断开电动后视镜3针或6针接头,如图4-22所示。

用跨接线将端子与电源(+)或搭铁(-)按表4-4连接,观察后视镜正确的活动,如后视镜工作状况与检测表不符,则需要对后视镜组件进行更换。

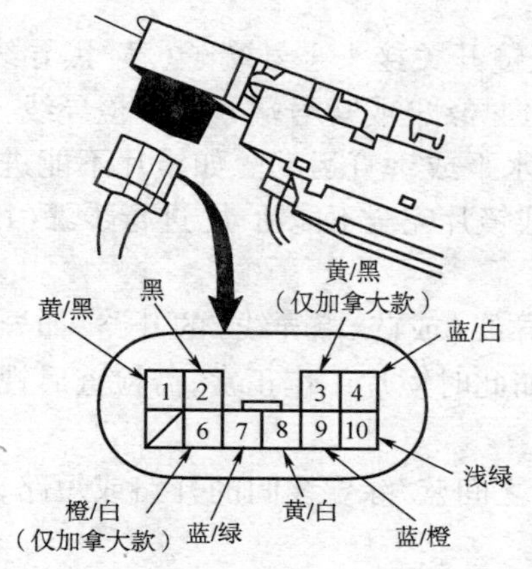

图 4-21　后视镜开关接头

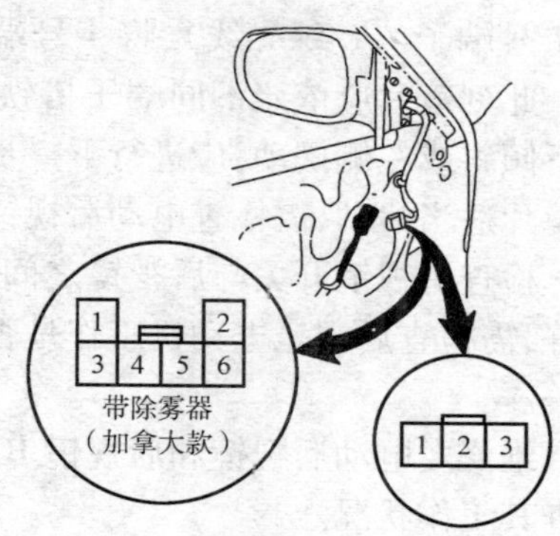

图 4-22　电动后视镜 3 针或 6 针接头

电动后视镜执行器检测表　　表 4-4

后视镜活动	端子 5	端子 4	端子 3	端子 1	端子 2
上	（+）	（－）			
下	（－）	（+）			
左		（+）	（－）		
右		（－）	（+）		
由伸开折回				（－）	（+）
由折回伸开				（+）	（－）

3）电动后视镜典型故障诊断

以下故障均参照图 4-21 进行分析：

（1）两个后视镜均不工作

检查 4 号端子（7.5A）必要时更换，拆下驾驶员侧车门内板，断开电动后视镜 10 针接头。

接通点火开关，用电压表检测电动后视镜 10 针接头 1 号（黄/黑导线）端子搭铁电压如为蓄电池电压，进行下一步检查，否则在电动后视镜开关与 4 号熔断丝之间的黄/黑导线存在开路，必要时更换熔断丝之后再进行检测。

用数字万用表检测电动后视镜开关接头 2 号端子（黑导线）熔断连通，如连通进行下一步，否则电动后视镜熔断黑导线存在开路，如连通需分别检查每个后视镜，必要时进行维修。

（2）左侧电动后视镜不工作

关闭点火开关，拆下驾驶员车门内板，断开电动后视镜 10 针接头，进行下

一步操作。

接通点火开关,用跨接线连接电动后视镜开关接头 1 号端子(黄/黑导线)和 7 号端子(蓝/绿导线),将 4 号端子(蓝/白导线)或 9 号端子(蓝/橙导线)搭铁。此刻镜片应依照不同端子搭铁而进行水平或垂直运动。如镜片不能进行向下倾斜或左侧摆动,应进行下一步操作,或镜片完全不能活动,进行步骤(1);如镜片适当活动,需检查电动后视镜开关。

检查后视镜开关与后视镜之间,蓝/白导线(或蓝/橙导线)的开路,如导线良好,需检查后视镜电动机工作是否正常,如此时镜片工作正常,需检查后视镜开关。

维修左电动后视镜和后视镜 10 针接头之间蓝/绿导线间的开路或短路,再检查其工作状况。

右侧电动后视镜不工作故障诊断与上述左侧相似。

课题二　巡航控制系统检修

汽车巡航控制系统(CCS)是现代汽车的一种舒适装备,驾驶员可以将车速设定在一个固定的速度上,不必踩踏加速踏板而使车辆按照所设定的速度行驶,因而可大大减轻驾驶员的疲劳强度,使发动机的运行工况更平稳,汽车燃料经济性和发动机的排放性能得到改善;另外,由于汽车等速行驶,可以改善汽车的行驶平顺性,提高汽车的舒适性。

一、巡航控制系统的基本结构和工作原理

1. 巡航控制系统的基本工作原理

巡航控制系统是一个典型的闭环控制系统。图 4-23 为巡航控制系统基本原理图,输入巡航控制电控单元 CCS ECU 的信号有两个:一个是驾驶员根据行驶条件,通过巡航开关设定的巡航车速指令信号,另一个是车速传感器输入的实际车速反馈信号。

当巡航车速指令信号和实际车速反馈信号输入巡航电控单元 CCS ECU 后,ECU 的比较器 A 经过比较运算便可得到两个信号之差,即误差信号。误差信号经过比例运算和积分运算后,再经过放大处理就可得到控制节气门开度大小的控制信号,CCS ECU 将控制指令发送给执行机构,执行机构就可以驱动节气门拉索调节发动机节气门开度的大小。当实际车速低于驾驶员设定的巡航车速值时,节气门被调大,反之则调小。这样就将实际车速迅速调节到驾驶员设定的车速值,从而实现汽车的恒速控制。

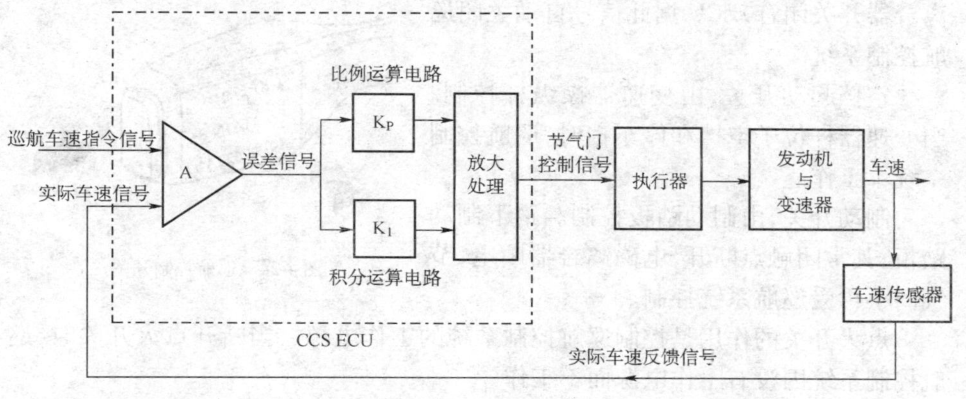

图 4-23　巡航控制系统基本原理图

2. 巡航控制系统的组成

巡航控制系统主要由控制开关、传感器、电控单元以及执行器等组成。

1）传感器

巡航控制系统传感器主要有车速传感器、节气门位置传感器以及节气门控制摇臂位置传感器等。

巡航控制系统的车速传感器、节气门位置传感器与发动机微电脑控制系统共用。节气门控制摇臂位置传感器的作用将节气门控制摇臂的位置转变成电信号并输送给 ECU，这是巡航控制系统专用的传感器，目前常用的是滑变电位计式。

2）电控单元

电控单元（CCS ECU）是控制系统的中枢，其主要作用是根据传感器、控制开关等输入的信号进行运算和判断，并向执行器发出控制指令，进而改变车速，最终将实际车速与目标车速的误差控制在许可范围内。

3）控制开关

巡航控制系统的控制开关主要有主控开关、离合器开关、空挡起动开关、制动开关和点火开关等。

主控开关主要用来启动、关闭巡航控制系统，并设置和调节巡航控制系统的工作状态。如图 4-24 所示为丰田凌志轿车巡航控制系统的主控开关，它位于转向盘的下方。将操作手柄向下扳动时，主控开关将位于“巡航速度的设定开关（SET/COAST）”位置；将操作手柄向上推时，主控开关将位于“巡航速度的取消开关（CANCEL）”位置；将操作手柄朝转向盘方向扳起时，主控开关将位于“恢复/加速开关（RES/ACC）”位置。

离合器开关（手动变速器车辆），由离合器踏板控制。踏下离合器踏板时，

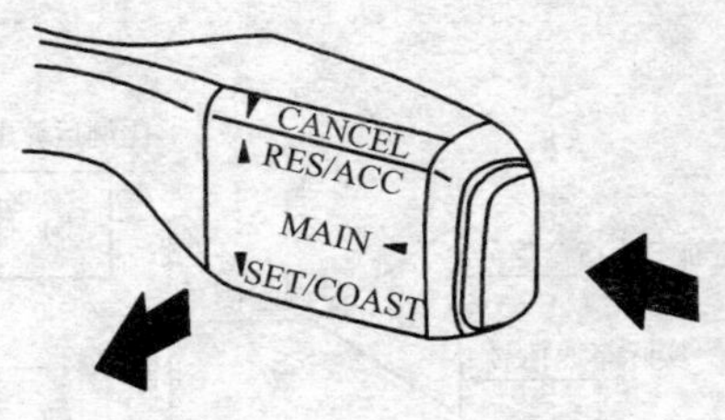

图 4-24　巡航控制开关

离合器开关闭合，ECU 据此信号自动关闭巡航控制系统。

空挡起动开关，由变速器操纵杆控制。当变速器杆位于空挡和停车挡时，巡航控制系统不工作。

制动开关，由制动踏板控制。踏下制动踏板，其常闭触点断开，电磁离合器断电，节气门不再受巡航系统控制。

点火开关的作用是控制巡航控制系统的工作电源。当断开点火开关时，巡航控制系统因没有工作电源而不工作。

4）执行器

目前使用的执行器有两类，即气动式和电动式。

（1）气动式执行器

气动式执行器一般是利用进气歧管的真空度来控制节气门动作。如图4-25所示，执行器中的活塞通过连杆与节气门拉杆相连，活塞的动作受压力控制阀控制，而压力控制阀的开度受电磁线圈的控制。

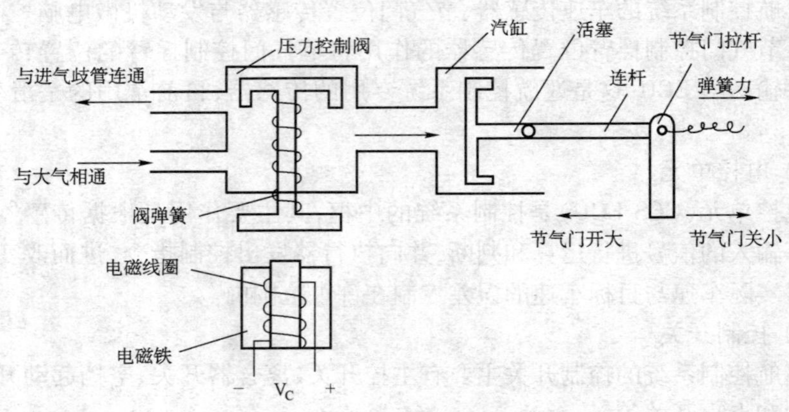

图 4-25　气动式执行器

（2）电动式执行器

电动式执行器的结构组成如图 4-26 所示，主要由驱动电动机及减速机构、电位计、安全电磁离合器、拉索及节气门摇臂等组成。

一般利用步进电机或电动机的转动来控制节气门的动作，电机的动转由微电脑输出的脉冲电信号控制。电磁离合器的作用是控制电动机轴与节气门控制摇臂的结合与分离，提高节气门工作的可靠性。当驾驶员踩下制动踏板或巡

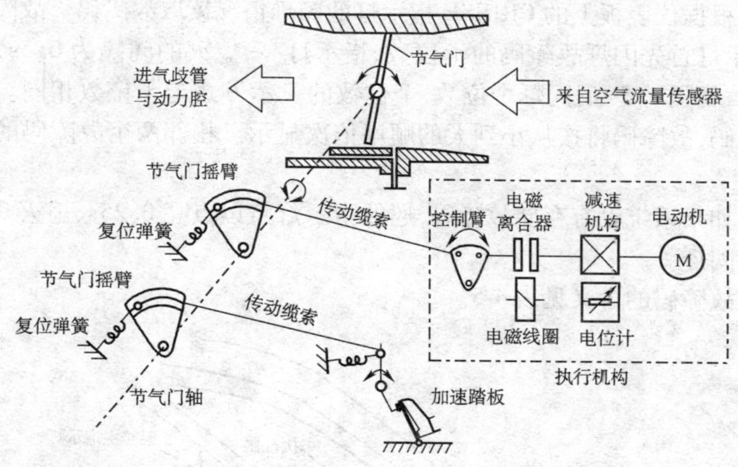

图 4-26　电动式执行器

航控制系统有故障时,ECU 将发出控制指令首先使离合器分离,防止发生事故。电位计是一只由滑变电阻器组成的电位计,其功用是检测执行机构中控制臂转动的角度或拉索的位移量,并将信号输入巡航电控单元。

二、凌志 LS400 轿车巡航控制系统检修

1. 巡航控制系统的部件位置及电路图

凌志 LS400 轿车巡航控制系统部件位置如图 4-27 所示,电路图如图 4-28 所示,巡航控制 ECU 插接器端子如图 4-29 所示。

2. 故障自诊断

1）巡航控制系统状态指示的检查

仪表板上的 CRUISE 指示灯的闪烁情况可以指示巡航控制系统的状态。巡航控制系统状态指示的检查步骤如下:

(1) 接通点火开关。

(2) 接通巡航控制主开关,巡航指示灯应点亮;关闭巡航控制主开关,巡航控制指示灯应熄灭。若指示灯不亮,应检查指示灯电路。

(3) 如果巡航控制 ECU 诊断出系统有故障时,巡航指示灯将闪烁 5 次,每次闪烁指示灯亮 0.5s,灭 1.5s,并且 ECU 将故障码存储在存储器内。

2）读取故障码

(1) 接通点火开关。

(2) 用短接线将诊断座 TDCL 的端子 Tc 与 E_1 端子短接。

（3）根据仪表板上的 CRUISE 指示灯的闪烁情况读取故障码。故障码为两位数，指示灯首先闪烁故障码的十位数，指示灯亮、熄灭的间隔为 0.5s，显示完十位数后，间隔 1.5s 后闪烁个位数，个位数的显示方式与十位数相同。如果有多个故障码，故障码将按从小到大的顺序依次显示。相邻两个故障码的间隔时间为 2.5s。

（4）如果系统没有存储故障码，巡航指示灯将以点亮 0.25s、熄灭 0.25s 的方式持续闪烁。

（5）故障码的含义见表 4-5。

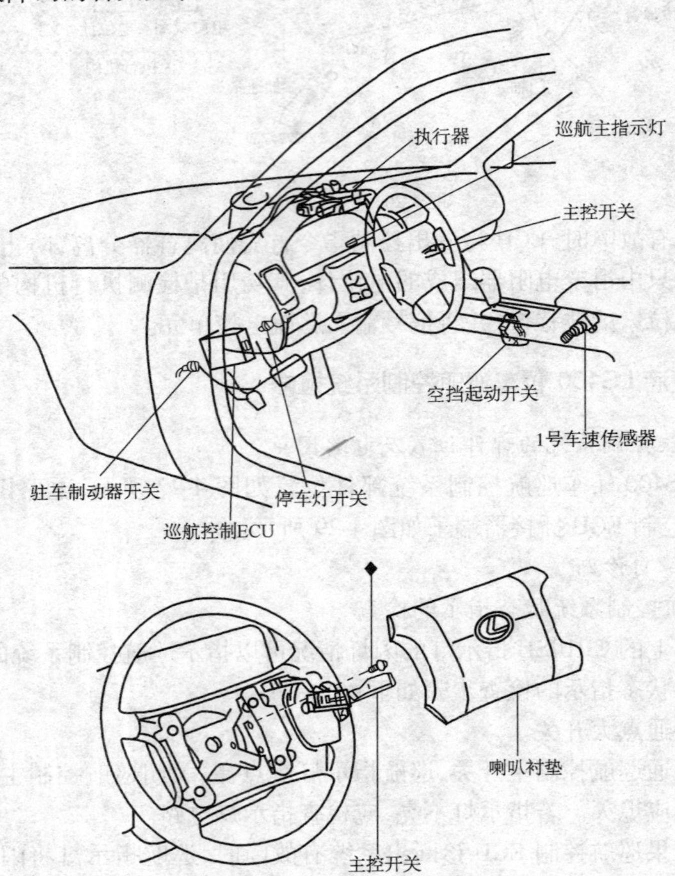

图 4-27　凌志 LS400 轿车巡航控制系统主要部件位置图

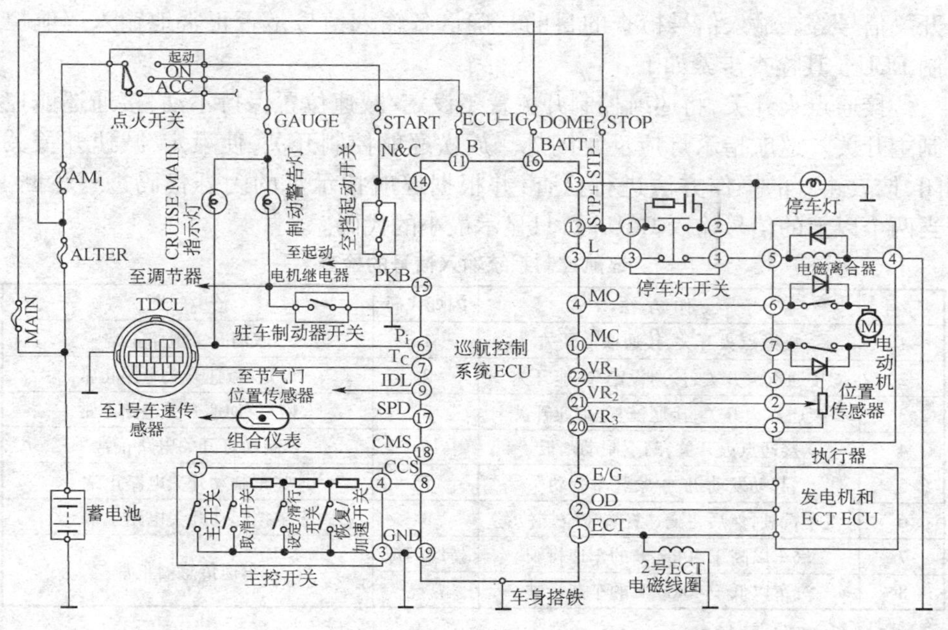

图 4-28　凌志 LS400 轿车巡航控制系统电路图

巡航控制系统ECU插接器

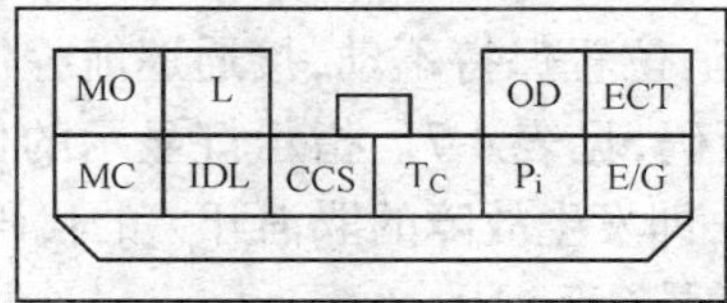

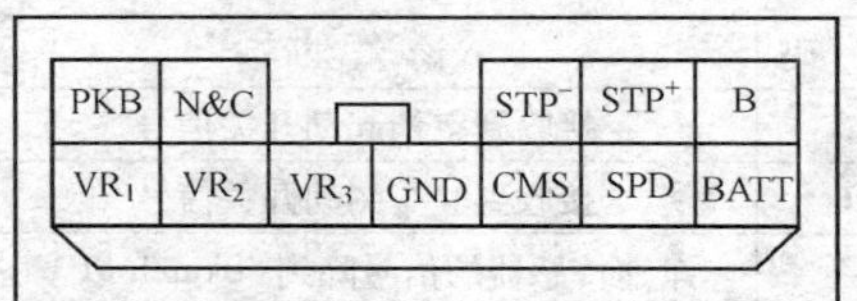

图 4-29　凌志 LS400 轿车巡航控制 ECU 插接器端子

凌志 LS400 巡航控制系统故障码的含义

表 4-5

故障码	故障码的含义
11	驱动电动机或安全电磁离合器电路不正常
12	安全电磁离合器电路不正常
13	驱动电动机或位置传感器电路不正常
14	车速传感器不正常
23	实际车速低于设定车速 16km/h 以上
31	控制开关电路不正常
32	控制开关电路不正常
34	控制开关电路不正常

3）清除故障码

排除故障后，关闭点火开关，拆下位于发动机室的熔断器/继电器盒内的“DOME”熔断器 10s 以上，即可清除故障码。

4）输入信号检查

输入信号包括巡航控制开关信号、制动灯信号、驻车制动信号和空挡起动

开关信号等。输入信号检查的目的是确认各输入信号是否正常地输入巡航控制 ECU。其检查步骤如下：

接通点火开关，将巡航控制开关置于设定/减速位置保持不动，接通巡航控制主开关。巡航指示灯应反复闪烁。放松巡航控制开关，使设定/减速开关关闭，按表 4-6 的操作方法进行检查，并根据巡航指示灯的闪烁代码进行诊断。当两个以上的信号输入 ECU 时，只显示最小的代码。

巡航控制系统输入信号的检查 表 4-6

序号	操作方法	闪烁代码	诊断
1	接通点火开关，接通取消开关	1	取消开关电路正常
2	接通点火开关，接通设定/减速开关	2	设定/减速开关电路正常
3	接通点火开关，接通恢复/加速开关	3	恢复/加速开关电路正常
4	接通点火开关，踏下制动踏板	6	制动灯开关电路正常
5	起动发动机，拉紧驻车制动	7	驻车制动开关电路正常
6	汽车行驶，然后将变速杆置于空挡位置	8	空挡起动开关电路正常
7	汽车以高于 40km/h 的车速行驶	持续闪烁	车速传感器正常
8	汽车以低于 40km/h 的车速行驶	常亮	

5）取消信号检查

如果正在进行巡航行驶的汽车其巡航行驶被不正常地自行取消，可能是某个取消开关出现了故障。通过取消信号检查，可以确定发生故障的开关及其电路。进入取消信号检查模式的方法如下：

接通点火开关，将巡航控制开关置于取消位置保持不动，接通巡航控制主开关。读取仪表板上的巡航指示灯闪烁诊断码，见表 4-7。指示灯显示的代码即为取消巡航控制系统工作的取消信号代码，即发生故障的取消开关的代码。

巡航控制系统取消信号检查 表 4-7

代码	诊断	代码	诊断
1	除故障码 23 以外的故障	5	接收到空挡起动开关信号
2	故障码为 23 的故障	6	接收到驻车制动开关信号
3	接收到 CANCEL 的开关信号	7	车速传感器的信号降到 40km/h 以下
4	接收到制动灯开关信号	常亮	除上述以外的故障（如电源中断）

3. 故障检查和排除方法

1）故障征兆诊断表

在进行巡航控制系统故障诊断时，如果没有读取到故障码或显示的是正常代码，而巡航控制系统确有故障存在，这时应根据故障征兆诊断一览表（表 4-8）进行检查。同一故障征兆有几种可能的原因，在进行故障诊断时，按照表中所列优先顺序查找，即数字小的优先程度高。

故障征兆诊断一览表 表 4-8

检查部位 / 故障征兆	驱动电机电路	车速传感器电路	控制开关电路	制动开关电路	主节气门位置传感器电路	与ECT的通信电路	与EFI的通信电路	驻车制动开关电路	空挡开关电路	电源电路	备用电源电路	主开关电路	诊断电器	执行器拉索	巡航控制ECU
不能设定或自动取消(故障码正常)	8	3	4	5				7	6	1		2			9
实际车速明显高于或低于设定车速	4	2			5	3	6							1	7
上坡时挡位在3挡和O/D之间频繁变换						1	2								3
踏下制动踏板不能取消巡航控制	3			2										1	4
施用驻车制动不能取消巡航控制	3							2						1	4
变速杆至空挡位置不能取消巡航控制	3								2					1	4
巡航控制开关不工作(不能设定、滑行、加速、恢复、取消)	3		2											1	4
车速在40km/h以下可以设定或不能取消	3	2												1	4
加速或恢复响应差	3					2								1	4
即使在平路上O/D挡也不能恢复						1									2
故障码记忆被清除											1				2
故障码不输出或不应输出时输出													1		2
巡航主指示灯常亮或不亮	见指示灯检查														

2）驱动电动机电路的检修(见图4-30)

(1) 脱开电动机与ECU之间的连接器。

(2) 将蓄电池的正极与连接器端子“5”连接,负极与端子“4”连接,使电磁离合器通电。

(3) 将蓄电池电压加到其余的每两个端子之间时,电动机应转动,控制臂应平稳地摆动。

(4) 驱动电动机转动,使控制臂摆动到加速或减速的限位点时,电动机应停止转动,控制臂应停止摆动。

3) 电磁离合器电路的检修(见图4-31)

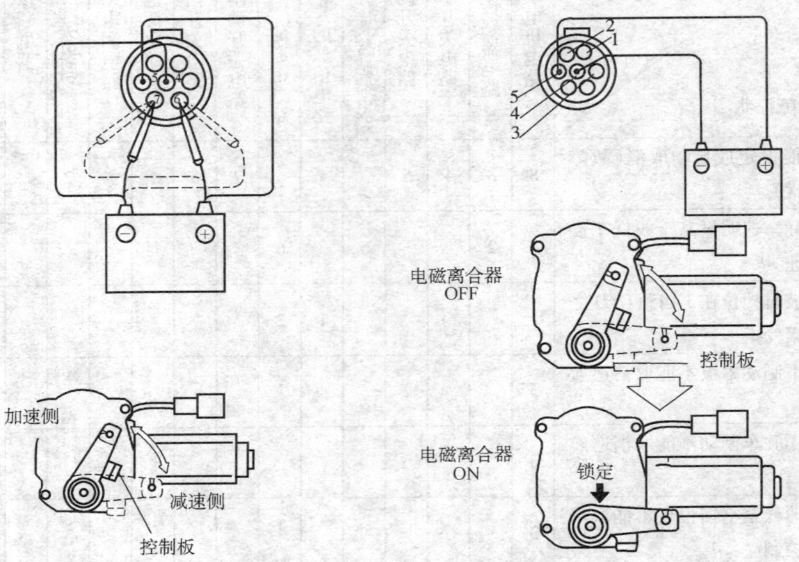

图4-30 驱动电动机电路的检查　　图4-31 电磁离合器电路的检查

(1) 测量电磁离合器线圈电阻是否正常。脱开ECU连接器,用万用表电阻挡测量连接器端子"3"与车身之间的电阻。正常应为4Ω。

(2) 检查节气门控制臂。脱开ECU连接器,在电磁离合器断电时,控制臂应能用手转动;在电磁离合器通电时,控制臂应不能用手转动。

(3) 检查制动灯开关。脱开ECU连接器,用万用表电阻挡检查各端子之间的通断情况,踩下制动踏板时,连接器端子"1"和"3"之间应导通;抬起制动踏板时,端子"2"和"4"之间应导通。

4) 位置传感器电路的检修

在ECU连接器不脱开的情况下(如图4-32所示),接通点火开关,慢慢转动节气门控制臂,用万用表直流电压挡测量位置传感器的中间滑动端与ECU搭铁间的电压,控制臂使节气门开度最大时,其电压应大约为4.2V;反之,节气门开度最小时,其电压应为1.1V左右;在控制臂转动过程中,电压的变化应该是连续平稳的。

脱开ECU连接器,见图4-33。慢慢转动节气门控制臂,用万用表电阻挡测量位置传感器的中间滑动端子ECU搭铁间的电阻,控制臂使节气门开度最大

时，其电阻值应大约为1.8Ω；反之，节气门开度最小时，其电阻值应为530Ω左右；在控制臂转动过程中，电阻的变化应该连续平稳。

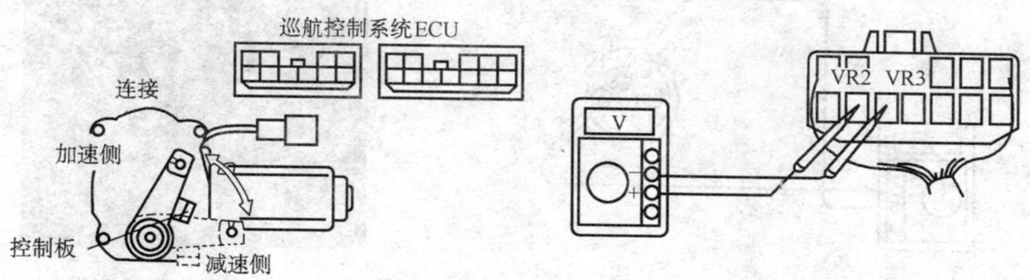

图4-32　位置传感器电压检查

5）车速传感器电路的检修

检查时，当车速高于40km/h时，打开巡航控制系统，巡航控制指示灯闪烁；当车速低于40km/h时，打开巡航控制系统，巡航控制指示灯应保持常亮。如不符合以上任意一个条件，则车速信号电路有故障。

6）巡航控制开关电路检查

当巡航控制系统的故障代码为“31”时，故障原因“RES/ACC”开关一直给ECU输入信号；当故障代码为“32”时，一般是控制开关内部短路；当故障代码为“34”时，一般是“SET/COAST”、“RES/ACC”开关信号同时输入。

7）节气门控制臂拉索的检查

控制臂拉索与节气门的接头安装应正确；拉索与节气门的动作应平衡、顺畅；拉索松紧度应适宜，如拉索过紧则发动机的怠速会增高，拉索过松则会使汽车上坡的车速损失过大。

三、奥迪A6轿车巡航控制系统检修

奥迪A6 2.8L轿车将巡航控制系统作为标准配制，奥迪A6 1.8、奥迪A6 1.8T和奥迪A6 2.4轿车将巡航系统作为选装装备。下面以六缸奥迪轿车为例来说明巡航控制系统的故障诊断。

奥迪A6轿车将巡航控制开关装在转向信号灯/前照灯变光操纵手柄上，如图4-34所示。配备6缸发动机的奥迪A6 2.8和奥迪A6 2.4轿车的巡航控制系统除巡航控制开关（操纵开关）外，没有自己的单独部件，其他部件均与发动机控制系统共用，即由发动机控制单元控制工作。由于6缸发动机采用电子节气门，因此无论在巡航模式还是正常模式行驶，节气门的开度都是由发动机电控单元进行控制。

1. 巡航控制系统的操作方法

1）接通巡航控制系统

将巡航控制滑动开关 A 置于 EIN 位置(见图4-34),即可接通巡航控制系统。

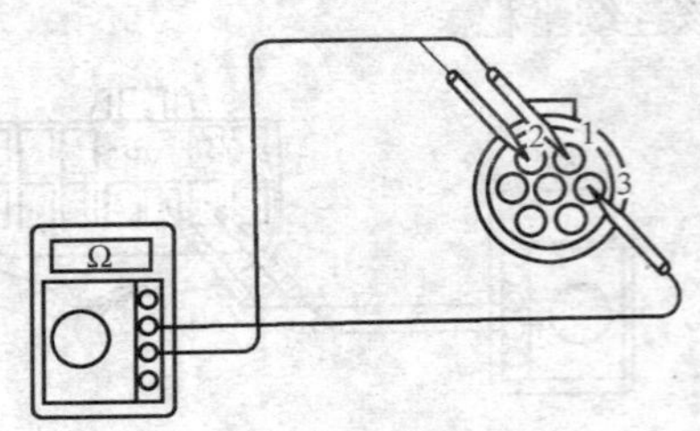

图 4-33　位置传感器电阻检查

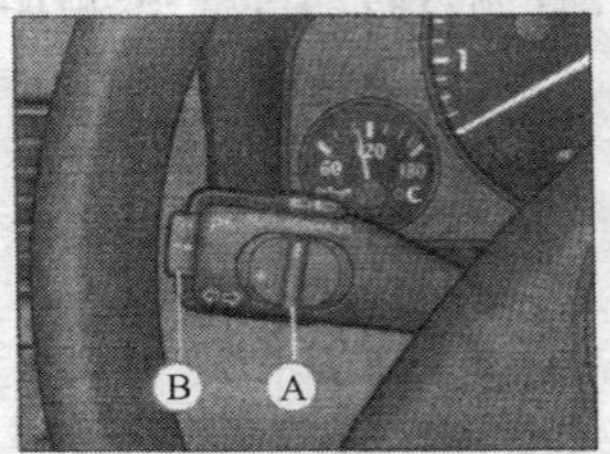

图 4-34　奥迪 A6 轿车巡航控制开关

2）设定巡航车速

接通巡航控制系统后,当汽车达到希望的车速时,按一下巡航控制按钮开关 B(FIX),巡航控制车速便被设定,汽车将按设定的车速巡航行驶。

超车时,踏下加速踏板使汽车加速,超车结束后,放松加速踏板,汽车又按原设定车速巡航行驶。如果超车后车速超过设定车速 10km/h 以上,并且以此车速持续行驶 5s 以上,必须重新设定巡航车速。

3）降低巡航车速

按下巡航控制按钮开关 B 可以降低巡航设定车速,每按一次巡航按钮开关,车速将降低 1.5km/h。若按住按钮开关不动,汽车将持续降速,如果松开按钮开关,此时的车速便被设定为新的巡航车速,汽车将按此车速巡航行驶。

但如果车速降低至 40km/h 以下松开按钮开关 B,巡航设定车速便被清除。要巡航行驶,必须使汽车在 40km/h 以上的车速下重新设定巡航车速。

4）提高巡航车速

将巡航滑动开关 A 拨至 AUFN 位置可以提高巡航设定车速,每按一次滑动开关,车速提高 1.5km/h。若按住滑动开关 A 不动,汽车将持续加速,如果松开按钮开关,此时的车速便被设定为新的巡航车速,汽车将按此车速巡航行驶。

5）暂时关闭巡航控制系统

踏下制动踏板或离合器踏板,或将滑动开关拨至 AUS 位置(未与锁定机构啮合),即可暂时关闭巡航控制系统。原来设定的巡航控制车速仍然存储在存储器内。若需恢复设定的巡航车速,松开制动踏板或离合器踏板,或将巡航滑动开关 A 向左拨至 AUFN 位置即可。

6）完全关闭巡航控制系统

将巡航滑动开关拨至 AUS 位置(与锁定机构啮合),或停车后关闭点火开关,巡航控制系统将完全关闭,原来设定的车速将被清除。

2. 巡航控制系统电路图

奥迪 A6 六缸发动机巡航控制系统电路图如图 4-35 所示。

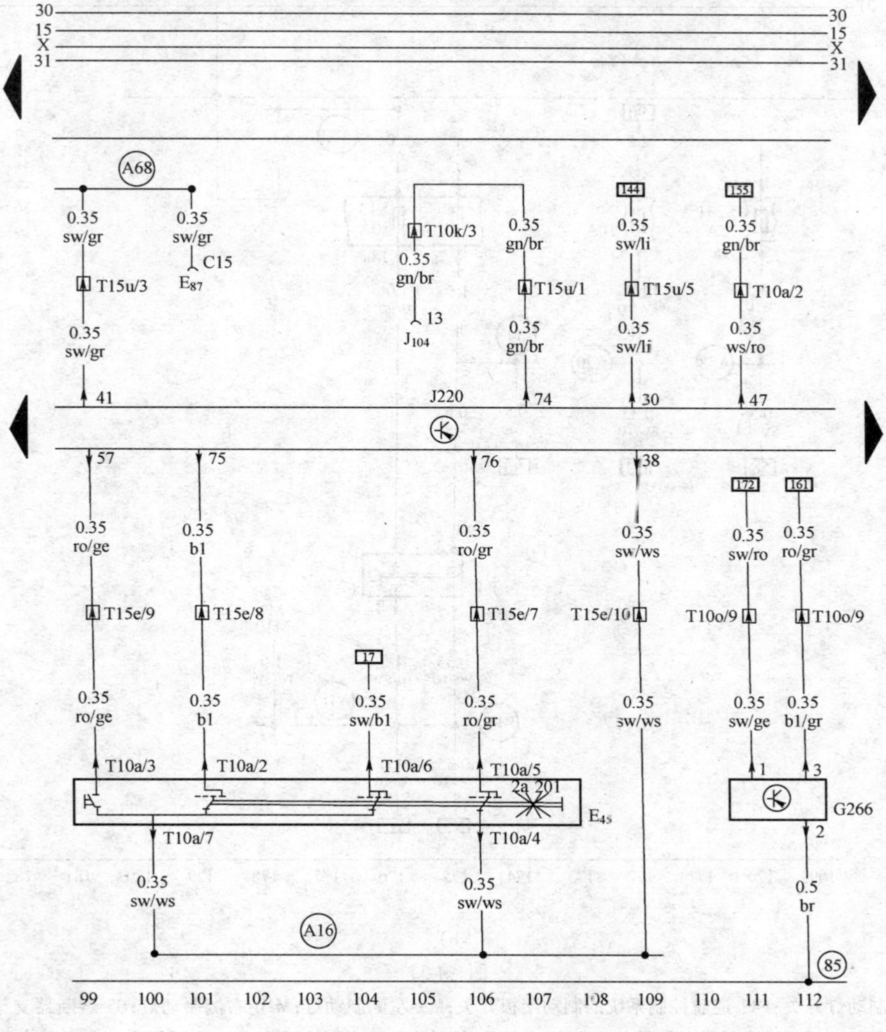

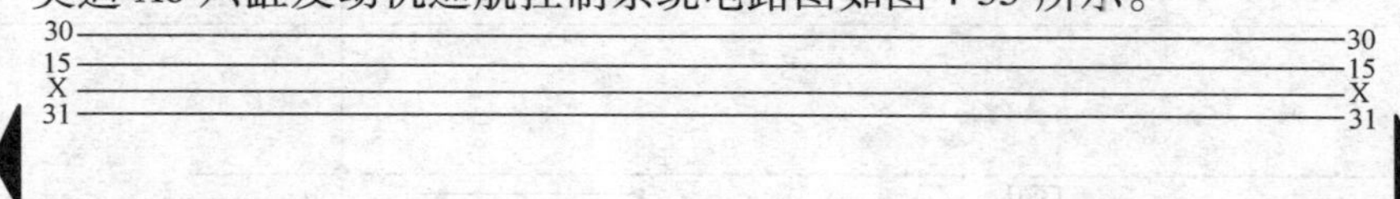

a)

ws-白色；sw-黑色；ro-红色；br-棕色；gn-绿色；bl-蓝色；gr-灰色；li-紫色；ge-黄色

E45-巡航控制开关；E87-空调控制和显示单元；G266-机油液位高度/温度传感器；J104-带 EDS 的 ABS 控制单元；J220-多点燃油喷射控制单元；T10k-10 端子插接器（橙色，在左侧 A 立在柱分线器处）；T100-10 端子插接器（棕色，在压力舱电器盒分线器处）；T10a/10 端子插接器（黑色，在巡航控制开关上）；T15e-10 端子插接器（白色，在压力舱电器盒分线器处）；T15u-15 端子插接器（红色，在压力舱电器盒分线器处；85-搭铁连接器-1（在发动机舱线束内）；A16-连接（GRA）（在仪表板线束内）；A68-连接（C15，空调）（在仪表板线束内）

图 4-35

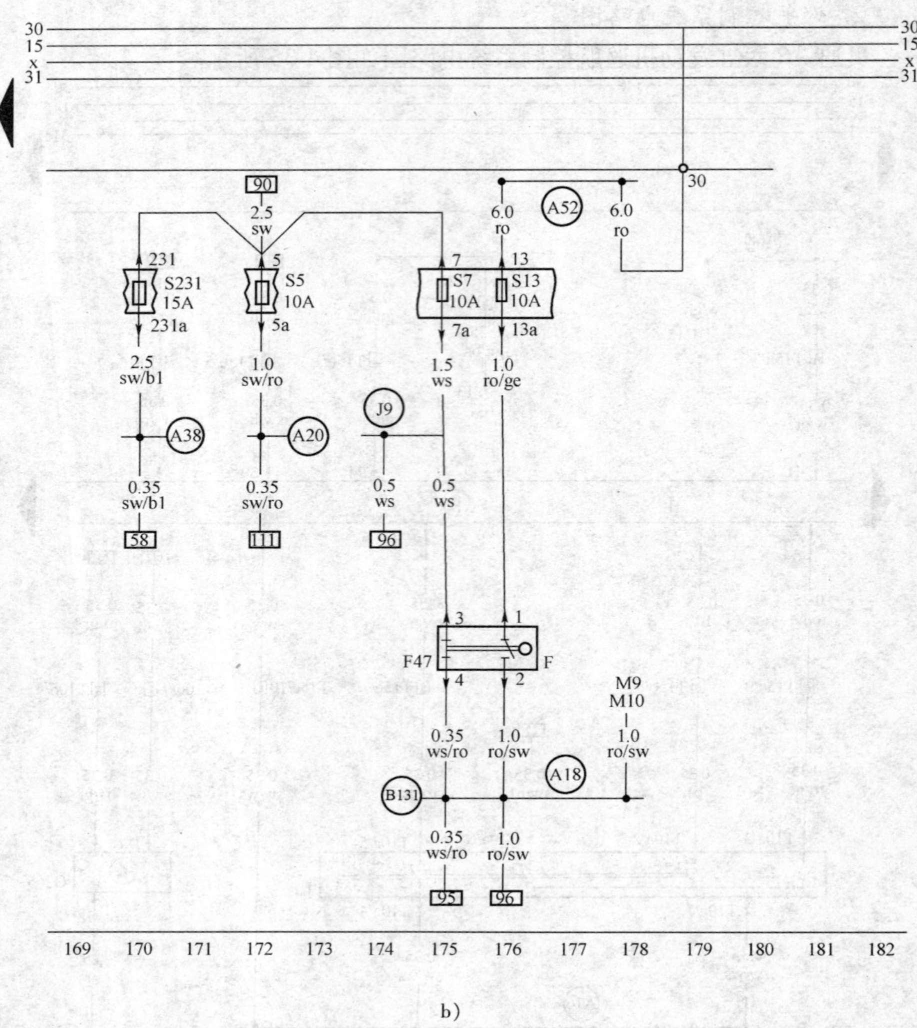

b)

图 4-35

F-制动灯开关;F47-巡航控制系统的制动踏板开关;M9-左侧制动灯;M10-右侧制动灯;S5-熔断器支架上的熔断器;S7-熔断器支架上的熔断器;S13-熔断器支架上的熔断器;S231-熔断器支架上的熔断器31;A18-连接54(在仪表板线束内);A20-连接15a,(在仪表板线束内);A38-正极连接-215a(在仪表板线束内);A52-正极连接2(30)(在仪表板线束内);B31-连接(54)(在驾驶室线束内);19-连接1(15a)(在ABS线束内)

a)奥迪 A6 巡航控制系统电路图(一);b)奥迪 A6 巡航控制系统电路图(二)

3. 巡航控制系统故障诊断

首先应对巡航系统进行直观检查,检查巡航控制系统的线束及插接器是否

完好,部件是否有异常或损坏等。直观检查后应进行巡航控制系统故障自诊断,诊断时需用大众诊断仪 VAS5051 或 V. A. G1551 读取测量数据块,以检查巡航控制系统各部件的工作情况,另外还可以通过使用诊断仪 VAS5051 或 V. A. G1551 启动或关闭巡航控制系统,以检查巡航控制系统的工作情况。对于被怀疑有故障的电路或部件,使用检测盒 V. A. G1598/31 可以进一步检测导线和故障。当确定故障的具体部位后,即可对有故障的电路或部件进行修理或更换。

为避免在检测过程中发生交通事故,测试仪应固定在后座上并由另一人在后座上操作完成。下面以 6 缸发动机汽车为例介绍巡航控制系统的故障诊断。

1) 读取测量数据块

(1) 连接诊断仪 VAS5051 或 V. A. G1551,驾驶汽车行驶。按下诊断仪“1”键。选择“快速数据传输”,此时显示屏显示:

(英文显示)

Rapid data transfer	HELP
Enter address word × ×	

(中文含义)

快速数据传输	帮助
输入地址码 × ×	

(2) 按“0”和“1”键,选择“发动机电控系统”,按下“Q”键确认。按“→”键,显示屏上显示:

Rapid data transfer	HELP
Select function × ×	

快速数据传输	帮助
选择功能 × ×	

(3) 输入“读取测量数据块”的功能码 08,按“Q”键确认,显示屏显示:

Read measured value block	HELP
Input display group number × × ×	

读取测量数据块	帮助
输入显示组编号 × × ×	

(4) 输入显示组号 066(发动机应在怠速运转),按"Q"键确认,显示屏显示:

Read measured value block66	→
0km/h 1000 0km/h 0000	

读取测量数据块	→
0km/h 1000 0km/h 0000	

显示屏显示内容的含义见表 4-9。

测量数据块 066 的含义 表 4-9

显示区域	1	2	3	4
显示屏显示	km/h	XXXX	km/h	XXXX
显示内容的含义	实际车速(km/h)	制动离合器踏板及巡航控制系统开关状态	设定车速(km/h)	操作开关位置

显示区域 1 的显示值代表的是当前的实际行驶车速。

显示区域 2 的显示值代表的是开关状态,详见表 4-10。

显示区域 2 显示值的说明 表 4-10

检查条件	显示区域 2 的显示值
巡航控制开关接通	1000
踏下制动踏板	1011
踏下离合器踏板	1100

显示区域 3 的显示值代表的是设定车速(显示最后一次存储的设定车速值,直到巡航控制开关关闭,即开关在 AUS 位置或发动机关闭)。

显示区域 4 的显示值代表的是巡航控制开关的位置,见表 4-11。

显示区域 4 的显示值说明 表 4-11

巡航控制开关的位置	显示区域 4 的显示值
滑动开关在 AUS 位置(已啮合)	0000
滑动开关在 EIN 位置	0011
存储器已设定,按钮开关在啮合点前 AUS 位置	0001
按下按钮开关	0111
滑动开关在 AUFN 位置	1011

如果显示区域 2 未显示表 4-10 中的数值,应检查发动机控制单元识别码。使诊断仪返回初始状态,选择"快速数据传递",再输入"01"选择"发动机控制

单元”,按 Q 键确认,显示屏显示发动机控制单元识别码:

3B0907552. . 2. 4LV6/5V G	D. . →
Coding 04002	WSC XXXXX

显示内容中 3B0907552 代表控制单元零件号;2. 4L 代表发动机排量;V6/5V 代表 V 型 6 缸发动机,每缸 5 气门;G 或没有显示带巡航控制系统或不带巡航控制系统;D. . 代表控制单元软件版本号;Coding 04002 代表控制单元编码;WSCXXXXX 代表服务站代码。如果发动机型式代号后面没有显示 G,应启动巡航控制系统。

如果巡航控制滑动开关在 EIN 位置,但显示区 4 未显示 0011。应检查导线及部件。

2）启动巡航控制系统

使诊断仪返回初始状态,选择“快速数据传输”,输入“01”选择“发动机控制单元”,再输入“11”,按 Q 键确认输入,显示屏显示:

Login
Enter code number XXXX

登录
输入代码 XXXX

输入代码“11463”,按 Q 键确认输入,则巡航控制系统被自动启动。

3）关闭巡航控制系统

使诊断仪返回初始状态,选择“快速数据传输”,输入“01”选择“发动机控制单元”,再输入“11”,按 Q 键确认输入,显示屏显示:

Login
Enter code number XXXX

登录
输入代码 XXXX

输入代码“16167”,按 Q 键确认,则巡航控制系统被关闭。

4）检测导线和部件

如果按钮开关 EIN 位置,但显示区 4 未显示规定值 0011,应检查导线及部件。

(1) 关闭点火开关,拆下控制单元壳体护板,用起子撬开定位卡(见图 3-10),然后松开并拔下控制单元插接器。

(2) 将检测盒 V. A. G1598/31 与线束插接器连接(见图 4-36),检测盒的搭铁卡夹连接到蓄电池的负极上。拔下巡航控制系统开关插接器,检查导线是否正常,如果导线连接正常,应更换巡航控制开关。

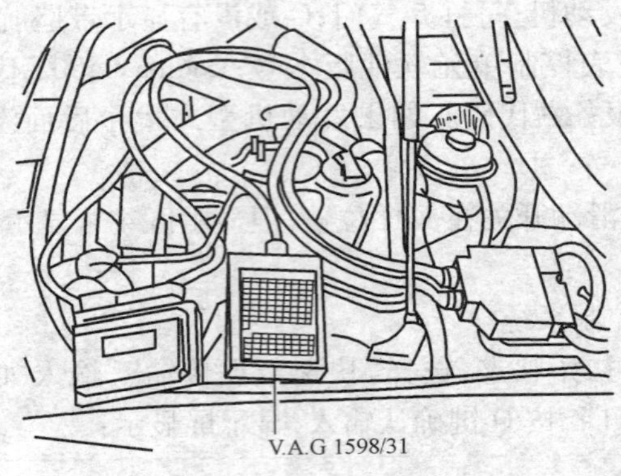

图 4-36 连接检测盒

课题三 中央门锁与防盗系统的检修

一、中央门锁控制系统检修

轿车配置的中央门锁控制系统一般采用集中控制方式控制所有车门、尾门及油箱盖一起上锁或开锁,并具有钥匙禁闭安全功能。所有车门的门锁可以通过驾驶员侧车门上钥匙或无线遥控钥匙来操纵达到同时开闭功能,如果有一侧前门被打开,点火钥匙仍在锁内,即使已执行了锁门操纵,所有的车门也不会上锁,以防止点火钥匙被忘记锁在车内。对于无线遥控中央门锁,是在主点火钥匙(遥控器)内设有转发器,其发出的微弱无线电波信号进入汽车车内的接收器,然后再进入车身 ECU、驾驶员车门 ECU 和前排乘员 ECU,最终达到遥控车门锁的锁止和解锁的目的。下面以奥迪 A6 为例介绍无线遥控中央门锁控制系统的组成与检修。

1. 奥迪 A6 无线遥控中央门锁控制系统的组成与工作原理

奥迪 A6 中央门锁控制系统为无线遥控中央门锁,能以中控方式将所有车门、行李舱门和油箱盖上锁或开锁,同时还具有安全防盗功能及防盗报警功能。奥迪 A6 的每个车门锁有两个电机,第一个电机是用来锁住车门,第二个电机起防盗安全功能，即用钥匙通过车门锁或用遥控器从汽车外部上锁后，从车内用开门把手无法打开车门，从而增大了盗贼破窗而入偷盗汽车的难度。每个行李舱锁和油箱盖锁只有一个电机。另外它具有应急开锁功能，如果触发了安全气囊控制单元，那么在安全气囊打开的同时会有一个电子信号传到中央门锁控制单元，从而实现全部车门门锁自行打开功能。

1）中央门锁控制系统的组成

电子控制的无线遥控中央门锁控制系统包括三部分：信号输入装置、电子控制单元及执行器。

（1）信号输入装置

① 遥控发射器（主钥匙）：如图 4-37 所示，它的作用是向汽车车内的电子接收器发射密码信号，其发射的信号为微弱无线电波。

② 中央门锁控制开关：它一般安装在驾驶员侧车门（或乘员侧车门）内侧的扶手上，如图 4-38 所示。它是将驾驶员的锁车门锁或开车门锁的动作信号传送给中央门锁 ECU。操作时，用中央门锁开关从车内上锁时无法在车外打开车门或尾门，但是在激活了中央门锁防盗安全功能时，中央门锁开关即失效。

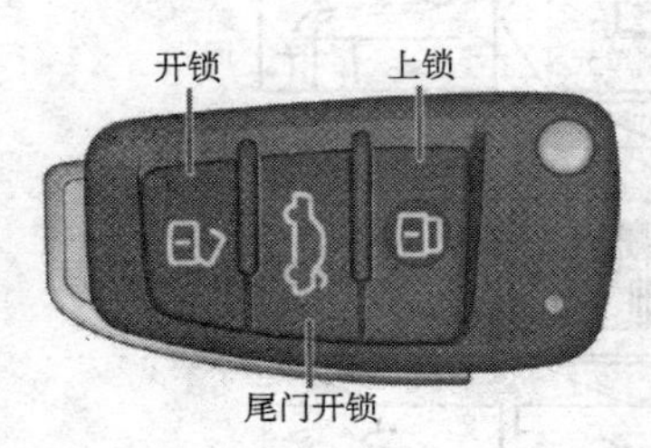

图 4-37　奥迪 A6 遥控发射器

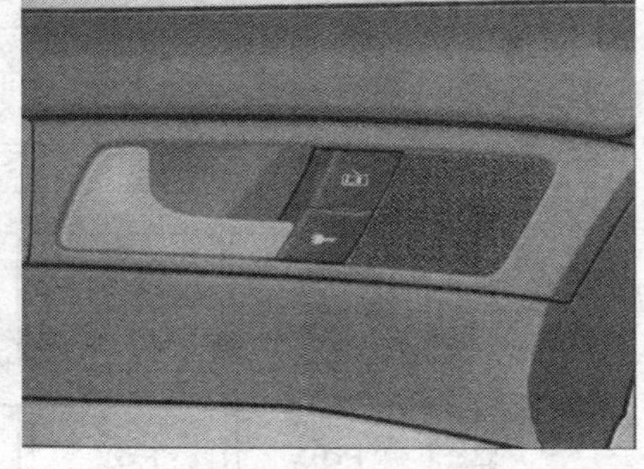

图 4-38　门锁控制开关

③ 钥匙控制开关：它安装在门锁锁芯的内端，其作用是探测是否有用钥匙锁车门或打开门锁的要求，并将此要求传送给中央门锁 ECU。

④ 门控开关：它也叫门控灯开关、车门微开开关，安装在汽车车门的门框上。其作用是探测车门的开、闭状态，并将车门状态信号送给中央门锁 ECU。当车门开启时，此开关接通，反之断开。

⑤ 门锁开关：它安装在门锁总成内，其作用是检测车门的开启、关闭状态，当车门开启时，此开关接通，反之断开。

⑥钥匙开锁警告开关：它用于探测点火钥匙是否插在点火开关锁芯内，并将此信号送给 ECU，以便实现点火钥匙防遗忘功能（防止点火钥匙被锁在车内）。

(2) 中央门锁控制单元(ECU)

中央门锁控制单元 ECU 位于驾驶员座椅的下方,用来接收信号输入装置送来的信号,并将这些信号进行处理,然后发出指令,控制执行机构产生动作,最终实现上锁或开锁及其他控制功能。

(3) 执行机构

执行机构即电动门锁一般有电动机和电磁铁两种形式,奥迪 A6 采用电动机式,通过控制电机的正、反转,从而控制车门锁的打开与关闭。

2) 无线遥控中央门锁工作原理

图 4-39 所示的是无线遥控中央门锁控制系统的工作过程图。遥控发射器发出变化的无线电信号(识别代码)被车辆天线接收后,进入中央门锁控制单元 ECU,经过处理识别确认后输出信号给门锁控制单元,门锁控制单元控制执行机构车门闭锁装置完成车门的闭锁和开锁动作。

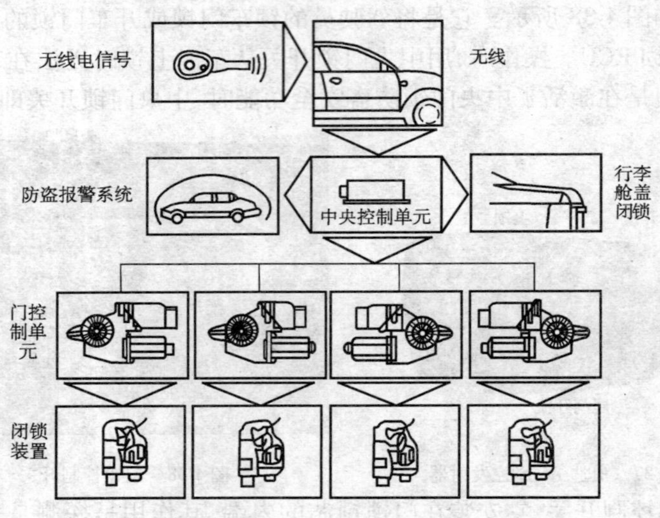

图 4-39 无线遥控中央门锁工作原理图

2. 奥迪 A6 无线遥控中央门锁检修

奥迪 A6 无线遥控中央门锁控制系统具有自诊断功能。如果系统元件产生故障,相应的故障代码将储存在控制单元故障存储器中。用大众专用诊断仪 V. A. G1551、VAS5051 或其他汽车故障诊断仪可读出故障码进行检修。下面以 V. A. G1551 为例说明自诊断功能的运用。

连接故障诊断仪,打开点火开关,选择"46"进入中央门锁控制系统,可完成以下自诊断功能:

01——查询中央门锁控制单元的版本；

02——查询故障；

03——执行元件诊断；

05——清除故障代码；

06——结束输出；

07——控制单元编码；

08——读测量数据块；

10——匹配。

1）功能02——查询故障代码

选择“02”功能可查询有无故障代码，表4-12为奥迪A6中央门锁故障代码表：

中央门锁故障代码表 表4-12

故障代码及故障部位	可能的故障原因	故障排除方法
00668 端子30电压不足	蓄电池放电；电路故障	给蓄电池充电；检查电路
00849 点火开关D上S端子	导线内部对搭铁短路；触点损坏	检查电路
00947 行李舱遥控开关	导线对搭铁短路；开关损坏	检查电路；更换开关
00951 行李舱开启电机	导线对搭铁短路；开启电机损坏	检查电路；更换开启电机
00952 驾驶员车门打开信号	导线短路	按电路图检查电路
00955～00958 钥匙1、2、3、4超过自适应极限	钥匙未适配；钥匙在射程以外开启200次以上	适配钥匙
01141 行李舱盖开关	导线对搭铁短路；开关E165损坏	检查电路；更换开关
01366 通过碰撞信号	安全气囊控制单元已触发；安全气囊控制单元与中央门锁控制单元间短路	清除故障代码检查电路
01368 行李舱盖开关	非法开启行李舱盖；行李舱接触开关F218损坏	清除故障代码；更换F218

续上表

故障代码及故障部位	可能的故障原因	故障排除方法
01369 发动机罩开关	非法开启发动机罩盖或发动机罩开关 F120 损坏	清除故障代码；更换 F120
01371 驾驶员车门接触开关	非法开启驾驶员侧车门；车门接触开关 F2 损坏	清除故障代码；更换开关
01374 点火开关 15 端子	非法起动车辆；接线柱 30 和 15 之间短路	清除故障代码；检修电路
01482 中央门锁电机	导线短路；中央门锁电机损坏	检查电路或更换门锁电机
01559 驾驶员车门锁	车门锁机械故障；电路故障	检查电路；更换驾驶员车门锁
01560 副驾驶员车门锁	车门锁机械故障；电路故障	检查电路；换副驾驶员车门锁
01561 左后车门锁	车门锁机械故障；电路故障	检查电路；更换左后车门锁
01562 右后车门锁	车门锁机械故障 ；电路故障	检查电路；更换右后车门锁
01572 乘员侧车门接触开关	非法打开乘员侧车门；车门接触开关 F3 损坏	清除故障代码；更换损坏开关 F3
01573 左后车门接触开关	非法打开左后车门；车门接触开关 F10 损坏	清除故障代码；更换 F10 开关
01574 右后车门接触开关	非法打开右后车门；车门接触开关 F11 损坏	清除故障代码；更换开关
01585 副驾驶员车门锁接触开关	导线对搭铁断路；接触开关 F242 损坏	按电路图查寻故障更换接触开关 F242
65525 控制单元损坏	中央门锁控制单元故障	更换控制单元

2）功能 03——执行元件诊断

进行执行元件诊断功能可依次触发下述元件：

（1）警报信号闪光灯；

(2) 警报系统闪光灯,以检查碰撞信号;

(3) 中央门锁指示灯;

(4) 中央门锁关闭;

(5) 车门安全锁止功能;

(6) 中央门锁打开。

通过观察上述各元件的工作状况来判断各元件的性能好坏。

3) 功能 10——适配新的遥控钥匙

一般随车带有两把遥控钥匙,如果除这两把钥匙外还需要遥控钥匙,则必须与中央门锁控制单元进行适配。另外,更换遥控钥匙电池时也要适配钥匙。下面为钥匙适配方法:

(1) 检查已编码的遥控钥匙。关闭点火开关,连接故障诊断仪 V. A. G1551。打开点火开关(用副钥匙)。在测量数据块 007 中检查已适配了几把钥匙。屏幕显示:

读取测量数据块	007		→
0	0000	1100	

显示区 3 显示在哪些存储位置适配了几把钥匙(示例中是在位置 1 和 2 适配了两把钥匙)。

(2) 在车外用将要适配的车钥匙锁上驾驶员车门锁。5s 钟内按下遥控钥匙上的"offnen"键,直到达到下一个存储位置(示例中 3),每次按下由警报闪光灯认可。等待 5s,再次按下键"offnen",将车门打开。

(3) 关闭点火开关,拔下点火钥匙。检查新遥控钥匙的功能。在测量数据块 007 中检查显示区 3。显示区 3 中应增加一个"1"(示例中应为 1110)。

二、电子防盗控制系统检修

汽车电子防盗控制系统是指当汽车处于防盗预警状态时,如企图不使用本车钥匙而撬开车门强制进入车内,或者非正常打开发动机罩盖、行李舱盖,或非法搬运汽车时,防盗系统将会使防盗喇叭发出警告声,前后转向灯会闪烁,同时锁上所有车门,并控制发动机不能工作,从而使汽车不能起动,达到报警防盗的目的。

1. 电子防盗控制系统的类型

电子防盗控制系统目前按功能可分为以下三类。

1) 发动机防盗锁止控制系统

发动机防盗锁止控制系统,又叫防止车辆被非法开走系统,指当不用合法钥匙起动发动机，防盗锁止系统将起作用发出报警信号并同时控制发动机电控系统不能工作，从而使发动机不能起动，防止车辆被非法移动开走。

2）防止非法进入汽车的防盗系统

它主要为红外线监视系统或各监控处防盗报警开关。在防盗启动时，监视是否有移动物体进入车内或非法开启各监控部位。

3）防止破坏或非法搬运汽车的防盗系统

该系统主要通过布置在车内的超声波传感器、振动传感器或倾斜传感器等，监测是否有人企图破坏或非法搬运汽车。

目前奥迪 A6 轿车配备了电子防盗控制系统，包括中央门锁防盗报警系统、内部监控系统、防拖车装置及发动机防盗锁止控制系统。当防盗系统启动时，防盗系统将会监控发动机机舱盖、行李舱盖、所有车门、点火开关、汽车内部空间及汽车是否倾斜等处，一旦有防盗报警系统认定的非正常操作，报警系统将会以声光报警，并且控制发动机熄火停转。

2. 奥迪 A6 发动机锁止控制系统检修

1）发动机锁止控制系统组成

该系统由带脉冲转发器的遥控钥匙、点火锁芯上的读识线圈、防盗器控制单元（与组合仪表一体）、发动机控制单元及组合仪表上的防盗警报指示灯等组成。

2）发动机锁止控制系统基本工作原理

打开点火开关后，组合仪表内的防盗控制单元通过读识线圈把能量感应传给钥匙中的脉冲转发器，钥匙获得能量通过读识线圈输出固定码（程控代码）给防盗控制单元，并与防盗控制单元内的固定码比较（固定码的传输）；如果固定码一致，防盗控制单元随机产生一组变码传输给应答钥匙，在钥匙内经过算式 A 运算后将结果发给防盗控制单元，返回的结果与防盗控制单元本身按算式 A 计算的结果比较（可变码的传输）；如果两者计算结果相同，防盗控制单元将发送信号给发动机控制单元，这时发动机控制单元也会随机产生一组变码，这组变码传输给防盗控制单元，这时防盗控制单元会按算式 B 进行计算，再将结果传输给发动机控制单元，与由发动机控制单元按算式 B 计算出的结果比较（可变码的传输），如结果一致，则发动机控制单元允许起动，如果核对后代码不一致，发动机将在起动后 2s 内熄灭，停止工作。

3）发动机锁止控制系统的检修

奥迪 A6 发动机防盗锁止控制系统具有自诊断功能，其与中央门锁控制系统自诊断功能基本相同，下面仅介绍自诊断故障码、读取数据流与适应匹配，其他功能不再赘述。

（1）奥迪 A6 防盗锁止系统的故障代码、故障原因及排除方法

奥迪 A6 防盗锁止系统的故障码、故障原因及排除方法见表 4-13。

奥迪 A6 发动机防盗锁止控制系统的自诊断故障码 表 4-13

故障代码及内容	故障原因	故障现象	故障排除方法
65535 控制单元	控制单元损坏	发动机不能起动且警告灯亮	更换组合仪表
01128 防盗器读识线圈	读识线圈插头未插入或读出线圈损坏；防盗器控制单元损坏	发动机不能起动，警告灯闪	检查插头和读出线圈，或更换读出线圈 清除故障存储器或更换组合仪表
01176 钥匙信号太弱	读识线圈或导线损坏；钥匙内脉冲转发器丢失或不工作	发动机不能起动，警告灯闪	检查读出线圈、导线和插头或更换读出线圈；更换钥匙并适配所有点火钥匙
01176 钥匙未适配	点火钥匙可插入锁内但未适配	发动机不能起动，警告灯闪	对所有点火钥匙进行适配，并检查功能
01177 发动机控制单元	发动机控制单元未适配；W 线断路或短路	发动机不能起动，警告灯闪	进行发动机控制单元自适应；按电路图检查 W 线
01179 钥匙程序编制不对	点火钥匙匹配不正确	警告灯快速闪动（每秒 2 次）	输入密码适配所有点火钥匙并检查功能

（2）功能 08——读取测量数据块

进入诊断仪的基本功能，按 0 和 8 键选择“读取测量数据块”，依次输入各显示组号，所选测量数据块按将标准形式显示。测量数据块显示组 22 ~ 23 显示的内容及含义如表 4-14 所示：

（3）功能 10——自适应匹配（钥匙的匹配）

如果需要新钥匙或钥匙丢失，剩余钥匙必须进行钥匙适配。

① 连接 VAG1551/VAS5051，打开点火开关，输入地址码“17”，进入仪表板系统。

② 输入地址码“02”，读取故障码，再输入地址码“05”清除故障码。

③ 输入地址码“11”，选择“系统登录”功能。

④ 输入防盗密码。

⑤ 登录成功。

⑥ 输入地址码“10”,进入“匹配”功能。

⑦ 进入“21”通道,确认。

⑧ 输入将要匹配的钥匙数,包括插在点火锁上的钥匙,最多8把。

数据流显示表　　表4-14

显示组号	显示区	内容	含义
022	1	发动机起动	1=可以起动;2=不可以起动,即钥匙未适配或适配错误,或发动机控制单元编码错误或损坏
	2	发动机控制单元应答	1=有应答;2=无应答,即发动机控制单元导线有故障
	3	钥匙状况	1=正常;2=不正常,即不能读出正确的脉冲转发器固定码
	4	已经适配的钥匙数	最多8把
023	1	可变码适配	1=已完成;2=未完成,也就是可变码未适配(钥匙可变码计算规则与仪表的不同)
	2	钥匙计算规则过户	1=未过户;0=已完成
	3	固定码适配	1=已进行;2=未进行,也就是钥匙的脉冲转发器固定码未适配

3. 奥迪A6报警系统检修

1) 报警系统组成

奥迪A6防盗报警系统包括中央门锁防盗控制系统与内部监控系统,主要由信号输入装置(传感器)、控制单元及执行器三部分组成。图4-40为奥迪A6内部监控系统图。

(1) 传感器:包括超声波传感器、发动机机舱盖报警开关、行李舱盖开关、车门开关等,用来探测是否发生非法进入汽车或非法打开汽车各监控部位的情况。

(2) 控制单元:包括防盗报警控制单元即中央门锁控制模块(防盗报警控制单元、中央门锁电动机、车内照明灯延时关闭共用一个控制单元,装在超声波控制单元的前面)、超声波控制单元(装在行李舱左内侧),其安装位置见图4-41。

(3) 执行元件:内部监控开关,能够中断内部监控器的监控功能,如图4-42所示。

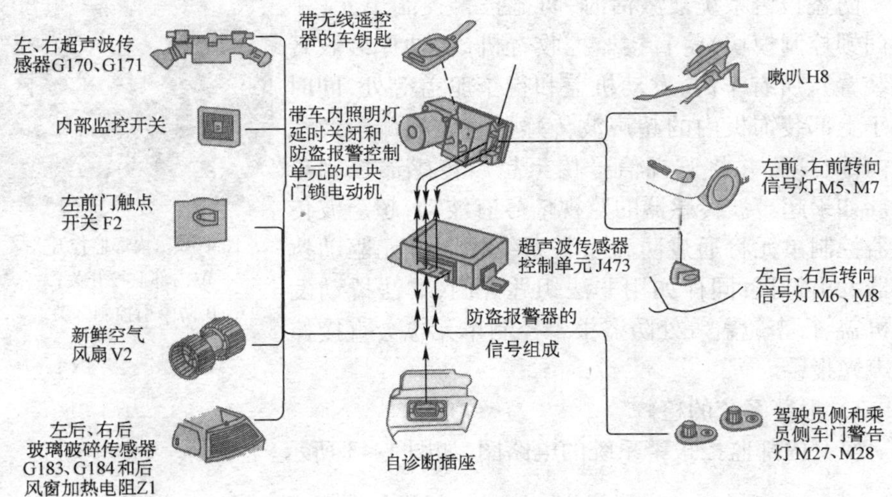

图4-40　奥迪A6内部监控系统组成

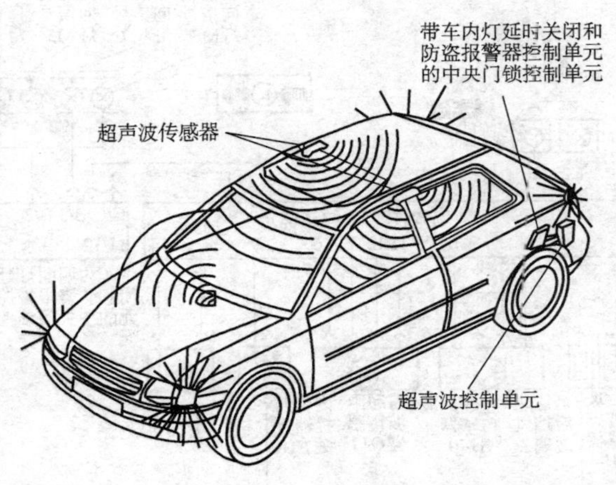

图4-41　奥迪A6内部监控电子控制单元位置图

(4) 防盗警报器信号喇叭:用于发出声音警报,声音警报与可见转向信号警报交替发出。

(5) 转向信号灯:防盗报警器触发报警时,防盗报警器控制单元接通转向信号灯电路,发出闪光信号(闪烁)。

(6) 警报灯:它实际上是发光二极管,由超声波控制单元触发,闪烁频率表示内部监控系统的状态,也可用作自诊断辅助指示灯。

2) 报警系统基本工作原理

防盗报警系统被激活时，防盗报警控制单元（中央门锁控制模块）将直接监控收音机（奥迪原装收音机装置）、所有车门、发动机盖和行李舱盖等处，同时位于上部装饰板内的超声波传感器将监视侧窗及汽车内部空间，并将监视信号传至超声传感器控制单元。如果超声波传感器的监视信号有波动，超声波传感器控制单元将通过防盗报警系统控制单元驱动执行器发出警报；同样如用非法钥匙开门，非法撬动发动机盖、行李舱盖等处防盗报警控制单元也会直接控制声光报警。

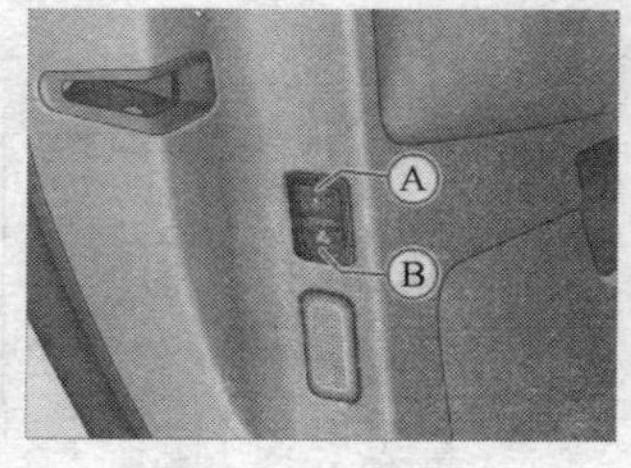

图 4-42　内部监控开关
A-内部监控开关；
B-防牵引控制开关

3）报警系统的检修

（1）内部监控报警系统的电路图，如图 4-43 所示。

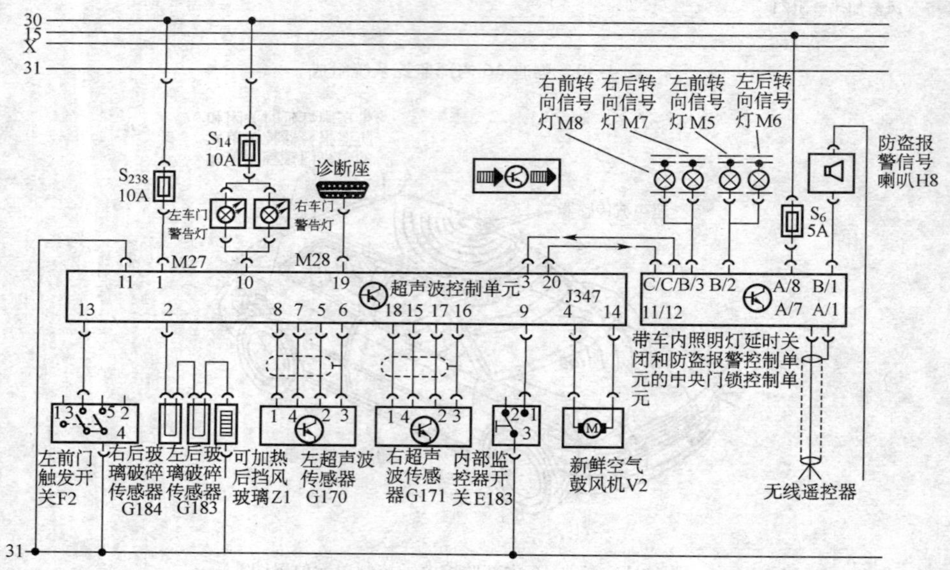

图 4-43　奥迪 A6 内部监控系统电路总图

（2）奥迪 A6 内部监控防盗报警系统的故障码及含义如表 4-15 所示：

奥迪 A6 自诊断功能类似前述中央门锁控制系统，下面只对执行元件诊断和读取数据流功能作一介绍。

① 功能 03——执行元件诊断

在执行元件诊断时可诊断下述部件：

a. 驾驶员车门和副驾驶员车门锁止按钮旁的警报灯（指示灯）发光二极管

处于发光状态；

奥迪 A6 内部监控防盗报警系统的自诊断故障代码 表 4-15

故障代码及内容	故障原因	故障排除
01377 左侧超声波传感器	传感器与电脑间线路短路或断路；传感器损坏	检查电路；更换传感器
01378 右侧超声波传感器	传感器与电脑间线路短路或断路；传感器损坏	检查电路；更换传感器；检测功能
01379 内部监控系统开关	E183 和 J347 间导线；E183 损坏	检查电路；更换 E183
01380 通过左后防盗警报装置传感器发出警报	试图从左后车窗进入车内或功能检测后因误操作而启动警报	清除故障代码；功能检查；进行传感器灵敏度自适应
01381 通过右后防盗警报装置传感器发出警报	试图从右后车窗进入车内或功能检测后因误操作而启动警报	清除故障代码；功能检查；进行传感器灵敏度自适应
01382 通过左前防盗警报装置传感器发出警报	试图从左前车窗进入车内或功能检测后因误操作而启动警报	清除故障代码；功能检查；进行传感器灵敏度自适应
01383 通过右前防盗警报装置传感器发出警报	试图从右前车窗进入车内或功能检测后因误操作而启动警报	清除故障代码；功能检查；进行传感器灵敏度自适应
65535 中央门锁控制单元损坏	中央门锁控制单元故障	更换控制单元

b. 防盗报警：触发报警器、超声波传感器控制单元将向防盗报警器控制单元传送警报信号，信号喇叭和转向信号灯被触发工作。

c. 超声波传感器供电线：电压为 8V。

d. 超声波传感器脉冲信号线：电压为 5V。

② 功能 08——读取数据流

数据流的读取方法同防盗锁止控制系统，只是具体数据不同，如表 4-16 所示：

内部监控系统数据流显示 表 4-16

屏幕显示	显示区	含义	显 示 内 容
读取测量数据块 1 1 2 3 4	1	开关位置	内部监控系统开关：1 = 已按下，0 = 未按下
			驾驶员车门接触开关：1 = 车门开，0 = 车门关
			防盗警报系统：1 = 启动，0 = 未启动
			玻璃碎裂传感器（仅指旅行车）：1 = 有，0 = 无
	2	传感器灵敏度	规定值一般为 50% ~100%
	3、4	未使用	

课题四 汽车音响系统检修

汽车音响已经成为汽车必不可少的装置。在行车中,驾乘人员能欣赏优美动听的音乐、收听广播,不但可以减轻驾驶员的疲劳,而且可使旅途变得轻松愉快,充满情趣。

汽车音响已从最早的AM(调幅)收音机发展到现在具有AM/FM(调幅/调频)、SW(短波)收音、磁带放音、CD放音、MD放音、DAT数码音响、DSP(数码信号处理器)、电子分音器、电视接收系统、VCD影视系统等。形成了多功能、数字化、逻辑化、多性能、高指标、大功率输出的立体声系统。

一、汽车音响的组成

汽车音响系统主要由天线、接收装置、扬声修正、可听频率增幅及扬声器系统等五个部分组成,如图4-44所示。

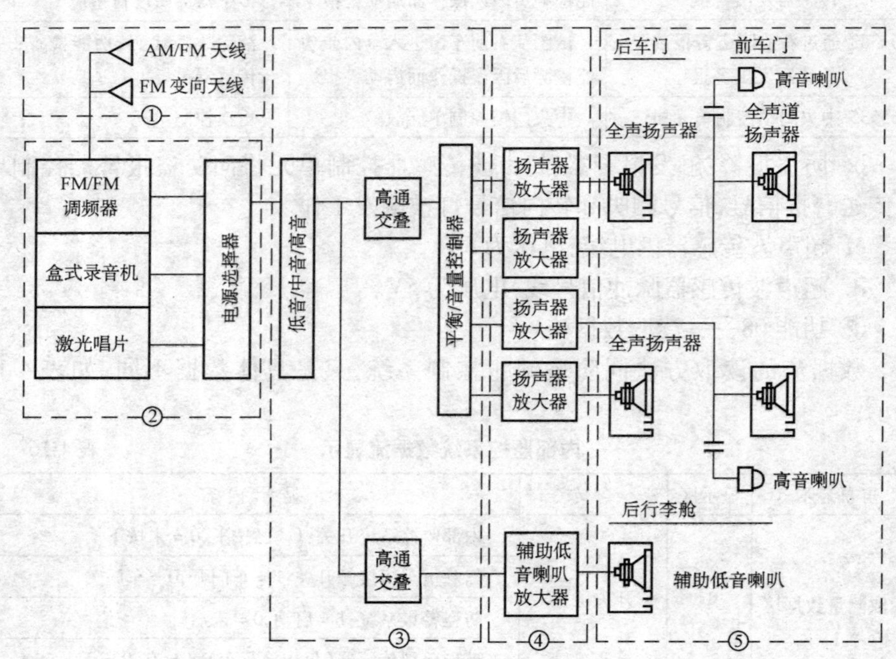

图4-44 汽车音响系统组成图

1. 天线

无线电接收天线,就是向天空中伸出一定长度的导体,用以接收广播电台

的发射电波，通过高频电缆，向无线电调频装置传送电信号。天线大致可分为在车身上伸出金属棒的柱式天线和装在车身内的玻璃天线两种。

许多轿车安装了电动天线（又称自动天线），通过电动机控制天线的升降。天线的升降是通过改变电动机的旋转方向实现的。电动机旋转方向的改变有两种方法：改变电动机电流方向和改变电动机起作用的磁场线圈，前一种方法应用较广泛。有些汽车的电动天线用单独的天线开关进行控制，多数则是由收音机开关联动控制，在收音机打开的同时接通电动天线控制电路，电动机转动使天线又同时升降。

2．音源系统

音源系统包括调谐器、磁带录放机、激光唱机等，为接收或产生音源的部分。最简单的汽车音响只有收音装置，即音源仅为AM/FM无线电波调谐器；一般音响音源有调谐器和磁带放音机；现代汽车音响的音源则包括调谐器，磁带放音机和CD激光唱机，CD唱机又可分为单碟和多碟，多碟常为6碟、10碟和12碟。

3．扬声修正

扬声修正是指按照车厢内扬声特性及听者爱好，增强或减弱频率带，具有修正扬声的功能，设有只允许通过特定频率域的滤波器和增幅控制电路，以提高车内音质。

4．可听频率增幅

可听频率增幅是指增强可听频率的模拟电压，加大扬声器音量。它是由放大器来完成的。放大器将各种节目信号进行电压放大和功率放大，然后推动扬声器发出声音。

1）前置放大器

前置放大器又称前级放大器，它连接信号源及控制信号的开关，并对各种节目进行必要地处理和电压放大。前置放大器与信号源之间不是简单的连接，其内部还要设置各种均衡电路，用于实现前后级的阻抗匹配和频率补偿。前置放大器主要包括输入电路、音调控制和线路放大。

输入电路对收音机、激光唱机和磁带送来的信号进行均衡和控制，包括阻抗和频率的均衡。

音调控制对节目信号的各段频率成分进行提升和衰减，以便满足欣赏时的不同需要。

线路放大，由信号源传送来的信号需要放大到一定的电压值才能推动功率放大器，线路放大器通常把弱信号放大到0.2～1V，以便和功率放大器配接。

2）功率放大器

功率放大器主要对前置放大器送来的电信号进行不失真的电流放大。形成强有力的功率信号去推动扬声器发声。功率放大器主要包括以下几个部分：

(1) 等响度控制电路。由于人耳收听低声压级信号时，具有低频和高频呈衰减的特性，所以在小音量的情况下欣赏音乐时有信号失真的感觉。等响度电路的作用对小信号中低频和高频部分进行补偿，以弥补人耳的不足；而在大信号重放时，等响度电路不起作用。

(2) 音量控制用以调节重放音量的大小。调节方法有手动电位器、电子音量控制和伺服电动机带动音量旋钮控制音量。

(3) 功率放大是指把前置放大器送来的信号进行电流和电压放大，以推动扬声器发出声音。

(4) 保护电路。由于功率放大器工作在大电流和高压状态，重放中可能会出现过电流、过电压和过热等情况，此保护电路可自动进行断电，以保护放大电路和扬声器不受损坏。

3）环绕声放大器

环绕声能使听众更具有临场感，使人在欣赏音乐时有被声音围绕的感觉。环绕声放大器主要包括：

(1) 环绕声处理电路：它利用信号延迟方法产生环绕声效果。前方音箱重放正面声源，而环绕处理电路输出经过延迟的环绕信号，以产生一种音乐厅堂的混响效果。

(2) 环绕声放大器带动环绕音箱发声。由于环绕声放大器用于模拟反射声，故其频响一般不需要很宽，功率也不需要过大。

5. 扬声器系统

它主要是指扬声器、环绕扬声器等，是汽车音响的终端，最终决定车厢内音响性能。主扬声器中通常由低音扬声器、中音扬声器、高音扬声器和分频网络组成。一般环绕声只重放 7kHz 以下的反射声，故只需要一个中低音扬声器即可。扬声器口径大小和在车上安装方法、位置决定音响性能的重要因素。为了欣赏立体声音响，车上最少要装两个扬声器。

图 4-45 为凌志 LS400 轿车的音响系统在车上的布置。

二、汽车音响的检修

1. 汽车音响故障诊断的常用方法

1）直观检查法

直观检查法是利用人的感觉器官，由表及里，从外到内，用看、听、闻、摸或拔等方法发现故障，最后用仪器验证。直观检查法有静态和动态观察两种。静态观察一般先不加电，看机外电源引线、旋钮及按键开关有无损坏等。如发现有异常现象，应及时修复。若未发现问题，打开机盖检查机械固定是否松动，各种插头有无松动、脱落，接线有无碰断或脱焊。再检查各元件是否短路或断路，是否相碰或断线，电阻是否烧焦或变色，电解电容有无漏液、胀裂，熔丝是否良好，接插件接触是否良好。确认系统无短路故障后，再用动态观察法给系统通电，观察面板指示灯是否亮，机内有无火花、冒烟等现象，同时注意听有无异常响声，有无烧焦气味。必要时，先让收放机通电片刻，然后关机查看集成块、晶体管等元件的温度是否过高，从而确认故障部位。

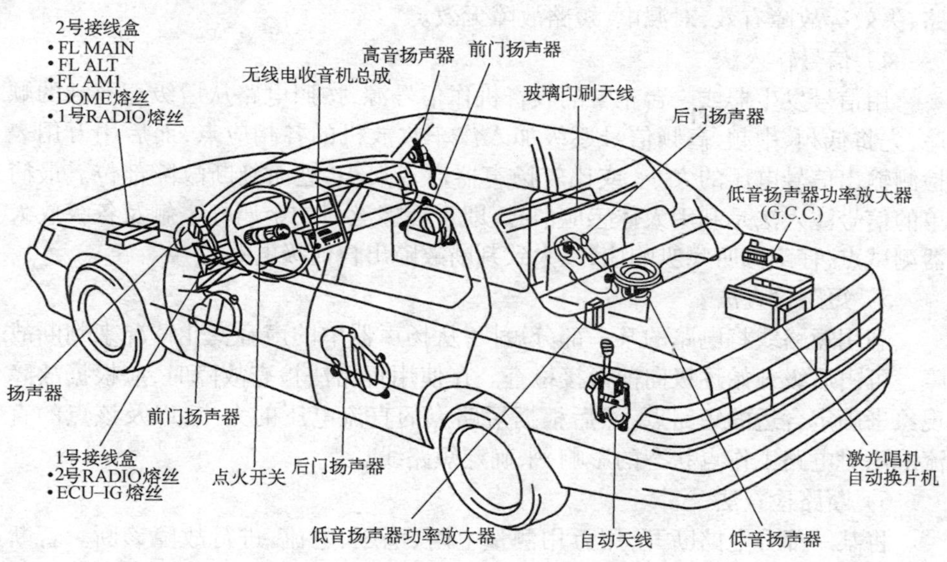

图 4-45　凌志 LS400 轿车的音响系统在车上的布置

2）万用表检查法

（1）直流电压检查

用此方法可检查音响电源的供电电压，由此判断电源电路是否有断路或短路搭接现象。将此种方法用于检查集成电路的故障，操作简捷有效，应用广泛。检查时，先用万用表测量集成电路各端子与搭铁间的直流电压，然后将其与该集成电路正常工作时的标准电压值进行对照，从而判断是否有故障。

（2）电流检查

测量整机或某一部分电路的电流值，并将其与正常值比较，以此来判断故障部位。测量时，选择合适的直流电流挡，将电流表串入被测电路中。在容易断开的部位（如熔丝处、线路接头处等）测整机总电流、某一回路的电流和晶体管的集电极电流等。

(3) 电阻检查

电阻测量是用万用表的电阻挡,测量收放机的各种元件、连接导线、插接件及印制电路板连接线的电阻,以此来判断元器件是否断路、断路、漏电,放大性能的优劣,以及导线、印制电路板、接插件等的通断情况。

3) 元器件替换法

使用合格的元器件替换电路中可疑的元器件,或在可疑元器件上再并联相同规格的合格元器件,以观察收放机扬声器有无变化。但并联法只对元器件断路、失效等故障有效,对漏电、短路故障无效。

4) 信号输入法

用信号发生器或一台正常的收音机作信号源,按照电路从后级至前级的顺序,先将低频、中频、高频信号逐级加入汽车收放机的各相应点,而后用万用表检测输出信号电压的大小,或比较扬声器声音大小,进而判断故障部位。最简单的信号注入法是利用人体感应信号,即手握螺丝刀的金属杆去触及各级放大器测试点,仔细倾听喇叭响应,以大致判断故障出自何级电路。

5) 短路检查法

利用短路线将电路的某一部分短接,从扬声器中的声音变化情况来判断故障。可由后级开始逐级向前短接检查。在使用短路法检查故障时,应根据故障现象来确定合适的短路点,然后根据短路点的直流电压的大小,以及该点的直流电压对电路工作点状态的影响,来确定短路线。

6) 断路检查法

将某一部分电路断开,用万用测量电阻、电压、电流,进行故障诊断。若断开被怀疑的某一部分电路后,总电流立即降为正常或接近正常值,则故障就在这一部分电路中,否则再逐一断开其他怀疑的电路。此法适合于电流变大、电压变低、有短路、噪声、自激等故障的检查。

7) 敲击检查法

人为地对某些元器件、部件或印制电路板加以振动,可以发现由于某种原因而产生故障的具体部位或大致范围。轻轻敲击便能找到虚焊或松动之处,在敲击过程中,要同时听扬声器中的音量变化情况。

8) 加温法

此法适用于开机过一会儿才能正常工作,或经过一段工作时间后才出现故障的收放机。遇到此类故障时,首先要根据故障出现时的现象,初步确定需要加热的部位,开机后,用烧热的20W左右的电烙铁头距元件10mm左右烘烤,顺序是先晶体管,后阻容元件。当烤到哪一个元件时,故障消失,则说明被烤元件

不良,应换新件。

9)冷却检查法

此法适用于汽车收放机工作一段时间后出现的异常故障。先根据故障现象,初步判断故障的大致部位;然后开机,在故障出现时,用镊子夹蘸酒精棉球,对怀疑部位的元器件进行逐个冷却,冷却顺序是先晶体管,后阻容元件。当酒精棉球放在哪一个元件上故障消失时,则此元件即为故障元件。

10)重焊检查法

此法适合故障时有时无,且振动时故障现象更明显的故障检修。此类故障的原因为元件内部接触不良或接头虚焊,可在故障的怀疑部位,用电烙铁烙焊有关元器件的焊接点,直至故障消失。

2. 汽车音响检修

1)掌握各部分的故障规律

在汽车音响系统中,各部分电路异常所表现出的故障现象都具有一定的规律性。应熟练掌握这种规律,以便迅速正确查找故障部位。

(1)机芯系统故障

汽车收放机的机芯较牢固,自身出现故障的可能性较小,故障往往是因使用不当而引起的。有些机芯工作时,有不到位、不能出盒或转速慢电等机械机构活动不灵活的现象,大都是由于机内灰垢太多,且长期不维护、缺油等造成的。需经常维护、清洗的部位主要有磁头、压带轮等。由于这类机构不便清洗,也是导致走带不畅、变调及绞带的主要原因。机芯滑板及活动部件的缺油是造成按键及磁带进、出不畅的主要原因。

(2)收音部分故障

收音部分出故障的机会较少,特别是高频头组件。如果此部分出故障,多数为硬损伤,例如线圈开焊,电路板上有脱焊、断裂处,造成接触不良以及元件损坏等。如果不能收音,应先检查这些部位,然后再检查外围元器件。在确定外围元器件无损坏后,最后测量集成块各端子电压是否与标准值相同。若不同,则可判断是集成块损坏。集成块较为特殊且价格昂贵,一般不要轻易怀疑集成块损坏。而集成块上最常见的故障是电容漏电、电阻值改变,以及振动出现脱焊和接触不良等,且主要发生在微电阻上。电路板上积尘厚,引起器件之间的漏电而造成的故障也较多。

维修时不要轻易怀疑元件损坏,更不要随意动可调电阻。检修电路之前可先查接线电阻是否松动而造成接触不良。

(3)磁带放音部分故障

磁带放音电路出现异常时,将会出现放音无声或声小、失真等。例如磁头

太脏，长期不清洗就会导致放音小、高音衰减甚至无声。放音均衡放大电路故障率不是太高，尤其是均衡放大电路中使用的集成电路不容易损坏，但其外围的元件，尤其是小型瓷片电容有时会出现失效或漏电现象，检修时应注意。

(4) 功率放大器故障

功率放大器是汽车收放机故障率最高的部分，很多故障多是因为功率放大器(功放)集成块被击穿引起的。功放集成块被击穿的原因如下：

① 汽车发电机电压调节器故障不良引起电源电压过高，发生过压或过载而损坏。此故障常伴有烧毁滤波线圈等元件的现象，且滤波电容被击穿，从而造成其外壳变形漏液等。

② 汽车发电机产生的瞬态峰值电压将集成块击穿。检查时观察熔丝是否为短路性熔断，或用万用表测量正负接柱间的电阻值，如电阻值很小，即可确认已被击穿。汽车收音机的功放集成块损坏后，一般应用原型号的集成电路来替换，特殊情况下可用其他的集成电路代替。从维修经验看，东芝 TA7204AP(国产型号为 D7240AP)性能较好几乎可以代替所有的功放集成块，且外围电路简单、失真小、功率大、保护功能齐全，代换改动小。

(5) 电位器故障

汽车收音机的电位器也是较容易损坏的元件之一，特别是带开关的音量及音调电位器。此故障的主要表现是接触不良、转轴断裂等。电位器内部接触不良，可先滴入少量润滑油并旋动几次试一试，如果仍接触不良，则为膜片与触点磨损太多，应换新件。

2) 汽车音响常见故障的诊断与排除

(1) 收放音均完全无声

应仔细静听扬声器有无背景噪声，若有，说明电路电源及低频放大电路工作基本正常，故障一般出在音量控制电路；如无背景噪声，则故障大多发生在电源电路、功放电路、扬声器电路。在检查电源电路时应检查音响电源的引入线是否折断或接触不良，熔丝是否烧断，音响接搭铁是否有故障，扬声器的引线是否脱落或接触不良等。

(2) 磁带放音正常，而收音无声

检查收、放音状态转换开关的触点是否接触良好；检查外拉杆天线，当天线没有接上或因各种原因脱落时，因金属车身的屏蔽作用会出现收不到电台现象。检修时可用 1m 左右的软导线插入天线输入端来代替，若能收到电台，即证明拉杆天线未接好或连线断线。同时检查是否调幅、调频均无声，还是某一频段无声。若调幅、调频均无声，则故障大多发生在这两部分的供电电源上；若调幅波段无声，调频正常，则应重点检查与调幅有关的电路。若调频波段无声，调

幅正常,则应重点检查与调频有关的电路。

(3) 噪声大

对于收音机应检查收听环境附近有无电磁波干扰,检查天线或输出信号线是否接触不良,检查调谐旋钮或音量控制钮是否过脏。如果只是在某些地域有杂音,而在另外一些地域音响正常,表明受到电磁波干扰,并非音响故障;对于磁带放音机,可能是磁带质量不佳。如更换较好磁带仍有噪声,应检查 RAC 信号端子的负端是否接通,如果主机端的 RAC 信号输出端负端已经断路,可用电表测量负端与主机端是否接通。

(4) 收音正常,磁带放音无声

收音正常说明 CPL、静噪及功放电路正常,应检查状态转换、放音电源控制、放音前置和机械部分。应先观察机械传动部分是否能驱动磁带,磁头是否贴近磁带运行。如正常,则故障大多发生在磁头电路、磁带放音前置放大电路及电源转换开关等处。否则,应重点对机械传动部分及驱动电动机进行检查。

(5) 磁带放音音质不佳

这种故障往往是磁头严重磨损、太脏、磁头转换开关接触不良或磁头方位角改变所致。对于过度磨损的磁头应该更换;磁头太脏(表面可能看到一层黑色)可用棉球蘸酒精清洁磁头,向磁头转换开关里注入少许酒精并来回拨动转换开关,等酒精蒸发后再试机,如故障仍不能排除,应试着调整磁头方位角,如还不能排除,说明前置放大电路有故障。

(6) 某一声道无声

观察是否收、放音时均会出现此现象。若均出现,首先检查此声道的扬声器、与扬声器连接的线路及接头,然后检查低频功放及音量控制电路;如收音正常,放音时某一声道无声,则故障发生在磁头或磁头信号放大电路;如调幅收音正常,调频立体声放音时某一声道无声,则故障大多发生在立体声解码器电路。

(7) 收音和磁带放音均出现时有时无现象

应先旋转一下音量控制电位器,若在电位器的某一位置时,时有时无的现象消失,则故障大多由于音量电位器接触不良引起。

(8) 绕带

这种故障常见的原因有主导轴与压带轮不平行,或者卷带轮不转。

(9) 无论收音放音,扬声器只有"沙沙"声

扬声器只有"沙沙"声,说明功放电路基本正常,可用前述信号输入法碰触音量电位器中心触头,如果扬声器发出正常音量的"喀喀"声,说明功放放电电路正常。因调幅 AM、调频 FM 和磁带放音电路同时损坏的可能性不大,所以这种故障往往是音量、可调控制电路故障,如引线脱焊等。

（10）CD 唱机放音无声

装好唱片，按动放音键后无声音，检查唱片是否放正，开机后如果未显示唱片的曲目数，而是显示出错符号，说明激光唱片的位置没有放好。打开唱片仓，将激光唱片重新摆正后即可放音；检查激光唱机与放大器之间的信号线，将信号线反复拔插或左右互换，以判断是否接触不良或断线。

（11）CD 唱机放音时不进片

首先检查唱片是否损坏：可取出激光唱片对光检查，看有无漏光处或有无明显的划痕和油污。这些问题会引起激光唱片拾音失灵，造成放唱片中断。如果 CD 片正常，可反复按动放音键，看能否恢复正常。上述方法不能奏效时，则要打开机壳，检查激光拾音器的光学头是否有脏物。若有脏物，可用擦镜头纸蘸酒精清洗光学头，然后开机，用一张好唱片放音试听。若机内电路损坏，应检修电路。在检修和清洗光学头时，应在断电情况下进行，以避免激光灼伤眼睛。

（12）CD 读目录慢且时常出现停顿和跳音现象

故障可能出在激光头组件的聚焦电路中。首先应清洗激光头。将机芯拆下，从背面线路板上找到激光头驱动电机的两根引线，用烙铁焊开，取一节1.5V 干电池作为电机电源，将激光头透镜沿丝杆移至便于维修的位置，取下外护罩，用镜头布蘸酒精擦拭物镜表面，因物镜下还有分光镜，装回所拆各部件，通电试机。激光唱机因激光头脏造成的故障较为常见，但激光为精密光电器件，清洁激光头应掌握正确的方法，否则会造成报废。

（13）放入 CD 后按键机芯无反应且不能将唱片送出

开机检查并按键，用万用表测量加载电机引线端，如果无驱动电压，故障可能出在电源部分或微处理器系统控制部分。首先检查出盒按键的接触情况，若用万用表电阻挡测量，发现接触良好，且通往微处理器的线路板也无短路情况，则可能为电源部分的 PNP 型三极管的 bc 结 be 结反向电阻变小。可用相应规格的三极管替换。多次操作按键是加载电机反复动作，如果替代件没有发热，则修理完毕。

三、汽车音响解码

现代高级轿车中都配备了较高级的音响设备。为了防止音响设备被盗，大多设置防盗系统。其功能一般是通过锁止音响系统使用功能的办法来实现的。当非法使用音响系统时，如音响系统从车上拆下后再加电启用，防盗系统能自动识别，并将该行为视为盗窃。此时，音响系统会自动锁死而不能使用，从而起到了防盗作用。此外，合法用户因操作不当也会使防盗系统错误触发，导致系统锁死而无法使用。这时必须采用适当的方法,如输入密码等,才能使锁死的系统解锁。下面以几款常见车型的音响解码操作为例说明。

1. 奥迪轿车音响锁止的解码操作程序

1）奥迪 A6 音响锁止的解码操作程序

(1) 首先将点火开关置于 ON 位置,再将音响电源操纵开关置于 ON 位置,如此时音响面板内的液晶显示屏显示为"SAFE"字样,则表示该音响因某种原因被锁止(蓄电池供电中断,蓄电池电压过低或音响电源中断)。

(2) 此种车型音响的解锁密码为 4 位数,利用音响装饰面板中的"AM/FM"和"SCAN"键以及 4 个预置电台存储键,兼做音响的解码操作输入按键。

如输入密码 1688 的方法为:

① 同时按下"AM/FM"和"SCAN"键。

② 按动面板操作存储键中的"1"键,观察液晶显示屏显示出的"1"为止。

③ 按动面板操作存储键中的"2"键,观察液晶显示屏显示出的"6"为止。

④ 按动面板操作存储键中的"3"键,观察液晶显示屏显示出的"8"为止。

⑤ 按动面板操作存储键中的"4"键,观察液晶显示屏显示出的"8"为止。

如经以上操作输入正确密码后,再同时按下音响操作面板中的"AM/FM"键和"SCAN"键,显示屏会显示"SAFE"字样。然后将"AM/FM"和"SCAN"两键同时放松,稍等片刻后,音响液晶显示屏会显示出某广播电台的频率,此时则表示该音响解锁成功,音响恢复原设计功能。

需要说明的是,如果输入的密码不正确,当输入完毕后,液晶屏显示仍然会出现"SAFE"的字样,这时则表示解码失败,如果两次解锁输入密码均为错误密码时,则只能耐心的等待 60min 后,方可重新输入正确的密码,进行解锁。

2）奥迪 100 2.6E 轿车音响的解码操作程序

奥迪 100 2.6E 轿车配备了咖码牌音响,音响具有防盗功能,可输入 4 位密码进行解锁。如音响一旦被盗,则会因电源曾中断过,再接通电源时就会自动呈锁止状态使音响操作功能失效。如果一旦不慎将音响锁止,则应按下述方法进行解码。

(1) 首先将音响电源开关置于 ON 位置,这时音响的液晶显示屏会显示"SAFE"字样,则该音响已被锁止。

(2) 同时按住装饰面板操作按键中的"U"键和"M"键,这时观察液晶显示屏,会出现"1000"字样,然后松开"U"、"M"按键,注意此后在不能同时按住"U"和"M"两键,否则音响内电脑将把此项操作作为错误输入,进行一次计数。

(3) 音响装饰面板中的"1"、"2"、"3"、"4"四个预置电台存储键兼做音响的解码输入按键。如密码 1697 的输入方法是:

① 将面板操作存储键“1”按动 2 次,液晶显示屏会显示“1”。

② 将面板操作存储键“2”按动 7 次,液晶显示屏会显示“6”。

③ 将面板操作存储键“3”按动 10 次,液晶显示屏会显示“9”。

④ 将面板操作存储键“4”按动 8 次,液晶显示屏会显示“7”。

(4) 确认输入的密码无误后,再同时按住“U”键和“M”键。待显示屏上再次出现“SAFE”字样后,即可松开“U”键和“M”键,稍等片刻显示屏上就会自动显示一个电台的频率,此时则表示该音响解锁成功。音响恢复原设计功能。

如果输入的密码是错误的,当放开“U”键和“M”键后,显示屏上的“SAFE”字样仍不消失,这时可重新输入密码。如果再次输入错误密码,则需等待 60min 后,方可继续输入密码。

此种车型音响的密码卡片在出厂时贴在行李舱内,用户购买新车后,要将密码卡取出妥善保管,不可丢失,也不可放在车内。车辆转卖时,新老用户不要忘记交接密码卡片。在汽车进行维修时,在不知道音响密码的情况下,千万不要断开蓄电池线,以避免音响被锁死。

2. 丰田汽车音响防盗系统的通用码及解码程序

(1) 丰田音响通用码见表 4-17。

丰田汽车音响防盗系统通用码　　表 4-17

车　型	通　用　码
凌志 LS400	512810、769800、810284、279239、334989、180824、740850、283689、241239、906743、540471、596239
凌志 ES300	840960、891440、481960
丰田佳美	108431、906741、540471、034787、787410、878410、607410、054787、640392、531182
丰田亚洲龙	366614、254810、641283、609533
丰田大霸王微型客车	108431
丰田花冠(CORONA)	717542、631484、940237、824152、460371

(2) 解码操作程序:

① 将点火开关转至 ACC 位置。

② 同时按住音响的电源开关和“1”、“4”、“6”键,此时屏幕出现“SEC”。

③ 再同时按住音响的向上键“∧”和“1”键时,屏幕显示“△”。

④ 此时可输入通用码(见表 4-17)前三位数,三位数分别用“1”、“2”、“3”键输入。例如要输入 512 这三位数,则在“1”键按 6 次,在“2”键按 2 次,在“3”键按 3 次(即按的次数比要输入的数多 1),此时屏幕就会显示 512。

⑤ 继续按住向下“∨”和“1”键，屏幕显示：∇…。

⑥ 同时，可继续输入通用码的后三位数字，三位数字分别用“1”、“2”、“3”键输入。例如要输入 810 这 3 位数，则在“1”键按 9 次，在“2”键按 2 次，在“3”键按 1 次，此时屏幕就会显示 810。按确认 SCAN。

⑦ 到此，一组码已输入机内，如果输入正确，该组码又是对应此机的，那么 3s 后屏幕变暗，音响已被解开。但如果输入错误，或输入的码无错而并不是对应该机的码，音响此时是打不开的。屏幕即显示“E1”，E1 表示输入 1 组码，音响没有打开，要继续输入第二组码再试。如输入的第二组码仍未能打开则屏幕显示 E2，依此类推。如果连续输入五组码都未能打开，音响会自动断电关闭，这样要等 15min 或更长一点时间之后，再从头试解或用未用过的码来试解。

⑧ 特殊情况的输入方法（当同时按下“∧”键和“1”键，屏幕显示“∧---”时为特殊情况）：

按照上述步骤 4 所述的数字输入前三位数，等到达这三位数字在屏幕上消失，按照上述步骤 6 所述的数字输入法再输入后三位数字。

（3）解码后重新输入新密码的程序

在解码后，同时按住“1”和“6”键，然后按“1”、“2”、“3”键分别输入你所设定的新密码（限三位数），输入法同上述一样。

单元五　汽车整车的检测与路试

知识目标

1. 掌握底盘输出功率测试、燃料经济性检测方法、要领；
2. 熟知汽车主要异响的特征及经验检测诊断方法；
3. 熟知车轮侧滑、制动性能、前照灯、车速表误差等检测方法；
4. 熟知废气排放、汽车噪声的检测方法；
5. 熟知汽车基本路试、汽车动力性路试、汽车燃油经济性路试及汽车制动性能路试的方法要领；
6. 了解汽车整车各种检测及各种道路试验的技术要求、相关规定。

技能目标

1. 会进行底盘输出功率测试、燃料经济性检测并能根据检测结果分析汽车技术状况；
2. 会用人工经验法进行汽车主要异响诊断；
3. 能正确进行制动性能、侧滑、前照灯、车速表误差等检测并能根据测试结果分析汽车技术状况；
4. 会进行废气排放、汽车噪声的检测并根据检测结果判断可能的故障范围；
5. 能进行汽车基本路试、汽车动力性路试、汽车燃料经济性路试、汽车制动性路试；
6. 能正确使用汽车整车检测及路试中的各种检测仪器设备。

对汽车实行定期和不定期整车性能检测及路试，目的是在汽车不解体情况下，确定车辆工作能力和技术状况。当发现整车性能参数发生变化时，再进行汽车各系统的深入检测与诊断，查明故障或隐患的部位和原因。此外还可对维修车辆实行质量监督，建立质量监控体系，确保车辆具有良好的安全性、可靠性、动力性、经济性和排气净化性，以创造更大的经济效益和社会效益。同时，对车辆实行定期综合性能检测和路试，又是实行“定期检测、强制维护、视情修理”修理制度的前提和保障。

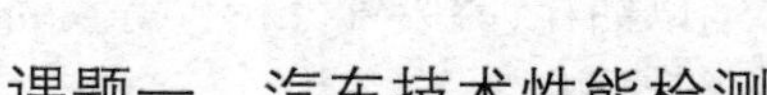

课题一　汽车技术性能检测

汽车是一个复杂的机械系统，它由数千种的零件所构成。在长期使用过程中汽车会经历各种各样的环境，承受着各种应力，加之汽车总成、部件等由于结构和使用条件如道路气候、使用强度、行驶工况等的不同，导致汽车技术性能状况参数将以不同规律和不同程度发生变化，或性能参数劣化，最终将导致发生故障。很多故障并不是由单个零件或原因引起的，对汽车进行整车技术性能进行检测和分析，就能够以相当高的精度定量地预测汽车技术状况的变化，定量地预测性能的劣化或故障，并运用预防维修方式，确定预防故障的对策，使汽车的使用可靠性保持在一个良好的水平上。

汽车技术性能检测主要包括动力性检测、燃料经济性检测、汽车异响检测等。

一、汽车动力性检测

汽车的动力性是评价汽车技术状况的最基本参数之一，是汽车综合性能检测的必检项目。汽车的动力性可用底盘输出功率（即驱动轮输出功率）来进行评价，底盘输出功率也是表征汽车传动系统总体技术状况的诊断参数。汽车底盘的输出功率，除了可以通过整车的道路试验测定外，还可以在室内条件下在底盘测功试验台上测定。试验台能够在室内模拟汽车的各种运行工况，因此，可以在底盘测功试验台上进行动力输出性能试验和汽车各系统的技术状况诊断。

1. 底盘测功试验台的测功方法

底盘测功试验台可分为单滚筒和双滚筒两类。单滚筒筒径大，滑转率小，滚动阻力小，测试精度高，但制造和安装费用大，一般用于制造厂和科研单位，双滚筒的滚筒直径小，成本低，使用方便，精度稍差，运用广泛，如图 5-1 所示。

汽车在道路上行驶时是相对于静止的路面作纵向运动，汽车在行驶中将受到运动惯性及各种阻力，如空气阻力、滚动阻力、爬坡阻力等。在底盘测功试验台上则是以滚筒的表面代替路面，是滚筒的表面相对于静止的汽车作旋转运动，从而带动汽车驱动轮旋转。由于底盘测功试验台具有加载装置，通过加载装置可以模拟汽车在道路上行驶时的各种阻力，再现汽车行驶中的各种工况，从而实现汽车在各种转速下驱动轮上的输出功率或牵引力的测定。

底盘测功试验台是汽车底盘综合性能诊断设备，其基本功能为：测试汽车驱动轮输出功率；测试汽车的加速能力；测试汽车的滑行能力和传动系统传动

效率;检测校验车速表。辅以油耗计、废气分析仪等设备,还可以对汽车的燃油经济性和废气排放性能进行检测。

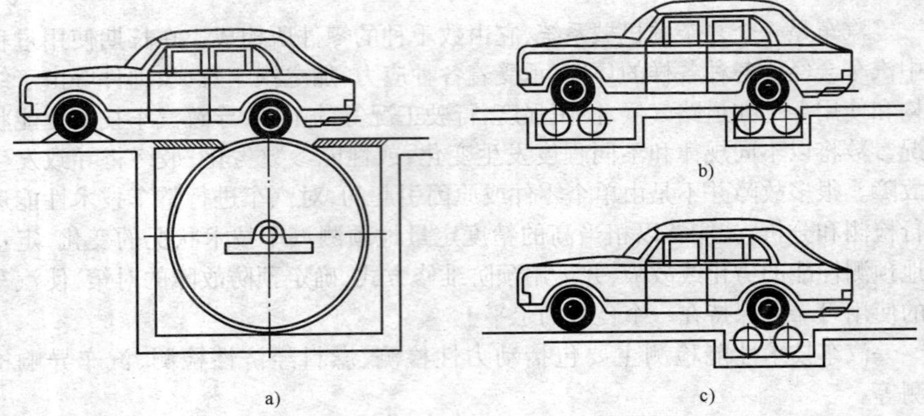

图 5-1 滚筒式底盘测功试验台测试原理示意图

a)单轮单滚筒式;b)双轮双滚筒式;c)单轮双滚筒式

底盘测功试验台的测功方法步骤为:

1)试验台的准备

(1)检查调整试验台各部件,补足润滑油。

(2)检查举升器有无漏气(或漏油)现象、工作是否正常。

(3)检查指示仪表指针是否指零位,并注意使用中指针的回位情况。

(4)检查各种导线的接触情况,如有接触不良或损伤,应予更换。

2)被测车辆的准备

(1)汽车在开上底盘测功试验台以前,必须通过路试走热全车(发动机水温达正常温度)。

(2)仔细调整发动机供油系和点火系,使其处于最佳工作状态。

(3)检查、紧固并润滑传动系。

(4)检查车轮的连接、紧固情况,检查轮胎气压并使之达到制造厂的规定值,清洁轮胎表面,不允许轮胎花纹中夹有石子或沾有油水。

3)测试步骤

(1)接通试验台电源,并根据被测试车辆驱动轮输出功率的大小,将功率表换挡开关置于相应挡位。

(2)升起举升器托板,使被测车的驱动轮,尽可能与滚筒成垂直状态停放试验台滚筒间举升器的托板上。

(3) 降下举升器托板,直到轮胎与举升器托板完全脱离为止。

(4) 用挡块抵住试验台滚筒之外的一对车轮,以防止汽车在检测时从试验台滑出去,将冷却风扇置于被检测汽车的正前方,并接通电源。

(5) 起动发动机,松开手制动,逐渐踏下加速踏板,由低挡逐级换入选定挡位,逐渐增加驱动轮转速。同时调节测功器的功率吸收装置的负荷,使发动机在节气门全开的全负荷情况下,以最大功率相应的转速运转,待转速稳定后,记下仪表指示的功率和车速值。

(6) 保持发动机节气门全开,并逐步增加测功器负荷,测出包括额定转矩点和经济车速下的功率和车速值。

(7) 为了全面考核车辆的动力性和调整质量,测量点除了制造厂给出的额定功率相应的转速点和最大转矩相应的转速点以外,还应进行常用车速(常选经济车速)下的功率测量。例如载货汽车选用50km/h,轿车选用80km/h,节气门全开,测试驱动轮的输出功率。这样才能全面反映出供油系和点火系的调整质量。通常测量点不少于3个(其中包括额定功率和最大转矩点)。

汽车驱动轮在发动机部分负荷下选定车速的输出功率或驱动力与上述方法类似,差异仅在于发动机选定的是部分负荷下工作而已。测量不同挡位下驱动轮的输出功率或驱动力,则需要依次挂入每一挡位按上述方法检测。

(8) 测试结束后,待驱动轮停止转动后,去掉车轮前的三角架,举起举升器的托板,将被检车辆驶离试验台。

每个测试项目都要重复测三次,取平均值。

2. 底盘测功检测标准及结果分析

测定整车输出功率的目的,有时是为了获得汽车驱动轮的输出功率或牵引力,以便评价汽车的动力性;有时用获得的驱动轮输出功率与发动机输出功率进行对比,并求出传动效率,以便判定汽车动力性和底盘传动系的技术状况。

1) 检测标准

(1) 驱动轮输出功率限值

在驱动轮输出功率检测工况下,采用校正驱动轮输出功率与相应发动机输出总功率的百分比作为驱动轮输出功率的限值。

部分运营车辆的校正驱动输出功率的限值如表5-1所示。

(2) 传动效率

从底盘测功试验台上测出的驱动轮输出功率,要与发动机输出的功率进行对比。汽车传动效率为:驱动轮输出功率 P_k 除以发动机输出的功率 P_f。即:

$$\eta_0 = \frac{P_K}{P_f}$$

各类车型的传动效率见表5-2所示。

汽车驱动轮输出功率的限值 表5-1

汽车类别	汽车型号		额定转矩工况		额定功率工况	
			直接挡检测车速（km/h）	驱动轮输出功率/额定转矩的限值（%）	直接挡检测车速（km/h）	驱动轮输出功率/额定功率的限值（%）
载货汽车	1030，1040系列	汽油车	60	50	90	40
		柴油机	55	50	90	45
	1050，1060系列	汽油车	60	50	90	40
		柴油机	50	50	80	45
	1090系列	汽油车	40	50	80	45
		柴油机	55	50	80	45
	1100，1110系列	柴油机	50	45	80	40
客车	6700	汽油车	50	40	80	35
		柴油机	55	45	75	35
	6800系列	汽油车	40	40	85	35
		柴油机	45	45	75	35
	6100系列	汽油车	40	40	85	35
		柴油机	40	45	85	35
	6110系列	汽油车	40	40	85	35
		柴油机	55	45	80	35
	6120系列	柴油机	60	40	90	35
轿车	夏利、富康（三挡）		95/65	40/35	—	—
	桑塔纳（三挡）		95/65	45/40	—	—

各类汽车的传动效率 表5-2

汽车类型		传动效率
乘用车（轿车）		0.90～0.92
载货汽车和公共汽车	单级主减速器	0.92
	双级主减速器	0.84
4×4越野汽车		0.85
6×4载货汽车		0.80

2）检测结果分析

（1）整车各系统技术状况诊断

凡需要汽车在运行中进行检测与诊断的项目，只要配备所需的仪器，均可在滚筒式底盘测功试验台上进行。如检测各种工况下的废气成分与烟度，检测汽油机点火提前角与柴油机喷油提前角，诊断各总成或系统的噪声与异响(包括经验诊断法)，观察汽油机点火波形与柴油机供油波形，检测各总成工作温度荷各电气设备工作情况等。

在底盘测功仪试验台上还可以诊断传动系统传动各总成技术状况，如离合器打滑、传动轴摆振、变速器异响、跳挡等。在惯性式底盘测功试验台上，当测得底盘输出功率后，立即踩下离合器踏板，利用试验台对汽车的反拖，可测得传动系统耗功功率。这种试验台，如果将测得的同一转速下的底盘输出功率与传动系消耗功率相加，就可以求得这一转速下的发动机的输出功率。

(2) 底盘传动效率检测结果分析

汽车传动效率的正常值如表 5-2 所示，当被测车经过检测后，其传动效率低于表中值时，说明消耗于传动系的功率增加，损耗的功率主要消耗在各运动件的摩擦和搅油上。因此，通过正确的调整和合理的润滑，传动效率会得到提高。

应该指出的是，汽车传动系传动效率的变化符合如下规律：新车的传动效率并不是最高，只有经过磨合期后，使传动系完全磨合，传动系各运动件配合状况变好，摩擦力减小，才能使传动效率达到最大值。此后，随着车辆继续使用，行使里程的不断增加，传动系配合副的磨损逐渐扩大，配合状况逐渐恶化，造成摩擦损失不断增加，因而传动效率又会逐渐降低。因此从车辆的正确使用和维修角度对于新车或大修竣工车，一定要加强磨合期的使用，严格按规范进行磨合；汽车维修中注意传动系的正确调整和合理润滑，才能够获得较高的底盘输出功率，提高汽车动力性能。

二、汽车燃油经济性检测

汽车的燃料经济性是汽车的主要性能之一。对汽车燃料经济性的评价，一般是通过汽车燃料消耗量试验来确定的，它是用以评价在用汽车技术状况与维修质量的综合性参数，也是诊断和分析汽车故障的重要参考。检测汽车燃料消耗量一般通过燃料消耗检测仪测定，常用容积或质量来表示。可在汽车检测站通过底盘测功试验台上模拟路试来检测其燃料消耗量，或直接进行道路试验。以下主要介绍燃油经济性的台架试验方法。

1. 汽车燃料消耗量检测方法

1) 油耗计在油路中的连接

合理布置检测油路与排净油路中气泡对保证检测准确性至关重要。

燃料消耗量检验首先要进行燃油管路的连接，图 5-2 为油耗计在电控燃油喷射汽油机中的安装位置。油耗计安装在燃油滤清器与燃油分配管之间，从燃油压力调节器经回油管流回燃油箱的燃油应改接在油耗计传感器与燃油分配管之间，避免燃油被重复计算。

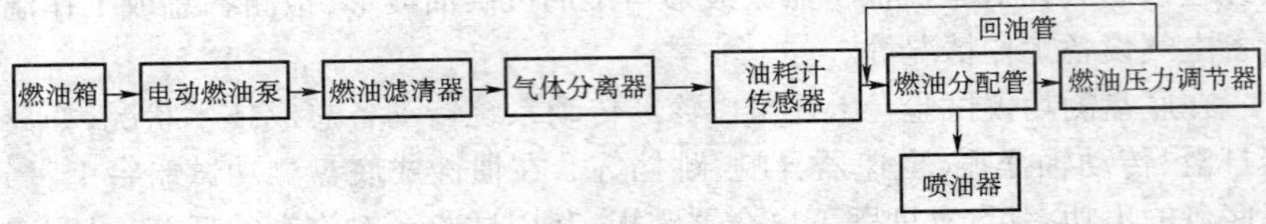

图 5-2　油耗计和气体分离器在电控燃油喷射发动机上的安装位置

图 5-3 所示为油耗计传感器在柴油车中的连接方法。这种连接方法的主要特点是把油耗传感器串联在油箱到高压油泵的油路当中。值得注意的是应该为其接好回油管路，并且必须把回油管路接在油耗传感器的出口管路上，以免燃油被油耗传感器重复计量使油耗检测数据失真。

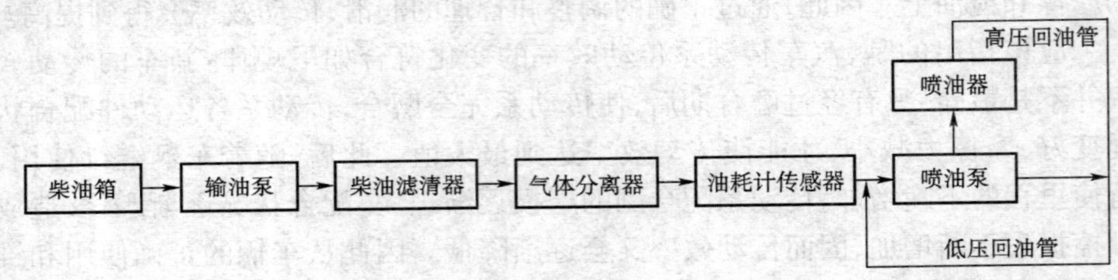

图 5-3　油耗计和气体分离器在柴油机油路中的安装位置

2）油路中气泡的排除

燃料消耗量检测中经常会发现油路中存在气泡，一定要把气泡排除才不会影响测试结果。排除汽油车检测油路中的空气泡是一件很费时的工作，尤其当管路中存在堵塞或泄漏情况时，将使空气泡无法彻底排尽。空气泡一旦产生对油耗检测结果的影响非常大，油耗传感器会把空气泡所占的容积当作燃油消耗量计量，使得检测数据高于实际数，这样会造成测量值的失真。

汽油机排除空气泡，通常可采取如下方法：即把车上从油箱到汽油泵的管路“短路”，装上新的、密封性好的、无堵塞的油管，用性能较稳定的电动汽油泵和汽油滤清器代替原车相应部件，缩短油泵到传感器的油管长度，使油泵到油耗传感器的阻力大大减小，从而避免了空气泡对检测结果的不良影响。

柴油机油路中空气泡的排除方法：在柴油车油路中装好油耗传感器后，须用手动泵泵油，以泵油压力排除油路中的空气泡，它与汽油车差别之一在于汽油车可以在发动后排除空气泡，而柴油车必须在发动之前排尽油路中的空气泡；差别之二在于汽油车在拆去油耗传感器恢复其原油路时，无需排除空气泡，而柴油车在拆去传感器恢复原油路后仍需排除油路中刚产生的空气泡。

3）试验设备仪器的准备

台架试验时，汽车燃油经济性检测是将底盘测功试验台和油耗仪配合使用完成的。底盘测功试验台用于提供活动路面并模拟汽车在道路上行驶时的阻力，汽车油耗仪则用于燃油消耗量的测量。汽车燃油经济性检测结果的准确性除与油耗仪的测试精度有关外，还取决于底盘测功机对汽车行驶阻力的模拟是否准确。

汽车油耗仪主要由油耗传感器和计量显示仪组成。油耗传感器有很多类型，按测量方式可分为容积式、重量式、流量式等。其中四活塞式车用油耗仪为流量式，得了广泛的应用。图 5-4 所示为四活塞式车用油耗传感器的结构图。

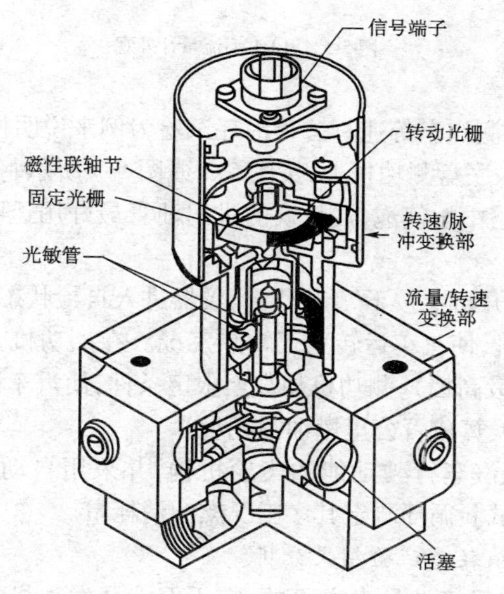

图 5-4　四活塞式油耗仪结构示意图

四活塞式车用油耗计的计量显示仪表，多采用有运算功能的数字显示型仪表。如国产 SLJ-3 型流量计，就是以微机为控制核心，能测定各种类型发动机油耗的累计流量、瞬时流量、道路行驶流量和累计时间等参数，并具有定时间、定容积、定质量等功能，能对数据进行运算、处理、显示、存储和打印。其外形如图 5-5 所示。

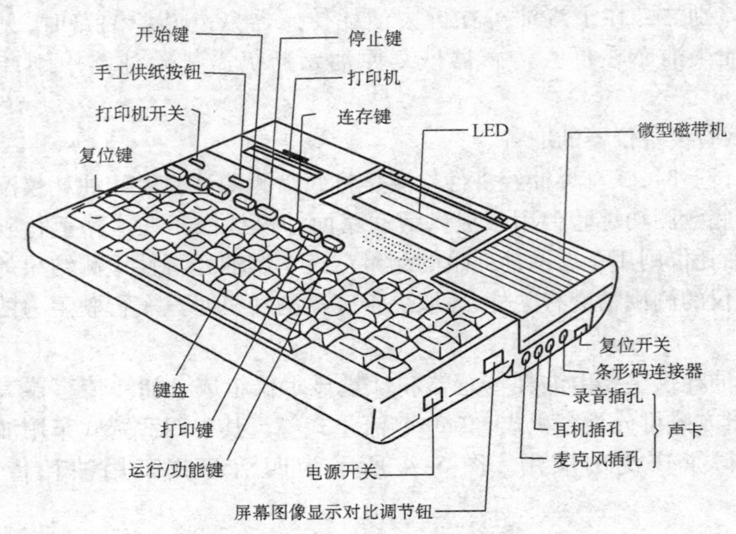

图 5-5 SLJ-3 型流量计外观

4）测试步骤

下面以台架检测汽车等速百公里油耗试验为例来说明检测步骤：

① 将汽车驶入底盘测功仪上，按图 5-2 或图 5-3 所示将油耗仪与汽车燃油系连接好，排除油路中的气泡，油耗仪的进出油管最好用透明塑料管，以便观察有无气泡。

② 接通电源，开机或按下“自校”键，仪器进入自检状态。

③ 起动发动机，使汽车运转至正常热工况。在测功机上，变速器置于直接挡（无直接挡的用最高挡），测功机加载至限定条件，使汽车稳定在测试车速，测量燃油消耗量，并换算成百公里燃油消耗量。

在具有可模拟汽车行驶动能的飞轮机构，并采用自动控制的底盘测功机上，也可按规定的试验循环测定其多工况燃油消耗量。

2. 汽车燃料消耗量试验结果分析

影响汽车燃油经济性是多方面的，它不但涉及发动机的各个系统，还涉及到变速器、主减速器、行驶系、转向系、制动系、汽车重量、车身造型、轮胎规格等多方面因素。因此，汽车燃油经济性是一个汇集综合因素的整车技术性能指标。在底盘测功试验台上检测到的燃油消耗量的结果只能作为一个参考评价指标。如果试验中多次的检测结果油耗都较高，多数情况是发动机性能下降和传动系统零件磨损、老化及维护、调整不当造成传动效率下降的原因所造成，要结合汽车的其他故障现象综合分析寻找原因。

（1）发动机方面可能影响到的燃油消耗量主要原因有：汽缸或活塞、活塞环磨损造成压缩比下降过大，造成燃烧不充分，油耗损失增加；进气系统滤清器脏堵，造成进气阻力增大；燃油供给系统技术状况调整不当；润滑系缺油或油压过低使各运动零件运动阻力增加。

（2）底盘传动系统可能影响到的燃油消耗量主要原因有：离合器打滑引起传动效率降低；万向传动装置动不平衡造成功率损耗；主减速器及差速器各齿轮啮合位置调整不当或润滑条件差造成阻力增大；各个轴承破裂损坏造成的阻力；制动器摩擦片与制动鼓（盘）间隙过小，引起制动拖滞；车轮定位不好、动不平衡或胎压不合适等原因造成的阻力等；自动变速器车辆的液力变矩器工作不良或不工作、换挡执行元件损坏等。

（3）汽车电器方面可能影响到的燃油消耗量主要原因有：点火能量不足，点火时间不准，火花塞、点火线圈、点火模块等工作不良，蓄电池电压过低等。

三、汽车异响的检测与诊断

汽车异响的检测与诊断是一个比较难解决的问题，其技术含量较高。目前仍以经验判断为主，虽也有利用较先进的综合检测仪来检测的，但运用不是很广泛。下面将重点介绍人工经验诊断法。

1. 发动机异响检测与诊断

发动机所发出的响声是一组复杂声音的组合，因为发动机是一种自运转周期性循环工作的机器，因此发动机发出的响声一般具有周期性。一台技术状况良好的发动机，在怠速运转时，只能听到轻微的机械振动、排气等声音；加速运转时，将发出有力且过渡圆滑的轰鸣声；高速运转时，则为平稳的轰鸣声。

但发动机技术状况不良时，会产生与发动机正常运转时发出的噪声有所不同的异常声响。如出现间歇的金属敲击声、连续的金属敲击声、无规律的金属碰擦声，通常把这些不正常的声音称为异响。只有在主要部件的配合副磨损后间隙增大或有故障时，异响才会产生，若能将其正确判别出来，就能反映相关部件的技术状况。某些不正常的响声往往是发动机发生破坏故障的前兆；而且，发动机易于产生异响的各配合副，如汽缸—活塞、曲柄连杆配合副等，在不解体条件下用其他方法很难直接检测，所以发动机异响诊断就更引起人们的重视。

1）异响的类型和原因

（1）机械异响

主要是运动副配合间隙太大或配合面有损伤，运转中引起冲击和振动造成的。如曲轴主轴承响、连杆轴承响、凸轮轴轴承响、活塞敲缸响、活塞销响、气门响、正时齿轮响等，多是因配合间隙太大造成的；正时齿轮异响可能是配合面有损伤造成的。

(2) 燃烧异响

主要是发动机不正常燃烧造成的。如汽油发动机产生爆燃和表面点火，柴油发动机工作粗暴时，汽缸内均会产生极高的压力波。这些压力波撞击燃烧室壁及活塞连杆组，发出了强烈的类似敲击金属的异响。当汽油发动机发出回火声，排气管发出放炮声或“突突”声时，也属于燃烧异响。

(3) 空气动力异响

主要是在发动机进气口、排气口和运转中的风扇处，气流振动而造成的。

(4) 电磁异响

主要是在发电机、电动机和某些电磁元件内，由于磁场的交替变化，引起机械中某些部件或某一部分空间容积产生振动而造成的。

2) 异响的影响因素和诊断条件

异响与发动机的转速、温度、负荷和润滑条件等有关，并可利用这些条件的变化来诊断发动机故障。

(1) 转速

一般情况下，转速愈高机械异响愈强烈。有时高转速时各种响声混杂一起，听诊某些异响反而不易辨清。所以，诊断转速不一定是高速，要具体异响具体对待。如听诊气门响和活塞敲缸时，在怠速下或低速下就能听得非常明显；当主轴承响、连杆轴承响和活塞销响较为严重时，在怠速和低速下也能听到。总之，诊断异响应在响声最明显的转速下进行，并尽量在低转速下进行，以减少不必要的噪声和损耗。

(2) 温度

有些异响与发动机温度有关，而有些异响与温度无关或关系不大。在机械异响诊断中，对于热膨胀系数大的配合副要特别注意发动机的热状况，最典型的例子是活塞敲缸。在发动机冷起动时，该响声非常明显，然而一旦温度升高，响声即减弱或消失，而活塞销响则恰好相反。膨胀系数小的配合副所产生的异响，如曲轴主轴承响、连杆轴承响等，随发动机温度的变化对异响的影响不大，因而对诊断温度无特别要求。

发动机温度也是燃烧异响的影响因素之一。汽油发动机过热时，往往产生点火敲击声(爆燃或表面点火)；柴油发动机过冷时，往往产生工作粗暴的着火敲击声。

(3) 负荷

许多异响与发动机的负荷有关。如曲轴主轴承响、连杆轴承响、活塞敲缸响、汽缸漏气响、汽油机点火敲击响等，均随负荷增大而增强，随负荷减小而减弱；柴油机着火敲击声随负荷增大而减小。但是，也有个别异响与负荷无关，如

气门响，负荷变化时异响不变化。

(4) 润滑条件

不论什么机械异响，当润滑条件不佳时，异响一般都显得严重。异响的影响因素往往成为异响的诊断条件。

3) 发动机异响经验诊断方法

(1) 听诊法

听诊法有虚听、实听和内听三种。

① 虚听就是站在汽车眼前，靠空气传导的声音来听取异响。

② 实听是用一木棒(或金属棒、长柄旋具等)抵在汽车的某个部位上，靠机体的振动来听取异响。用实听法可以听喷油器、齿轮箱、电磁阀、继电器、发电机及油泵等异响。

③ 内听是用一空心管插入曲轴箱(或变速器、驱动桥)内，直接听取空气传导来的异响。在加机油口插入一胶管(或塑料管)，但不能插入机油中，就能内听汽车的异响。这种听诊方式可以排除外部噪声的干扰、尤其是对于较为弱小和在外部难以辨别的异响故障的诊断，内听的效果较好。

用上述三种听诊方法，可以较为迅速地找到故障部位，能为正确诊断和排除故障，少拆卸机件或少走弯路提供最佳途径。

(2) 速度法

由于发动机异响机件的构造形式、承受的负荷、所处的位置、润滑条件及松旷的程度等有所不同，因而产生异响时的转速也有差异。但发动机的各种异响本身都有其特征频率，当运动频率是异响特征频率的整数倍时，会产生共振现象，使异响加剧。发动机机械异响与转速(激励频率)直接有关，为此把发动机转速划分成4个区段:500 ~800 r/min 为怠速;800 ~1200 r/min 为稍高怠速;1200 ~2000r/min 为中速;2000r/min 以上为高速。

由于发动机的各种异响都有相应的最佳诊断转速，有些异响在怠速或稍高怠速时较为明显，而在加速或中等以上转速时，由于响声频率增高，同时其他噪声也增大，就使得异响声隐含其中反而听不清楚，如活塞敲缸响和活塞销响等;有的异响在发动机怠速时听不清楚或不易发现，甚至缓慢加速，响声也不明显，但由怠速至中速急加速时，由于冲击负荷急剧增大，使得敲击声明显且连接，如连杆轴承松旷发响和曲轴轴承松旷发响等;又有些异响在发动机急减速(发动机由高速运转突然安全放松加速踏板)时更明显，如活塞销与连杆衬套间松旷发响、曲轴折断发响等。

鉴于异响与转速的这种特殊关系，在诊断发动机异响故障时，应作多种转速试验，各种区域的稳定转速和不同节奏的急加速等，以使异响得到充分暴露，便于准确地捕捉到异响。因此,正确运用发动机转速,是诊断异响的关键。

(3) 断火(或断油)法

发动机某缸是否工作对机械异响强度和音色的影响非常明显,对分析异响的性质非常有用。通过终止或恢复某汽缸的工作,还能找出异响部位。对不同的发动机,采用的检查方法也有区别。

断火法是拔下某汽缸的高压分线,或用螺丝刀短路某汽缸的高压分线,使火花塞不能产生火花;断油法是拧松某汽缸高压油管的接头螺母(用于柴油发动机),或拔下某汽缸喷油器的控制线(用于电控汽油喷射发动机)。

断火或断油后,发动机异响有以下 3 种变化:

① 异响不变化。断火(或断油)后异响不变,是指异响的主要特点变化不明显或根本没有改变,此时,因断火(或断油)后引起发动机转速下降及异响的频率下降不包括在内,异响与断火(或断油)无关。这种现象说明,异响不在曲柄连杆机构,一般是某处松动或配气机构有故障,可以认为被断火(或断油)的汽缸,在检查之前就因有故障而不工作了。

② 异响减弱或消失。对某汽缸断火(或断油)出现的异响减弱现象,说明该汽缸有故障,异响只是减弱而没消失,则表明还存在其他故障,或者其他故障对该汽缸存在影响;断火(或断油)后的异响消失现象说明只有该汽缸有故障,其他汽缸均正常或基本正常。

③ 异响变得明显或异响的频率升高。断火(或断油)后异响变得明显,是指原来没有异响而出现异响或不明显的异响变得突出,或者频率低的异响变高了。发动机的活塞销响和节气门座圈松动响,就有如此的特点。

(4) 抖加速踏板法

抖加速踏板法是将加速踏板从自由状态突然踩下,使发动机转速迅速升高,然后安全放松加速踏板,使发动机转速快速下降,然后,再重复以上操作的方法。该法主要用于对发动机故障的初步诊断,根据加速踏板被踩下的行程和保持时间的长短可分为以下 3 种抖加速踏板方法。

① 速抖加速踏板法:将加速踏板踩下(约是行程后半),使发动机转速由 500 r/min 左右迅速升至 1000 r/min 左右,然后马上放松加速踏板,如此反复抖动加速踏板。该方法可用于诊断活塞敲缸响。

② 中速抖加速踏板法:将加速踏板安全踩下,使发动机放松加速由 1000 r/min 迅速升至 1900 r/min,然后马上放松加速踏板。如此反复抖动加速踏板。该方法可用于诊断连杆轴承响。

③ 中、高速抖加速踏板法:将加速踏板安全踩下,使发动机转速由 1000 r/min 升至 2500 r/min,然后立即放松加速踏板,如此反复抖动加速踏板,该方法

可用于诊断曲轴轴承响。

表 5-3 列出了发动机异响故障的可能性原因发生的程度，按照从高到低的顺序分别用“5”、“4”、“3”、“2”、“1”以及“0”表示（表 5-4、表5-5、表 5-6 的含义同）。

发动机异响故障诊断表　　表 5-3

故障症状 / 表现程度 / 故障类型	怠速异响	怠速稍高异响	中速异响	中速稍高异响	怠速至中速一次性加速异响	急加速响	低速抖加速踏板异响	急减速异响	响声密度随转速增高变大	高速异响	低温异响	温度升高后异响	某缸断火异响消失或减弱	某缸断火响声增大	单缸断火响声不变
活塞敲缸异响	3	2	0	0	0	0	0	0	0	1	5	2	1	0	0
活塞销异响	3	0	0	0	0	0	0	5	0	0	0	1	0	2	0
严重窜气异响	2	0	0	0	1	3	0	0	5	0	0	0	4	0	0
连杆轴承异响	0	0	3	5	5	5	4	0	5	0	0	0	4	0	0
曲轴轴承异响	0	0	4	5	3	5	0	5	0	0	4	0	0	0	1
气门异响	3	4	3	0	0	0	0	0	0	1	0	0	0	0	0
凸轮轴轴承松旷异响	2	2	4	0	0	0	0	1	0	0	0	0	0	0	0
曲轴轴向窜动异响	2	0	0	0	3	2	0	0	0	0	0	0	0	0	0
飞轮松旷异响	0	5	2	4	4	4	5	0	0	0	0	0	0	3	0
气门弹簧折断异响	4	4	3	1	0	0	0	0	2	0	0	0	0	0	0
发电机轴承异响	3	3	0	0	0	0	0	0	0	0	0	0	0	0	0
水泵轴承异响	3	3	3	3	0	0	0	0	4	0	0	0	0	0	0
正时带张紧轮轴承异响	2	3	2	3	0	0	0	0	4	0	0	0	0	0	0
爆燃	1	2	4	5	3	3	1	2	5	4	1	5	2	1	2
混合气燃烧不完全异响	0	0	0	3	0	3	2	0	0	2	1	2	0	0	0
分电器异响	0	4	2	1	3	4	0	2	3	1	0	0	0	0	0
高压漏电异响	5	4	2	1	3	1	0	2	0	1	1	2	0	5	0
进气系统异响	0	1	2	1	3	3	0	2	0	3	0	0	3	1	1
平衡轴异响	5	4	2	1	3	3	4	2	5	3	4	1	0	0	0

2. 底盘异响检测与诊断

离合器、驱动桥、车轮和传动轴的诊断方法比较简单且相似，因此归为一类。

1）传动系异响

传动系异响常常来源于变速器、差速器、离合器等部件，异响会随挡位和离合器状态改变呈现出明显变化。

变速器零件较多，引起响声的原因也比较复杂，在分析判断时应注意是否与特定的情况有关。如有些行星齿轮在60km/h左右车速时声音明显。换挡拉线、挂挡拨叉异常会导致挂某些特定挡位产生异响。要注意异响在不同的车速、工况、挡位时的特征，如表5-4所示。

变速器异响诊断　　表5-4

故障症状 / 表现类型 / 故障类型	壳变形，轴不平行	直齿和斜齿面磨损	齿轮油不足	输入轴后轴承磨损	输入轴前轴承磨损	输出轴前轴承磨损	输出轴后轴承磨损	变速器安装螺栓松动	同步器失效	齿轮副磨损
转速改变时，异响更明显	2	3	1	4	3	1	4	3	0	3
运动中异响更清晰	3	4	2	3	5	4	3	2	0	2
怠速有时有不正常响声	2	2	3	2	0	0	0	1	0	0
各挡有异响	4	3	4	5	3	0	5	5	1	0
空挡有异响	2	2	5	1	1	0	0	4	0	0
高速挡异响明显	4	5	4	4	2	2	2	0	0	0
挂挡有异响	0	0	2	2	2	2	2	2	3	5
低速挡起步困难	0	1	1	1	1	1	1	0	1	2
上下坡异响加重	2	2	3	4	3	2	0	0	0	1
跳挡	3	0	0	1	1	2	2	0	0	0
变速杆振摆	1	0	1	2	2	2	2	0	1	0
挂挡吃力	0	1	0	1	0	0	0	5	4	0
变速器温度高	0	1	3	0	0	0	0	0	1	1
仅某一挡异响明显	2	5	0	0	0	0	0	0	5	0
稍拉紧手制动异响明显	0	0	0	0	0	0	0	0	0	0
离合器离合瞬间有强烈异响	0	0	0	0	0	4	0	3	0	0
低速挡异响，高速挡减轻	1	2	2	2	2	2	2	0	0	4

离合器故障同变速器故障有类似的表现，异响随离合器的分离与结合状态发生变化，如表5-5所示。

离合器异响诊断 表5-5

故障症状 表现程度 故障类型	自由行程调整不当	扭簧失效	分离轴承松旷、缺油	摩擦片磨损或碎裂	压盘与盖松旷	分离轴承与膜片弹簧结合面不平	拨叉或弹簧折断
起动发动机后,即出现“沙沙”声	2	0	0	0	0	0	0
踏板放松后还能抬起少许,且异响随之消失	2	0	0	0	0	0	0
自由行程正常,发动机转速变化时,有间断撞击或摩擦声	0	2	4	0	0	0	0
怠速时,踏下离合器踏板至自由行程消除时,即出现“沙沙”声	0	0	0	4	0	0	0
踏板踏到底后,有连续不断的尖叫声和敲击声	0	0	0	0	1	0	0
转速愈高,异响愈重,伴随汽车抖动	0	0	0	0	1	0	0
怠速运转时异响明显	0	0	0	0	0	3	0
中速稳定运转时,异响明显减弱或消失	0	0	0	0	1	1	0
踏下踏板时异响,抬起踏板时不响且挂挡困难	0	0	0	0	1	0	4

传动系有较多的滚动轴承,其响声一般与其运转速度成正比。若间隙过小,声音比较尖锐,轴承附近有发热现象;若间隙过大或内外圈配合松旷,响声则变为低沉的“哗哗”声;若轴承严重缺油,响声是尖锐的干摩擦声,并伴有其他异响(离合器分离轴承常出现这类响声);若轴承已严重损坏,响声一般比较复杂,常发出“哗啦啦”的破碎声。对于变速器轴承而言,这种情况又会破坏齿轮的正常啮合产生异响。

变速器与后桥零件较多,引起响声的原因也比较复杂,在分析判断时应注意:是否与特定的速度有关,如有些行星齿轮发响在50km/h左右比较明显;是

否与某些挡位有关,这对于判断变速器故障十分重要,若某挡发响,肯定与影响该挡传动的部件有关;若所有挡均发响,则往往是常啮合齿轮轴故障或变速器缺油;是否与特定的动作有关,如加、减挡,起步,急加速,急减速,转弯等均是判断异响的有效手段,其中,变换速度、变换方向对于判定后桥故障尤为重要;是否有一定的节奏性,后桥响声一般没有明显的节奏性,但当车速提高到一定程度时常形成共振,引起车身的剧烈振动,而变速器齿轮非正常啮合响声一般有节奏感,可结合发动机点火的脉动次数、齿轮的发响次数、传动比等因素确诊发响部位。

2）行驶系异响

行驶系异响与车辆行驶状态(车速、转向)有直接关系。发生故障往往集中在车轮轴承、内外球笼、拉杆头、控制臂等部件。车轮轴承早期磨损会引起刺耳噪声,并带有比较明显的特点:随车速增加,异响频率增加,与发动机转速、变速器挡位、离合器状态无关。球笼和控制臂异响在车辆转向时较明显,如表5-6所示。

行驶系异响诊断表　　表5-6

故障症状 / 表现程度 / 故障类型	1. 后轮轴承松旷 2. 分泵锈死 3. 有小部件折断	后轴承烧结或磨损	前轮轴承损伤	前轮制动底板松旷或制动盘磨损	蹄片底板卡簧配不当或脱焊
低速行驶时后轮有轻微噪声	4	0	0	0	0
行驶时后轮沉重异响	0	4	0	0	0
低速行驶时前轮有轻微噪声	0	0	2	1	1
脱挡滑行至停车,转向盘略有振动	0	0	2	0	0
制动时前轮发出噪声	0	0	0	3	2
汽车行驶或转弯时前轮有异响	0	0	1	0	0
行驶中,发出有规律的“嚓嚓”声	0		0	0	1

3）风阻噪声

这里提到的是非正常风阻引起的异响。这类异响由车身周围气流分离引起压力变化而产生的噪声。具体来说包括空腔共鸣、导管管道噪声以及天线、刮水器、后视镜及扰流器等附件振动引起。密封条开启、塑料件破裂都会引起车身外部曲线发生变化，行驶至高速下引起空气扰流形成异响。

课题二　汽车安全性能检测

一、汽车侧滑检测

车辆在使用中由于车架、车轴、转向机构的变形与磨损造成改变了原有的参数值，致使前轮定位失准（主要是外倾角和前束），车辆行驶时转向轮在向前滚动的同时还将产生横向滑移，这就是我们所说的侧滑。当这种滑移现象过于严重时，将破坏车轮的附着条件，丧失定向行驶能力，引发交通事故并导致轮胎的异常磨损。

1．汽车侧滑的检测

侧向滑移量的大小与方向可用汽车车轮侧滑检验台来检测。图 5-6 所示为双板联动式侧滑台的结构，该试验台由机械部分、测量装置、指示装置等几部分组成。

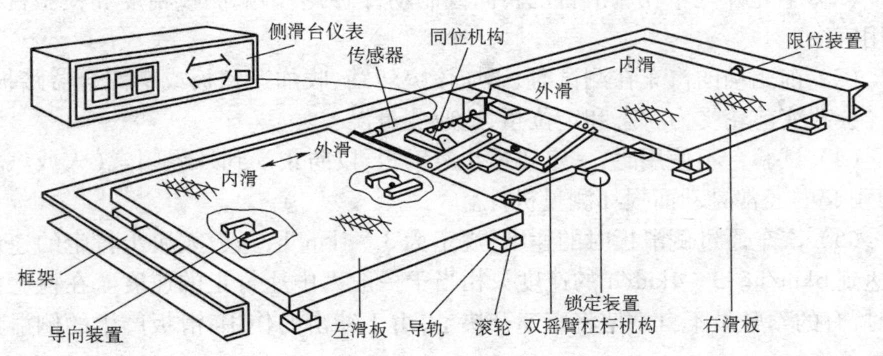

图 5-6　双联式侧滑试验台

1）检测前的准备

（1）在不通电的情况下，检查仪表指针是否指在零位上；接通电源，晃动滑动板，待滑动板停止后，查看指针是否仍在零位或数据显示仪表上的侧滑量数值是否为零。如发现失准，对于指针式仪表，可以用零点调整电位计或游丝零

点调整钮将仪表校零;对于数显式仪表,可按下校准键,调节调零电阻,使侧滑量显示值为零,或按复位键清零。

(2) 检查侧滑台及周围场地有无机油、石子、泥污等杂物,并清除干净。

(3) 检查各种导线有无因损伤而造成接触不良的部位,必要时应进行修理或更换。

(4) 待检测车轮胎气压应符合各自的规定值(出厂标准)。

(5) 检查并清除轮胎上油污、水渍和嵌入的石子、杂物等。

2) 检测步骤

(1) 拔下滑动板的锁止销,接通电源。

(2) 汽车以 3 ~5km/h 的低速垂直地使被测车轮通过滑动板。速度过高会因为板的惯性力和仪表的动态响应迟滞而影响测量精度,速度过低也会引起失真误差。

(3) 当被测车轮从滑板上完全通过时,查看指示仪表,读取最大值,注意记下滑动板的运动方向,即区别滑动板是向内还是向外滑动。进行记录时,应遵循如下约定:滑动板向外侧滑动,侧滑量记为负值,表示车轮向内侧滑动(即 IN);滑动板向内侧滑动,侧滑量记为正值,表示车轮向外侧滑动(即 OUT)。

(4) 检测结束后,锁止滑动板,切断电源。

3) 检测操作时注意事项

(1) 不允许超过容许吨位的汽车驶入侧滑台,以防压坏或损伤易损机件。

(2) 不允许汽车在侧滑台上转向或制动,因为会影响测量精度和检验台的使用寿命。

(3) 前驱动的汽车在测试时,不应该突然踏、收加速踏板或踏离合器踏板,这样会改变前轮受力状态和定位角,造成测量误差。

(4) 试验台不使用时,一定要锁止滑动板,以防止受到外界因素(人或汽车等)引起的经常晃动而损坏测量机件。

(5) 汽车通过侧滑板时的速度,规定为 3 ~4km/h,一般人快步行走的速度可达到 6km/h。3 ~4km/h 的速度只相当于一般人中速行走的速度。在检验侧滑时,有的驾驶员不自觉地将车速开快了,由于冲击的作用,滑板产生的侧滑量会显著增加。

(6) 轮胎气压不符合规定,轮胎上有水、油或花纹中嵌有小石子,都会影响轮胎与滑板之间的作用力,也就影响侧滑量。

2. 检测标准及结果分析

1) 检测标准

《机动车运行安全技术条件》规定:汽车转向轮的横向滑移量,用汽车侧滑

台检测时侧滑量应不大于5m/km。

侧滑台使汽车在滑动板上驶过时，用测量滑动板左右移动量的方法来测量车轮侧滑量的大小和方向，并判断是否合格的一种检测设备。检验汽车的侧滑量，可以判断汽车前轮前束和外倾这两个参数配合是否恰当，而并不测量这两个参数的具体数值。

2）检测结果分析

只有前束而无车轮外倾角的车辆通过侧滑台时侧滑板向外滑移；只有车轮外倾角而无前束的车辆通过侧滑台时侧滑板向内滑移，因此，侧滑试验台测量出的值既有方向又有量值。在侧滑试验台上，滑板向外滑动的数值记为"+"，（进口设备记为"IN"），向内滑动记为"-"（进口设备记为"OUT"）。"正前束引起正侧滑"的意思是，当前束的作用大于车轮外倾的作用时，产生的作用力使滑板向外滑动，仪表显示数值的符号为"+"当车轮外倾的作用大于前束的作用时，滑板向内滑动，显示数值的符号为"-"。这样就可根据仪表上显示数值的正负号来调整前束或外倾角。在实际校正工作中，因为前轮前束较外倾角容易调整，所以在检测中发现侧滑量不符合标准时，可先调整前轮前束，看是否满足要求，若不能则调整前轮前束和调整外倾角配合进行。

当车轮外倾角一定时，改变前束值就会导致侧向力及侧滑量成正比的变化。因此当侧滑量超标时，一般情况下调整前束就能使侧滑量合格。但也有特殊情况，当汽车前部因碰撞变形时，会导致左右轴距不相等或使前轮定位角发生较大的变化，这时会出现这样的现象：汽车侧滑不合格时，驾驶员感觉转向盘还能掌握；当采用调整前束的方法使侧滑合格以后，反而觉得汽车的转向盘掌握不了，汽车无法驾驶。遇到这种情况，应首先测量前束值，看是否在原厂规定的范围内，如超出原厂规定的范围较多，应将其调回原厂规定的范围内，再检查左右两侧轴距是否一致、前轮定位的其他三个参数是否符合要求。侧滑不合格不能一味用改变前束的办法去调整。

汽车轮毂轴承间隙过大，左右松紧度不一致，转向节主销与衬套磨损，或转向节臂松动；左右轮胎气压不等，花纹不一致，轮胎磨损过甚以至严重偏磨横、直拉杆球头松旷、左右悬架性能不等、前后轴不平行，都会影响侧滑量。在检验侧滑以前，应首先消除这些因素。当检验车辆的侧滑不合格时，应注意在这些方面查找原因。

二、汽车制动性能检测

汽车制动系技术状况的变化直接影响汽车行驶的安全性，它是安全检测中的重点和必检项目之一。《机动车运行安全技术条件》（GB 7258—2004）中要

求机动车安全技术检验时，制动性能检测宜采用滚筒反力式制动检验台或平板制动检验台，其中前轴驱动的乘用车更适合采用平板制动检验台检验制动性能。对不宜采用台式校验制动性能的机动车及对台式制动性能检验结果有质疑的机动车应路试检验制动性能。

1. 制动性能检测方法

下面主要介绍被广泛使用的反力式滚筒制动试验台和平板式制动试验台的检测试验。

1）反力式制动试验台检测方法

图5-7为制动力测量原理示意图。进行测量时，将被检汽车的车轮置于两个滚筒上，用电动机通过减速器驱动滚筒转动，然后通过滚筒带动车轮旋转。当车轮制动时，车轮给滚筒一个与旋转方向相反的反力，该力通过电动机、杠杆传给测力秤，并由测力秤的指示表显示出来，从而测出了车轮的制动力。试验台主要由制动力承受装置、驱动装置、制动力检测装置和制动力指示与控制装置组成。

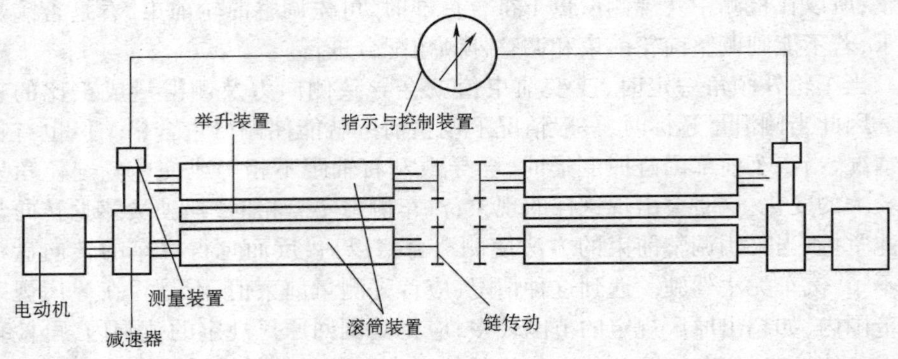

图5-7　反力式制动试验台

（1）测试前的准备

① 检查轮胎气压是否符合汽车制造厂的规定，若不符合规定，应将气压充到规定值。

② 检查轮胎是否沾有水、油等或轮胎花纹沟槽内是否嵌有小石子，若有则要清除干净。

③ 检查汽车各轴轴荷是否超过试验台允许范围。

（2）检测步骤

① 接通试验台电源并预热，检查仪表是否在零位，否则应调零。

② 升起举升器的托板或第三滚筒。

③ 将汽车垂直于滚筒方向驶入试验台，让前或后车轮停放在举升器托板上。

④ 降下举升器托板，直到车轮与托板完全脱离而支撑在滚筒上为止。将变速器的变速杆挂入空挡位置，行车制动和驻车制动应完全放松。

⑤ 起动电机，使滚筒带动车轮转动。

⑥ 将制动踏板踩到底，读取仪表上指示的最大制动力数值。

⑦ 根据驻车制动轮的位置，在该轮的制动力检测完毕后，拉紧驻车制动手柄，仪表指示的最大制动力值即为手制动力值。

⑧ 全部检测结束后，切断电动机电源，升起举升器的托板（或第三滚筒），把汽车开出试验台滚筒。

⑨ 切断试验台电源。

（3）测量操作中注意事项

① 超过试验台允许轴重或轮重的汽车，一律不准驶上试验台进行检测。

② 检测时，发动机应处于熄火状态，变速器应挂入空挡位置，对采用气压系统进行制动的汽车，其储气筒气压应大于或等于 590kPa 。

③ 在车轮驶上滚筒后，应让车轮随滚筒自由转动几圈以保证车轮与滚筒的良好接触。

2）平板式制动试验台检测方法

如图 5-8 为平板式制动试验台，它是利用汽车低速驶上平板后突然制动时的惯性力作用，来检验制动效果。其测量步骤为：

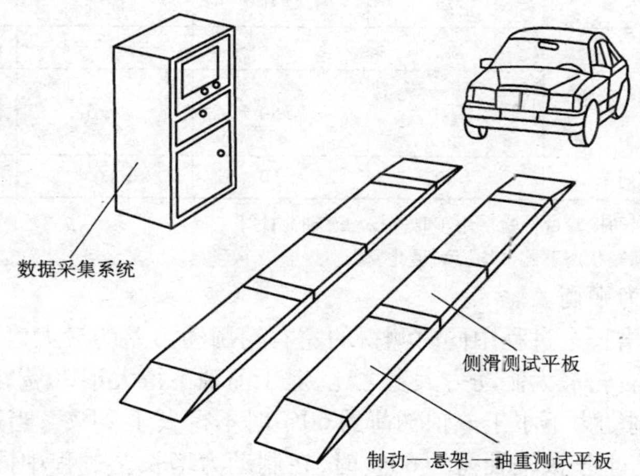

图 5-8　平板式制动试验台的结构简图

(1) 打开计算机和传感器电源。通电后,计算机将自动进行系统测试和传感器测试,屏幕上将出现首页页面。

(2) 输入被测车辆信息,然后回车确认,屏幕将进入测试画面。

(3) 检查并确认测试平板上无任何杂物。

(4) 将车辆以 5～10km/h 的速度驶上制动平板。当前轮驶上平板后,踩下离合器,在 4 个车轮分别驶上各自平板后,设备指示灯亮起,提示进行制动。此时急踩制动踏板,显示屏将显示前后制动力数据。在车轮未抱死时,该力就是所要测的制动力;当车轮抱死之后,该力就是所能测到的最大制动力。试验台中的拉力传感器能够感受制动过程中各轮的动态载荷。这些信号经放大处理之后,数据采集系统中的智能仪表就能够记录或显示各轴制动力、制动力的比例以及动态载荷的变化过程等。

(5) 在指示灯灭后,再起步并拉紧驻车制动。画面将显示驻车制动力以及侧滑和悬架等项目的数据。

2. 制动性能检测标准及结果分析

1) 制动性能检测标准

(1) 足够的制动力

在某一初速度下制动时,各车轮制动力应分配合理,无跑偏及侧滑现象,制动距离在规定范围之内。在制动试验台上测出的制动力应符合表 5-7 的要求。

台式检测制动力要求　　表 5-7

机动车类型	制动力总和与整车质量的百分比		轴制动力与轴荷[a]百分比	
	空载	满载	前轴	后轴
三轮汽车	≥45			≥60[b]
乘用车,总质量不大于3500kg 的货车	≥60	≥50	≥60[b]	≥20[b]
其他汽车、汽车列车	≥60	≥50	≥60[b]	

注:a) 用平板制动检验台检验乘用车时应按动态轴荷计算。

b) 空载和满载状态下测试均应满足此要求。

(2) 制动力平衡

在制动力增长全过程中同时测得的左右轮制动力差的最大值,与全过程中测得的该轴左右轮最大制动力大者之比,对于前轴不得大于 20%;对于后轴(及其他轴)在轴制动力不小于该轴轴荷的 60% 时不得大于 24%;当后轴(及其他轴)在轴制动力小于该轴轴荷的 60% 时,在制动力增长全过程中同时测得的左右轮制动力差的最大值不应大于该轴轴荷的 8%。

(3) 汽车制动协调时间

对于液压制动的汽车不应大于0.35s,对于气压制动的汽车不应大于0.6s,汽车列车制动协调时间不应大于0.8s。

(4) 其他

车轮阻滞力:汽车各车轮的阻滞力不得大于该轴轴荷的5%。

制动释放时间:汽车制动从松开制动踏板到制动消除所需要的时间,不应大于0.8s。

制动系统应操作轻便,施加于制动踏板上的力不应过大,且在踏板全行程的4/5以内达到最大制动效能。

驻车制动装置应满足驻车制动要求,驻车制动杆的拉动力不能过大,且应有一定的储备行程。驻车制动力的总和不小于该车测试状态下整车重量的20%,对总质量为装备质量1.2倍以下的机动车为不小于15%。

2) 检测结果及分析

下面分液压制动装置、气压制动装置两种情况分析。

(1) 液压制动装置检测结果分析

若各车轮制动力均偏低,主要原因为制动踏板自由行程太大,制动液中有空气,制动主缸故障,增压器效能不佳或失效。

若个个车轮制动力偏小,主要原因是该车轮制动器故障,若同一制动回路两车轮制动力均偏小,则应检查该制动回路中有无空气或不密封处。

若同轴左右轮制动力最大差值过大故障原因同前述;若在制动力上升阶段左右轮差值过大应检查制动间隙是否适当,若在制动释放阶段左右轮差值过大则应检查制动轮及制动蹄复位弹簧。

若各车制动轮协调时间过长应主要检查制动踏板自由行程是否过大;若个别车轮制动协调时间过长,则主要检查该车轮制动间隙是否过大;若同一制动回路两车轮协调时间过长则可能是制动回路中有空气。

若各车阻滞力都超限主要原因是制动主缸故障或制动踏板无自由行程;若各别车轮阻滞力超限则主要是该车轮制动间隙过小、制动轮缸故障、制动蹄复位弹簧故障或轮毂轴承松旷。

(2) 气压制动装置检测结果分析

若各车轮制动力均偏低,主要原因是制动轮踏板自由行程太大,储气筒气压太低或制动阀故障。

若个别车轮制动力偏低,主要原因是该车轮制动间隙过大或制动器故障。若同一制动回路两车轮制动力偏低,主要原因是制动管路漏气或某一制动气室膜片破裂。

若同轴左右轮制动力最大差值过大故障原因同前述;若在制动力上升阶段

左右轮差值过大应检查制动间隙是否适当;若在制动释放阶段左右轮差值过大,则可能室制动蹄或制动气室复位弹簧故障。

若各车轮制动协调时间过长应主要检查制动踏板自由行程是否过大;若个别车轮制动协调时间过长则应主要检查该车轮制动间隙是否过大。

若各车轮阻滞力均超限主要原因是制动踏板无自由行程或制动控制阀故障;若个别车轮阻滞力超限则主要是该车轮制动间隙过大;制动蹄复位弹簧故障或轮毂轴承松旷等原因。

三、前照灯检测

1. 前照灯检测方法

前照灯的检测项目主要有光束照射位置和发光强度。光束照射位置可采用屏幕检测或仪器检测;发光强度一般用仪器检测。

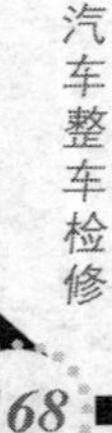

1）用屏幕法检测前照灯光束照射位置

屏幕法检测前照灯光束照射位置的检测方法:

(1) 检测的准备工作

《机动车运行安全技术条件》(GB 7258—2004)附录 D《前照灯光束照射位置检验方法》中规定,用屏幕法检测前照灯光束照射位置时,场地应平整,屏幕与场地应垂直,被检验的车辆应在空载、轮胎气压正常、乘坐 1 名驾驶员。将车辆停置于屏幕前,并与屏幕垂直,使前照灯基准中心距屏幕 10m,在屏幕上确定与前照灯基准中心离地面距离 H 等高的水平基准线,即以车辆纵向中心平面在屏幕上的投影线为基准确定的左右前照灯基准中心位置线。分别测量左右远近光束的水平或垂直照射方位的偏移值,如图 5-9 所示。

屏幕上画有三条垂直线和三条水平线:中间垂直线 $V—V$ 与被检车辆的纵向中心垂直面对齐。两侧的垂直线 $V_{左}—V_{左}$ 和 $V_{右}—V_{右}$ 分别为被检车辆左右前照灯基准中心的垂直线。水平线中的 $h_1—h$ 线与被检车辆前照灯的基准中心等高,距地面高度为 H;H 为被检车辆前照灯基准中心距地面的高度,其值视被检车型而定。

中间水平线与被检车辆前照灯远光光束的中心等高,距地面高度为 H_1,下侧水平线与被检车辆前照灯近光光束的中心等高,距地面高度为 H_2。H_1 和 H_2 的值根据 GB 7258—2004 中的检验标准计算。

(2) 检测方法

先遮盖住一边的前照灯,然后打开前照灯的近光开关,未被遮盖的前照灯的近光明暗截止线转角或光束中心应落在图中下边水平线与 $V_{左}—V_{左}$ 或 $V_{右}—$

$V_{右}$的垂线的交点位置上，否则为光束照射位置偏斜。其偏斜方向和偏斜量可在屏幕上直接测量。用同样方法，检测另一边前照灯近光光束照射位置。

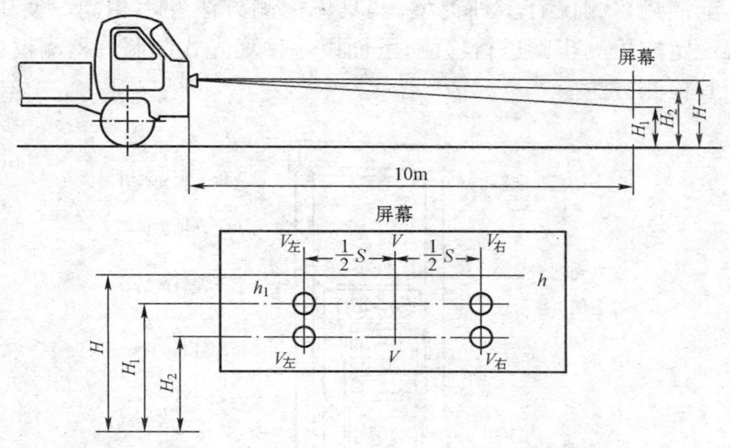

图 5-9　用屏幕检测前照灯光束照射位置

根据检测标准，检测调整前照灯光束的照射位置时，对远、近双光束灯应以检测调整近光光束为主。对于远光单光束前照灯，则要检测远光光束的照射位置。其光束中心应落在中间水平线与 $V_{左}—V_{左}$ 或 $V_{右}—V_{右}$ 垂线的交点位置上。

用屏幕法检测前照灯简单易行，但只能检测出光束的照射位置，不能检测发光强度。为适应不同车型的检测，需经常更换屏幕，检测效率低，同时，需要占用较大场地。因此目前广泛采用前照灯校正仪对汽车前照灯进行检测。

2）用前照灯检测仪检测发光强度和光轴偏斜量

（1）检测仪的准备

① 在前照灯检测仪不受光状态下，检查光度计和光轴偏斜指示计的指针是否能对准机械零点。若指针失准，可用零点调整螺钉将其调整在零点上。

② 检查聚光透镜和反射镜的镜面有无污物或模糊不清的地方。若有，可用柔软的布或镜头纸等擦拭干净。

③ 检查水准器的技术情况。若水准器无气泡，要进行修理；若气泡不在红线框内时，可用水准器调节器或垫片进行调整。

④ 检查导轨是否沾有泥土等杂物，有杂物时要清除干净。

（2）车辆的准备

① 清除前照灯上的污垢。

② 轮胎气压应符合汽车制造厂的规定。

③ 汽车蓄电池应处于充足电状态。

④ 汽车处于空载状态,并乘坐一名驾驶员。

(3) 检测步骤

汽车前照灯检测仪有多种类型,其具体检测方法各不相同。使用时,应根据检测仪规定的检测步骤进行检测,下面以一种聚光式前照灯检测仪(图 5-10)为例说明其检测方法。

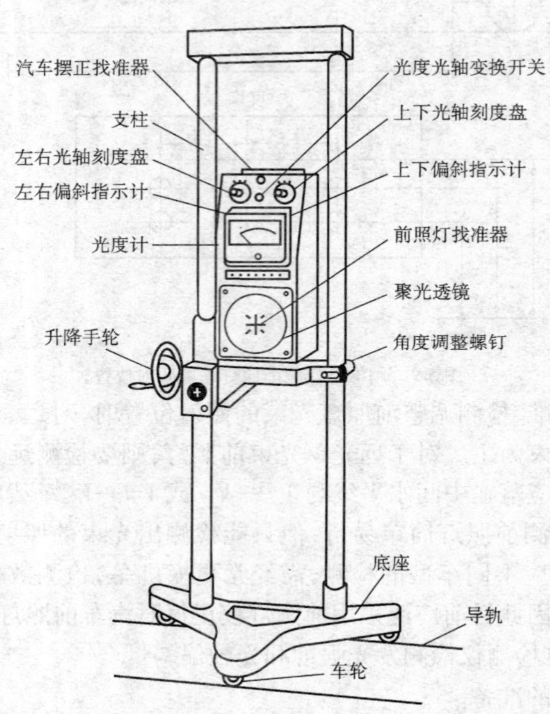

图 5-10　聚光式前照灯检验仪

① 将汽车尽可能地与导轨保持垂直方向驶近检测仪,直至前照灯与检测仪受光器达规定的检测距离。

② 用车辆摆正找准器使仪器与汽车对正。

③ 开亮前照灯,用前照灯找准器使检测仪与被检前照灯对正。

④ 把"光度 · 光轴"转换开关拨向光轴一边。

⑤ 转动光轴刻度盘,使光轴偏斜指示计的指示值为零,此时光轴刻度盘上的指示值即为光轴偏斜量,如图 5-11 所示。

⑥ 保持光轴刻度盘的位置不动,将"光度 · 光轴"转换开关拨到光度一边,此时光度计的指示值即为前照灯的发光强度。

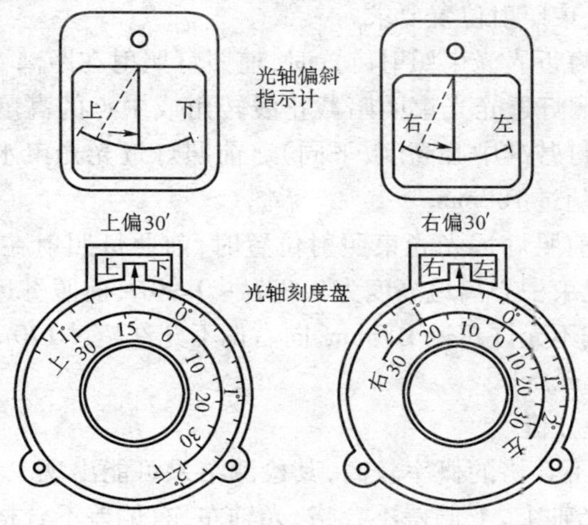

图 5-11　光轴刻度盘

（4）检测操作时注意事项

① 检测时，必须使前照灯检测仪器与被检车辆对正，否则易引起较大的测量误差。

② 检测时，应按照前照灯检测仪的要求，使仪器与车灯的检测距离符合规定。

③ 检测调整双光束灯时，应以近光灯光束为主。

2. 前照灯检测标准及结果分析

在汽车前照灯检测过程中，根据《机动车运行安全技术条件》(GB 7258—2004)的规定，应满足如下三个方面的要求。

1）前照灯发光强度要求

汽车每只前照灯的远光光束发光强度应达到表 5-8 的要求。测试时，其电源系统应处于充电状态．因近光照明距离仅在 40m 左右，发光强度比远光低，所以国家标准对近光灯的发光强度未做具体规定。在 GB 7258—2004 标准中，提高了最高设计车速大于 70km/h 的汽车前照灯远光灯束的发光强度最小值。

前照灯远光光束发光强度最小值的要求　　单位：cd　表 5-8

汽车类型	检查项目					
	新注册车			在用车		
	一灯制	两灯制	四灯制	一灯制	两灯制	四灯制
三轮汽车	8000	6000	—	6000	5000	—
最高设计车速小于 70km/h 的汽车	—	10000	8000	—	8000	6000
其他汽车	—	18000	15000	—	15000	12000

2）前照灯光束照射位置要求

在检验前照灯近光光束照射位置时，前照灯照射在距离 10m 的屏幕上（图 5-12），乘用车前照灯近光光束明暗截止线转角或中点的高度 H_2 应为 $0.6H \sim 0.8H$（H 为前照灯基准中心高度，下同）。前照灯近光光束水平方向位置向左向右偏均不允许超过 100mm。

检验四灯制前照灯远光光束照射位置时，前照灯照射在距离 10m 的屏幕上，要求在屏幕光束中心离地高度为 $0.85H \sim 0.90H$，前照灯远光光束水平位置要求：左灯向左偏不允许超过 100mm，向右偏不允许超过 170mm；右灯向左向右均不应超过 170mm。

3）检测结果分析

前照灯检测不合格的概率较高，其检测结果可能出现三种不合格情况，即光强度不合格，光轴上、下偏差不合格，光轴左、右偏差不合格。这些不合格现象显示汽车的车架，悬架、车身、前后桥、轮胎及车身电气系统可能存在故障。可对照表 5-9 认真排查，及时消除故障。

前照灯检测结果的不合格情况及原因 表 5-9

光强度不合格	①充电系工作不良或蓄电池电量不足，电压偏低 ②灯泡老化发黑、反光镜光泽下降，聚光性能变差 ③前照灯外罩有污垢，老化，破裂 ④变光失效 ⑤搭铁线、火线接触不良
光轴上、下偏差不合格	①车体外缘左右对称部位高度超出 40mm ②车架变形或悬架弹簧断裂、缺损 ③左右轮胎气压不一致 ④前照灯光轴角上、下偏差过大 ⑤车辆抖动，引起前照灯仪振荡
光轴左、右偏差不合格	①前轴左右轮距偏差过大 ②车架变形或悬架弹簧断裂、缺损 ③前照灯光轴角左右偏差过大 ④车辆未停正，与前照灯仪轨道不垂直 ⑤车辆抖动，引起前照灯仪晃动

四、车速表检测

车速表使用时间长后会因各种原因产生误差，车速表失准将直接影响驾驶

员对汽车行驶速度的判断。因此，定期检验车速表对于保障行驶安全是非常重要的，它被列为汽车整车安全检测中的必检项目之一。

1．车速表的检测方法

图 5-12 所示是标准型车速表试验台，它本身不带驱动装置，是靠驱动车轮带动滚筒旋转进行车速检测，主要由速度检测装置、速度指示装置和速度报警装置组成。

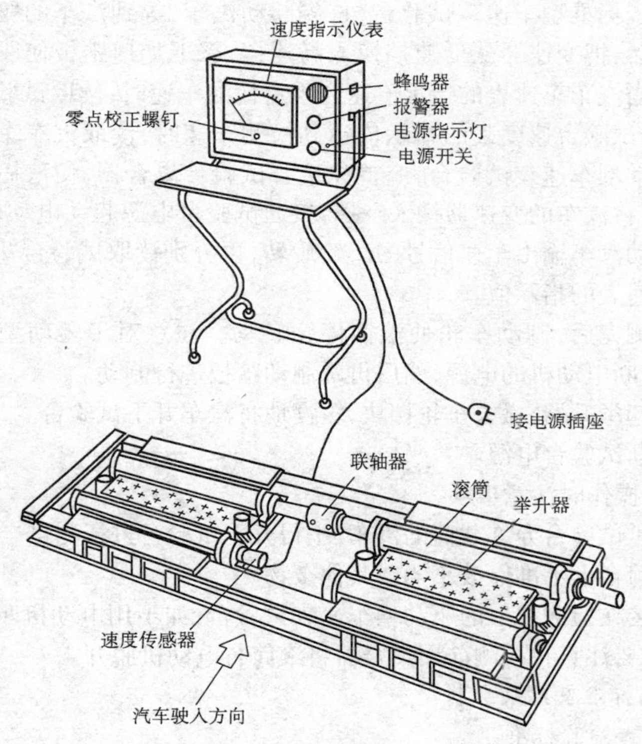

图 5-12　标准型车速表试验台

1）试验台的准备

（1）检查滚筒是否清洁。

（2）检查举升器是否能够正常工作、导线的接触情况是否良好。

（3）车速表试验台使用之前应用调零旋钮将指针调零。

2）被检车辆的准备

对于被检车辆，其轮胎上不得有水、油等或花纹沟槽内不得嵌有小石子等杂物，并且轮胎气压应符合汽车制造厂家的规定值。

3）检测方法和步骤

(1) 接通试验台电源,升起前后滚筒之间的举升器。

(2) 将被检汽车垂直驶上车速表试验台并将输出车速信号的车轮停放在举升器托板上。

(3) 落下举升器,并确认轮胎与举升器托板完全脱离。

(4) 对于不在试验台上的车轮,应用三角木挡块抵住,以防汽车在测量过程中从试验台上驶出。

(5) 对于标准型车速表试验台,首先起动汽车,等到汽车的驱动轮在滚筒上转动稳定后,把变速器从低速挡换入高速挡,踩下加速踏板使驱动轮平稳地加速运转。当汽车车速表的指示值达到规定检测车速时,读取试验台速度表的指示值;或当试验台速度表的指示值达到检测车速时,读取汽车车速表的指示值。对于驱动型车速表试验台,应首先接合试验台离合器,使滚筒与电动机连在一起,然后将汽车的变速器挂入空挡,接通试验台电源起动电动机,使电动机驱动滚筒带动汽车输出车速信号的车轮旋转,再分别读取试验台速度表的指示值和汽车车速表的指示值。

(6) 检测完后,制动车轮使滚筒停止转动。注意对于驱动型车速表试验台,必须先切断电动机的电源,然后再踩制动踏板进行制动。

(7) 升起举升器,撤去车轮挡块,缓慢地将汽车开下试验台。

(8) 切断试验台电源。

4) 检测操作时注意事项

(1) 超过试验台允许载荷的汽车,不得开上试验台进行测量。

(2) 试验台上不准停放车辆或其他杂物。

(3) 安装在检测线上的驱动型车速表试验台,如不用电动机驱动被检汽车车轮,则一定要注意在检测前用离合器将滚筒与电动机脱开。

2. 检测标准及结果分析

1) 车速表检验标准

国家强制性标准《机动车运行安全技术条件》(GB 7258—1997)中规定:车速表允许误差值为 +20% ~ -5%,即当实际车速为 40km/h 时,车速表指示值在 38 ~48km/h 范围内为合格;或当车速表指示值为 40km/h 时,实际车速为 32 ~42km/h范围内为合格。

2) 检验结果分析

车速表经过检测出误差,其主要原因是由于长期使用过程中车速表本身出现了故障、损坏和轮胎磨损。

车速表内有转动的活动盘、转轴、轴承、齿轮、游丝等零件和磁性元件,这些结构载工作过程中产生的磨损和性能变化会造成车速表的指示误差。对于产

生磨损的应予更换，磁力式车速表的磁铁磁力退化，也会引起指针指示值失准，应更换磁铁进行修复。

汽车轮胎在使用过程中由于磨损，其半径逐渐减小。在变速器输出轴转速不变的条件下，汽车行驶速度因轮胎半径的变化而变化，而车速表的软轴是与变速器输出轴相连的，因此车速表指示值与实际车速形成误差。为消除车速表机件磨损和轮胎磨损形成的指示误差，应适当地对车速表进行检验。

课题三　汽车环保性能检测

随着汽车保有量急剧增加，汽车对人类生活与环境也产生了一些负面影响，尤其是废气污染与噪声污染被一致公认为城市两大公害，已引起了各国高度重视。汽车环保性检测目的是控制污染扩散，将其限定在允许范围内，以保护生态环境和人类健康。

一、汽车废气排放检测及分析

1. 汽油机排放污染物检测方法

对在用汽车废气污染物的检测方法，根据国家环保总局公布的《轻型汽车污染物排放限值及测量方法》的规定，对装配点燃式发动机的车辆进行怠速试验、双怠速试验和加速模拟工况（ASM）试验。

怠速法测量时采用不分光红外线（NDIR）气体分析仪，如图 5-13 所示。

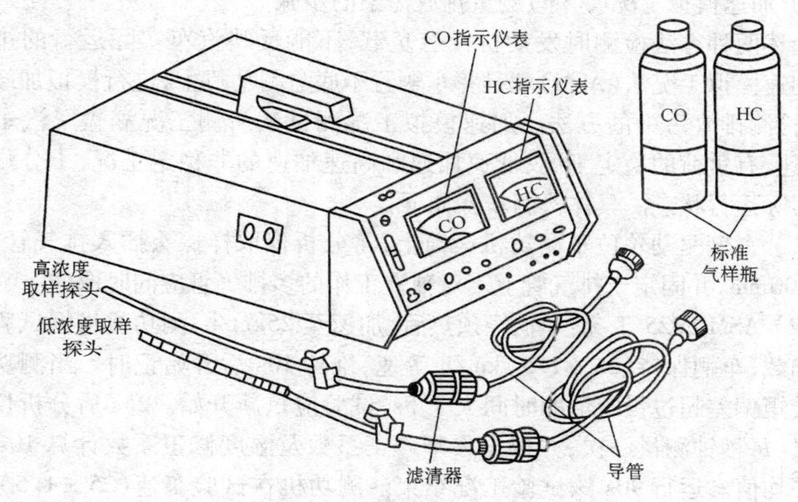

图 5-13　不分光红外线气体分析仪

1）怠速法测量排放污染的步骤

（1）发动机由怠速工况加速至 0.7 倍的额定转速，维持 60s 后降至怠速状态。

（2）把指示仪表的读数转换开关置于最高量程挡位。

（3）将取样探头插入汽车排气管中，深度为 400mm，并固定在排气管。

（4）一边观看指示仪表，一边用读数转换开关选择适于所测废气浓度的量程挡位。发动机在怠速状态维持 15s 后开始读数，读取 30s 内的最高值和最低值，取其平均值为测量结果。若为多排气管时，取各排气管测量结果的均值。

（5）检测结束后，把取样探头从排气管里取出，吸入新鲜空气 5min，指针回零后再断电。

2）双怠速法测量排放污染的步骤

怠速法检测结果与实际污染有误差，各国相继出台增加了一个高怠速的双怠速排放测量。其操作程序如下：

（1）安装接入发动机转速信号、水温信号。

（2）发动机由怠速加速到 0.7 倍额定转速维持 1min 后降至高怠速（即 0.5 倍额定转速）。

（3）在高怠速状态约 15s，开始采样，读取 30s 内的最高值和最低值，取平均值。

（4）从高怠速降至低怠速，维持 15s 后读取 30s 内的最高值和最低值，取平均值。

3）加速模拟工况（ASM）测量排放污染的步骤

上述两种方法检测时发动机没有负载，不能反映汽车实际运行的排放特性。加速模拟工况法（ASM）就是将车辆置于底盘测功机上，进行模拟加载加速过程，检测排放污染的方法。加速模拟工况测试法所测工况涵盖了汽车的中速、高速、有负荷的稳定工况、低速加速和高速加速的非稳定工况，十分贴近汽车的实际运行状态。具体检测步骤如下：

（1）车辆驱动轮位于测功机滚筒上，将分析仪取样探头插入排气管中，深度为 400mm，并固定于排气管上。对独立工作的多排气管应同时取样。

（2）ASM 5025 工况：车辆经预热后，加速至 25km/h，测功机根据试验工况要求加载，车辆保持（25 ± 1.5）km/h 等速，维持 10s 后开始记时。当测功机转速和转矩偏差超过设定值的时间大于 5s，试验应重新开始。25s 后分析仪器开始测量，每秒钟测量一次，并根据稀释修正系数及湿度修正系数计算 10s 内的排放平均值。运行 90s 该试验工况结束。测功机在试验车速（25 ± 1.5）km/h 的允许误差范围内，加载转矩应随车速的变化做相应的调整，保证加载功率不

随车速改变。转矩允许误差为该工况设定转矩的±5%。

(3) ASM 2540 工况:车辆从25km/h直接加速至40km/h,测功机根据试验工况要求加载,车辆保持(40±1.5)km/h等速,维持10s后开始记时。当测功机转速和转矩偏差超过设定值的时间大于5s,试验应重新开始。25s后分析仪器开始测量,每秒钟测量一次,并根据稀释修正系数及湿度修正系数计算10s内的排放平均值。运行90s该试验工况结束。测功机在试验车速(40±1.5)km/h的允许误差范围内,加载转矩应随车速的变化做相应的调整,保证加载功率不随车速改变。转矩允许误差为该工况设定转矩的±5%。

在25~90s的测量过程,任意10s内第一秒钟至第十秒钟的车速变化相对于第一秒钟小于±0.5km/h,测试结果有效。任意10s内的十次排放平均值经修正后如满足限值的要求,则试验结束。否则应进行复检试验。

(4) 复检试验:按照以上试验程序及试验结果判定方法连续进行ASM 5025和ASM 2540工况试验,工况时间延长至145s,总试验时间为290s。

如两个工况测试结果经修正后均满足要求,则测试结果合格;否则测试结果不合格。

2. 柴油车自由加速烟度的测量步骤

柴油车排出的烟色主要分为黑烟,有时也有蓝烟和白烟。其中,以柴油机在全负荷和加速工况时排出的黑色烟炭最为常见。柴油机的排气烟度用烟度计测量,烟度测量应在自由加速工况下进行。

自由加速工况是指柴油发动机处于怠速工况,将加速踏板迅速踩到底,维持4s后松开的工况。

柴油车自由加速烟度的测量方法如下:

(1) 取样探头逆气流固定于排气管内,插入深度不小于300mm,并使其中心线与排气管轴线平行。

(2) 将脚踏板开关安装在加速踏板上端或将手动橡皮球通过远控软管引入驾驶室。

(3) 把抽气泵压到最下端并锁止。

(4) 按图5-14所示的测量规程进行自由加速烟度的测量。先由怠速工况将加速踏板踩到底,约4s迅速松开,如此反复3次以便将排气管内的炭粒吹掉。然后怠速运转11s,在此期间用压缩空气清洗机构对取样探头和取样管吹洗3~4s。

(5) 将加速踏板与踏板开关一并迅速踩到底约4s后立刻松开,维持怠速运转11s。在此期间内完成取样、抽气泵复位、走纸(或更换新滤纸)、清洗和指

示(或打印测量结果)。

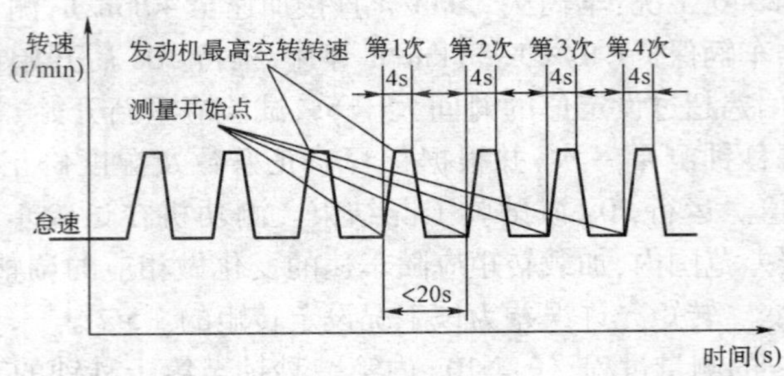

图 5-14 柴油车自由加速烟度的测量流程

(6) 重复 3 次,两次加速之间间隔 15s。3 次读数的算术平均值即为所测烟度值。

3. 废气污染物的检测标准及检测结果分析

1) 检测标准

2005 年 4 月,国家环保总局公布了《轻型汽车污染物排放限值及测量方法(中国 III、IV 阶段)》(即中国轻型汽车 III、IV 号排放标准)等五项机动车污染物排放新标准。其中轻型汽车 III 号排放标准自 2007 年 7 月 1 日起实施,IV 号排放标准自 2010 年 7 月 1 日起实施。表 5-10 所示为轻型汽车 III、IV 号排放标准限值。

轻型汽车 III、IV 号排放标准限值(I 型试验污染物限值) 表 5-10

阶段	类别	基准质量 RM(kg)	CO L_1(g/km)		HC L_2(g/km)		NO_X L_3(g/km)		HC + NO_X L_2+L_3		颗粒物质量 $PM(L_4)$
			点燃式	压燃式	点燃式	压燃式	点燃式	压燃式	点燃式	压燃式	压燃式
III	一类	全部	2.3	0.64	0.20	—	0.15	0.50	—	0.56	0.05
	二类	$RM \leqslant 1305$	2.3	0.64	0.20	—	0.15	0.50	—	0.56	0.05
		$1305 \leqslant RM \leqslant 1760$	4.17	0.80	0.25	—	0.18	0.65	—	0.72	0.07
		$1760 < RM$	5.22	0.95	0.29	—	0.21	0.78	—	0.86	0.10
IV	一类	全部	1.00	0.50	0.10	—	0.08	0.25	—	0.30	0.025
	二类	$RM \leqslant 1305$	1.00	0.50	0.10	—	0.08	0.25	—	0.30	0.025
		$1305 \leqslant RM \leqslant 1760$	1.81	0.63	0.13	—	0.10	0.33	—	0.39	0.04
		$1760 < RM$	2.27	0.74	0.16	—	0.11	0.39	—	0.46	0.06

注:1. I 型试验:常温下冷起动后排气污染物排放试验。

2. 第一类车指包括驾驶员座位在内,座位数不超过六座,且最大总质量不超过 2500kg M1 类汽车;第二类车指除第一类车以外的其他所有轻型汽车。

要满足轻型汽车Ⅲ、Ⅳ号排放标准限值，所有的车辆必须安装车载诊断系统（OBD），该系统能保证汽车在整个寿命期内识别劣化或故障的类型，并及时作出提示，并且能指示出与排放相关的部件和系统。

2）检测结果分析

在检测汽车废气时，若发现废气的测试值超过规定限值，则要根据测试结果按照一定的流程进行有关分析、诊断和治理。因为各种型号、品牌的汽车上所使用的尾气净化技术和装配的设施不一样，所以在具体的诊断过程中要因车而异，下面只对普遍的情况进行分析。

(1) 汽油车排放检测结果分析

① 运用检测结果分析判断故障原因

一般情况下，汽车尾气排放超标时，其主要原因是汽油机混合气的空然比过高或过低所致，可能的原因是进气系统堵塞或漏气；燃油供给系统油压不合适，喷油器滴漏、雾化不良等问题；怠速机构调整不当；点火系统点火正时不对、火花能量不足等；冷却系统工作状态不良；曲柄连杆机构等零件技术状况下降等。表5-11为汽油机排气污染量的变化趋势与发动机故障的关系。

汽油机排气污染量的变化趋势与发动机故障的关系 表5-11

CO	HC	CO_2	O_2	故障原因
低	很高	低	低	点火系统故障/汽缸压力低
很高	很高/高	低	低	混合气浓
很低	很高/高	低	很高/高	混合气稀
高	低	正常	正常	点火过迟
低	高	正常	正常	点火过早
变化	变化	低	正常	EGR阀泄露

② 运用检测结果检查并调整各部分

汽油车排放污染物超过标准，其主要原因是汽油机供油系调整不当所致。除发动机供油系调整对排放污染物成分、浓度有影响外，点火系和冷却系工作状态及曲轴连杆机构技术状况，对排放中CO、HC的浓度也有影响。下面简要介绍降低排放污染调整要点：

a. 混合气过浓。这意味着空气量不足，燃烧不完全，废气中CO的含量必然增高，为此须重点注意检查空气滤清器滤芯是否被灰尘堵塞影响发动机吸气；对于电控发动机，主要有电动燃油泵供油压力、喷油器的喷油量、燃油压力调节器是否损坏等。

b. 点火时刻失准。汽油机点火过迟，会使混合气燃烧不彻底，致使废气中

CO、HC 含量增加。为此，要按规定正确调整点火提前角，并检查怠速时真空点火提前角调节装置是否起作用，真空点火提前角调节装置膜片是否损坏等。

c. 冷却系温度过低。温度过低会使燃油不能充分雾化燃烧，可使废气 CO、HC 含量增加。检查节温器工作是否失常、散热器容量是否过大、百叶窗是否不能关闭等。

d. 曲柄连杆机构磨损严重。汽缸、活塞、活塞环等磨损严重，漏气增加，压缩终了时，汽缸内压力不足，混合气不能充分燃烧，也会造成废气中 CO、HC 的增加。为此，需要适时测量汽缸压力，以便确定汽缸及活塞组件的技术状况。

对装有 EGR 系统、进气增压、燃油蒸发控制系统的汽车还要进行相关系统工作情况的检测。

(2) 柴油车排放检测结果分析

柴油车自由加速度烟度超过标准时，其主要原因是柴油机供油系统调整不当所致。此外，柴油机曲轴连杆机构的技术状况及柴油质量等对烟度排放也有影响。当柴油机烟度检测结果超标时可结合烟色分析判断故障原因。

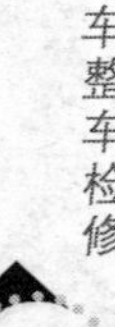

① 黑烟排放超量

柴油机黑烟排放超量，其故障多属于喷油量过大、雾化不良、各缸喷油量不均匀、喷油时刻过早、调速器失控和空气滤清器堵塞等因素引起。此外，柴油机冒黑烟还与柴油质量有关。为使着火性能良好，一般柴油机选用十六烷值为 40～45的柴油为宜。若十六烷值超过 65，则柴油蒸发性变差，致使燃烧不彻底，工作时也可发生冒黑烟现象。

② 蓝烟排放超量

蓝色烟雾一般是润滑油窜入燃烧室后燃烧而生成的。因此，发现蓝色烟雾后，首先要检查油底壳的油面高度是否超高，因为润滑油油面过高容易造成润滑油上窜。如果经检查油面高度正常，则可进一步检验汽缸压缩压力。若汽缸压力低，则表明汽缸、活塞、活塞环磨损，间隙增大，漏气增加润滑油上窜也比较严重。对于新车或刚刚大修过的汽车，一般不会因汽缸间隙过大而引起润滑油上窜，往往是活塞环内、外切口(或切角)装反而引起润滑油上窜，必要时可解体发动机进气检查。此外，空气滤清器堵塞，会使汽缸进气过程中阻力增加，进气不畅，汽缸内有一定负压，也会将润滑油吸入燃烧室。因此，出现冒蓝烟故障时，勿忘对空气滤清器的检查与清洁。

③ 白烟排放超量

燃油中含有水分或冷却水漏入汽缸(汽缸套有沙眼、裂纹；汽缸垫损坏等)，经炽热后化为蒸气由排气管喷出，常被视为白烟。寒冷季节或雨天汽车露天停放，初次起动时，排气管所冒白气，往往是由于排气消声器内积水被发动机废气

加热蒸发造成的，再发动机起动运转正常后，水蒸气蒸发殆尽，症状也即消失，故不必考虑。柴油机喷油过迟、喷油压力低、雾化不良，可导致柴油未经充分燃烧即化作灰色烟雾排出。为此，发现柴油机冒灰白色烟雾时，应及时检查喷油正时、喷油压力等是否符合标准。

二、汽车噪声检测

在现代城市环境噪声源中，交通运输产生的噪声最大，约占城市噪声的70%，而其中机动车辆产生的噪声占交通运输噪声的最主要部分。《机动车运行安全技术条件》(GB 7528—2004)把控制交通噪声纳入为环境保护的范畴。

1. 汽车噪声检测方法

1）声级计的使用

声级计是一种能把工业噪声、生活噪声和交通噪声等按人耳听觉特性近似地测定其噪声级的仪器，其面板如图 5-15 所示。噪声级是指用声级计测得的并经过听感修正的声压级(dB)。声级计的操作步骤为：

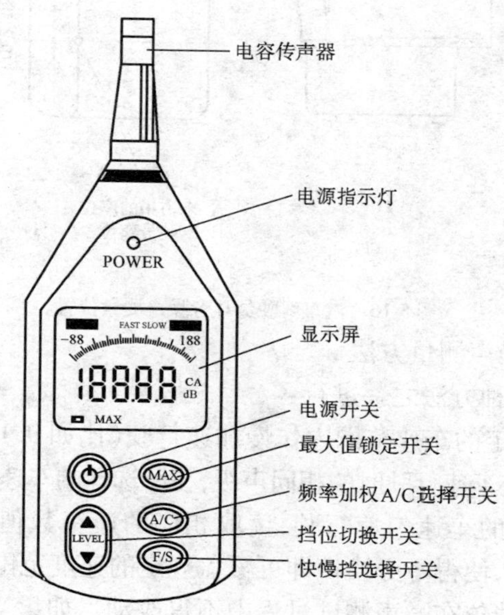

图 5-15　声级计外形图

(1) 按下电源开关。

(2) 接通电源，对声级计进行必要的预热。

(3) 按下“挡位切换开关”选择合适挡位，以测试过程中显示屏上不出现“UNDER”或“OVER”符号为准。

(4) 读取噪声级时,应选择“快”挡,可按“快慢挡选择开关”,使显示屏上方出现“FAST”。

(5) 检测加权网络,按“频率加权 A/C 选择开关”,选择“A”加权网络。

(6) 如要测量噪声的最大值,可按下“最大值锁定开关”— “MAX”键,读取噪声最大值。

2) 汽车驾驶员耳旁噪声测量

汽车空载,变速器置于空挡,汽车处于停车静止状态,发动机应处于额定转速状态,门窗紧闭。测量位置应符合如图 5-16 所示 B 点位置,环境噪声应低于被测噪声值至少 10dB(A),将声级计置于“A”加权、“快”挡进行噪声的检测。

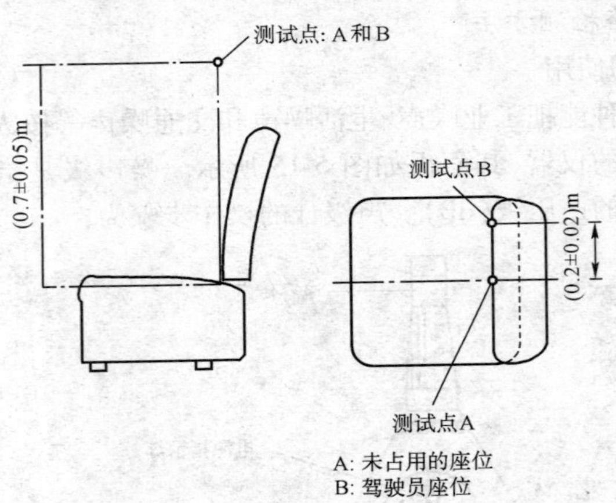

图 5-16　汽车驾驶员耳旁噪声测量位置

3) 客车车内噪声测量方法

测量按以下两种方法之一进行:

汽车在上述规定的车速范围内作慢加速行驶(比如 0.1m/s^2)。加速度应足够小,以测得与稳定车速行驶时的相同声级,在所选择的车速上读取 A 声级数值。

汽车以所选择的车速匀速行驶,读取相应的声级数值,测量时间至少 5s。应处于最高的挡位,使得不必换挡即可覆盖规定的速度范围。

注意:变速器挡位在噪声测试过程中不得改动。如果当发动机转速为额定转速 90% 时,最高挡的车速超过 120km/h,则变速器应该降低一挡。但是对于 4 挡或 5 挡变速器来说不得低于第 3 挡。

4) 汽车喇叭噪声级测量

《机动车运行安全技术条件》(GB 7258—2004)对汽车喇叭作出如下要求:在距车前 2m,离地高 1.2m 处测量时(图 5-17),喇叭声级的值应为 90 ~ 115dB

(A)。测量次数应在 2 次以上,喇叭声音应悦耳。

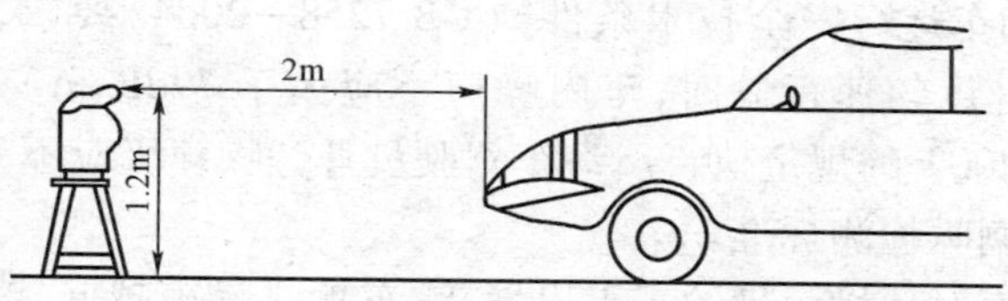

图 5-17　汽车喇叭噪声级测量

2. 检测标准及结果分析

1) 汽车噪声检测标准

(1) 车外噪声标准

《汽车加速行驶车外噪声限值及测量方法》(GB 1495—2002)是机动车辆产品的噪声标准,同时也是城市机动车辆噪声检查的依据。各类机动车辆(包括汽车、摩托车、轮式拖拉机)行驶时,汽车加速行驶车外最大允许噪声级应符合表 5-12 的规定。对于各类变型车或改装车(消防车除外)加速行驶的车外最大允许噪声级,应符合基本车型噪声的规定。

汽车加速行驶车外最大允许噪声级标准　　表 5-12

汽车分类	噪声限值/dB(A)	
	第一阶段	第二阶段
	2002 年 10 月 1 日 ~ 2004 年 12 月 30 日期间生产的汽车	2005 年 1 月 1 日以后生产的汽车
M_1	77	74
M_2 ($GVM \leqslant 3.5t$) 或 N_1 ($GVM \leqslant 3.5t$)		
$GVM \leqslant 2t$	78	76
$2t \leqslant GVM \leqslant 3.5t$	79	77
M_2 ($3.5t < GVM \leqslant 5t$) 或 M_3 ($GVM > 5t$)		
$P < 150kW$	82	80
$P \geqslant 150kW$	85	83
N_2 ($3.5t < GVM \leqslant 12t$) 或 N_3 ($GVM > 12t$)		
$P < 75kW$	83	81
$75kW \leqslant P \leqslant 150kW$	86	83
$P \geqslant 150kW$	88	84

注:1. M_1、M_2 ($GVM \leqslant 3.5t$) 和 N_1 类汽车装用直喷柴油机时,其限值增加 1dB(A)。

2. 对于越野汽车,其 $GVM > 2t$ 时:如果 $P < 150kW$,其限值增加 ldB (A);如果 $P \geqslant 150kW$,其限值增加 2dB(A)。

3. M_1 类汽车,若其变速器前进挡多于 4 个,$P > 140kW$,$P/GVM > 75kW$,并且用第三挡测试时其尾端出线的速度大于 61km/h,则其限值增加 ldB (A)。

(2) 车内噪声标准

根据《机动车运行安全技术条件》(GB 7258—2004)要求,其标准为:客车以 50km/h 的速度匀速行驶时,车内噪声不应大于 79dB(A),其检验方法按 GB/T 18697—2002 的规定执行。汽车驾驶员耳旁噪声级应不大于 90dB(A)。

(3) 汽车喇叭检测标准

从防止噪声对环境污染的观点出发,汽车喇叭噪声越低越好。然而从保证行车安全的角度出发,汽车的喇叭必须有一定的响度。根据《机动车运行安全技术条件》(GB 7258—2004)要求,其标准为:具有连续发声功能,其工作应可靠;在距车前 2m、离地高 1.2m 处测量时,喇叭声级的值应为 90~115dB(A)。

2) 汽车噪声检测结果分析

根据检测结果统计,车辆噪声一般为中等强度的噪声,大约为 60~90dB。例如公共汽车的噪声为 80dB 左右,摩托车的噪声一般比汽车高 10dB 左右。由于车辆噪声为游走性的,影响范围大,干扰时间长,因而受害人员多。

汽车噪声声级超标时其声源主要包括:发动机的机械噪声、燃烧噪声、进排气噪声和风扇噪声、底盘的机械噪声、制动噪声和轮胎噪声、车厢振动噪声、货物撞击噪声,喇叭噪声和转向、倒车时的蜂鸣声等。在这些噪声源中,其噪声程度绝大多数都与车辆的使用情况有关。当车辆加速行驶、减速制动、超速、超载和路面不平时,噪声明显增加。

课题四　汽车基本路试检验

汽车基本路试检验一般是汽车修理总装后应由质量检验员对汽车技术状况进行基本的检视及道路实际驾驶检验,以便检验汽车修理质量,及时发现问题和排除各种隐患,确保汽车的技术状况正常。

一、汽车基本路试检验流程

汽车基本路试检验工艺流程如图 5-18 所示。

二、路试前车辆一般检查

(1) 整车外观整洁,外置附件齐全且无松旷、污垢及明显的机械损伤等。外置附件主要包括:各种灯具、左右倒车镜、刮水片、备胎架、备胎、挡风玻璃清洗喷嘴、收音机天线、前后保险杠、车体装饰条等。

(2) 车体应左右对称,高度差不得大于 40mm。

(3) 装配的零件、部件、总成和其他附件应符合相应的技术条件,各项装备齐全。

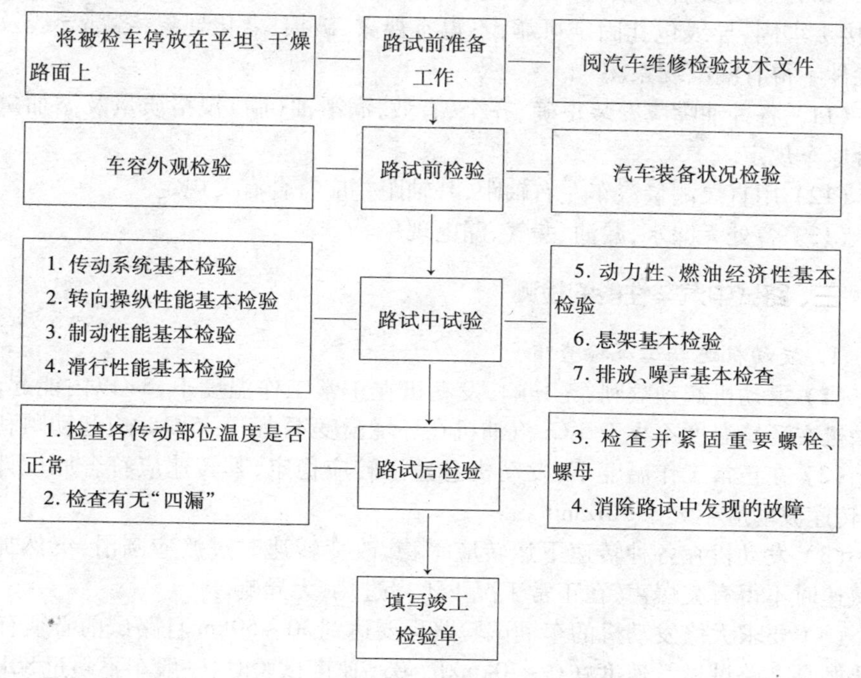

图 5-18 汽车路试检验流程

（4）车门车窗开闭灵活，关闭严密，锁止可靠，缝隙均匀不松旷。铰接件应无松旷，门窗玻璃升降灵活。

（5）转向机构各连接部位不松旷，锁止可靠。转向盘自由转动量小车不大于15°，货车不大于30°。

（6）喇叭声音悦耳，工作可靠。

（7）离合器踏板、制动踏板的自由行程和手制动的有效行程应符合设计要求。采用液压制动的汽车，制动踏板在规定压力下保持1min，踏板不应有向下移动现象。

（8）轮胎气压应符合原厂规定；轿车或挂车轮胎胎冠上的花纹深度应不小于1.6mm，其他机动车转向轮应不小于3.2mm，其余轮胎胎冠花纹深度不小于1.6mm；轮胎胎面不得暴露出轮胎帘布层；胎面与胎壁上不得有长度超过2.5cm、深度足以暴露出轮胎帘布层的破裂或割伤；同轴上装用的轮胎型号和花纹应相同；汽车转向轮不得装用翻新胎。

（9）车轮圆跳动量。总质量不大于4.5t的汽车应不大于5mm，其他汽车不大于8mm。可用直角尺或钢直尺测量。

(10) 照明及各种信号、仪表应装备齐全、完好、有效;各种线路布置应合理,接头牢固,导线包扎固定可靠,不得有裸露、破损、老化现象;各部导线及电器元件不得有漏电现象。

(11) 各种油嘴应安装正确、齐全、有效;润滑油(脂)规格质量及添加量应符合原车规定。

(12) 用直尺测量汽车左右轴距,其轴距差应符合有关规定。

(13) 各处无漏水、漏油、漏气、漏电现象。

三、路试中汽车性能的检测

1. 发动机运转工况检查

(1) 发动机起动顺利,无异响,发动机在正常工作温度下,5s 以内能起动;柴油机在环境温度不小于5℃,汽油机在环境温度不小于 -5℃时应起动顺利。

(2) 在正常工作温度下,发动机怠速运转应稳定,其转速应符合原设计规定,转速波动应不大于50r/min。

(3) 发动机在各种转速下运转应平稳,改变转速时过渡应圆滑,突然加速或减速时不得有突爆声,在正常工况下不得过热,无异响。

(4) 要求大修发动机的车辆试验路程要达到30~50km且路试前必须有7h的热磨合。路试通常速度在0~70km/h,最高速度试验时,一般车不超过80km/h。高速型车试高速时,不要超过100km/h且高速试验时间应尽量少。

(5) 试车时要注意水温、机油压力、异响声等。一般机油压力,怠速时大于0.1MPa,中速0.2~0.3MPa,高速0.4~0.5MPa。水温:货车不能大于85℃,轿车不能大于105℃;对于具体车型的要求可以参考其使用说明或维修手册。

2. 离合器工作性能检查

离合器分离应该彻底、接合平稳、不打滑、不发抖、不发响。

3. 手动变速器检查

手动变速器应换挡顺畅、挡位准确、变挡灵活,不乱挡、不跳挡、无异响。

4. 自动变速器检查

怠速时,在平直路上车可以10km/h左右行驶;从“N”到“D”挡,时滞时间应少于1.2s,从“D”到“R”挡,时滞时间应少于1.5s;路试时,发动机转速与车速关系应符合原车要求,自动挡位换挡时刻要正确,换挡要平顺,不应有抖动感觉,不能有异响,各挡位工作要正常;从“P”、“N”到任何挡起步时,不许有动力冲击的感觉。

5. 转向操纵性路试检查

1) 跑偏量检验

汽车在平坦、硬实、干燥和清洁的道路上行驶不得跑偏。打正转向盘,手不抓握转向盘,让车行走100m,用卷尺测量跑偏量。标准:左、右偏移量应在±4m之内。

2）行车检验

检查各种速度下直行、转向情况及转向后自动回正情况。标准:转向操纵灵活、轻便、自动回正良好;其转向机构不能有摆振、异响、路感不灵或其他异常现象;如果是高速发抖的车辆,试验速度要超过以前发抖时的速度。

3）左、右转弯半径检查

在平坦良好的场地上左右两个方向将转向盘和车轮均转到极限位置时,用卷尺测量转弯轨迹。其标准为:车轮不得与其他部件产生碰擦现象,左、右转弯半径值应符合原车规定的要求。如该车修理过程没有动过转向限位螺钉,试车又没有异常情况,转向半径可不用测量。

6. 制动性能检查

（1）紧急制动及点制动试验的要求是：应具有足够的制动力，工作可靠。一般在水平干燥的混凝土路面上以30km/h的初速度从完全制动到停车时，制动距离应保证：轿车及轻型货车不大于7m；中型货车不大于8m；重型货车不大于12m。驻车制动的坡度：轻型汽车不小于25%；中型汽车不小于20%。

（2）产生最大制动效能时的行程:制动踏板必须在4/5行程以内产生最大的制动效能。

（3）路试后至少在市内行驶2km,制动鼓温度不能大于60℃。

（4）所有制动灯、指示灯应工作正常。

7. 驻车制动检查

（1）检查手制动手柄有效行程:一般手制动器手柄必须在总行程的3/4内产生最大制动效能,棘轮式手制动器应在第三次拉动拉杆总行程的2/3内产生最大制动效能。

（2）手制动性能试验:把车停放在坡度为20%的干燥的路面上,拉紧制动器手柄,车辆不得向下滑动;在平路上,拉紧制动器手柄,按照通常起步的转速二挡起步,发动机应熄火。

8. 滑行试验

汽车滑行性能试验主要是检查传动系装配质量、制动是否拖滞、轴承是否过紧等。方法:在平直路,以初速30km/h时,踩下离合器踏板或空挡,让车辆滑行,用卷尺测量滑行距离。应满足表5-13要求(双轴驱动汽车取f为0.8,单轴驱动汽车取f为1)。

滑行距离规定　　表5-13

汽车整备质量(t)	滑行距离(m)
≤4	160f
>4~5	180f
>5~8	220f
>8~11	250f
>11	270f

9. 悬架系统检查

检查螺旋弹簧、钢板弹簧、减振器及各连接紧固件的工作性能。在任何车速和路面,所有悬架机构不应有异响,减振性能要良好。开车通过不规则的路面,倾听是否有从汽车前端发出忽大忽小的“嘎吱”声或低沉噪声,如果有说明滑柱或减振器紧固装置可能松动或轴承可能已经磨损。还要进行一些小转弯和急转弯,汽车在转弯时应该稳定和可靠,内侧车轮不过分升起。如果汽车在转弯时车身倾斜过大,则说明横向杆衬套或减振器可能磨损。在前轮驱动车上,前面发出的不正常响声可能是等速万向节已经磨损。

10. 传动轴检查

起步、松开加速踏板以及在各车速下,传动轴及中间轴承应、工作正常,无松旷、异响、无抖振现象,中间轴承不得过热。

11. 舒适性检查

座椅应该舒适,座椅的驾驶位置应该合适,机械或电动座椅调节器工作应正常;所有的操控制开关应该使用方便;检查车内的噪声不应过大。

12. 后视镜检查

后视镜视应有良好的视野。对于电动后视镜,电动调节器还应使用方便,满足要求。注意在某些方向上不应有严重的盲区。

13. 仪表和报警器检查

所有仪表、报警灯、蜂鸣器等都应工作正常。

14. 汽车车内噪声检查

汽车车内噪声主要是由于发动机、传动系统车身及各种连接件在运行中引起的振动和车身的孔缝透声而形成的。随着车速的增加,车内噪声也逐渐增大。车内噪声一般应在60~75dB。

四、路试后车辆检验

(1) 制动鼓、轮毂、驱动桥、传动轴中间轴承及变速器无过热现象,齿轮油

温度应不大于85℃、机油温度不大于95℃。

（2）各部位密封良好,无漏油、漏水、漏电、漏气现象。

（3）检查并紧固转向机构各部螺栓,传动轴接头各部螺栓等,检查其他各部螺栓有无松动,并加以紧固。

课题五　汽车制动性能路试

与试验台检验制动性能相比,路试法检测制动性能的特点是能够直观、简便,真实地反映汽车实际行驶过程中汽车动态的制动性能,是检验机动车辆制动性能最基本的方法,也是最可靠的方法,而且路试不需要大型昂贵的设备、实验室及试验场地。

路试制动性能检测项目主要包括:行车制动性能试验、应急制动性能试验、热衰退恢复试验、涉水恢复试验及驻车制动性能试验等。

一、第五轮仪及其连接和调试

1. 第五轮仪简介

路试中,经常需要测量车辆行驶的速度、行程和时间等参数。因为受车轴载荷、轮胎气压、轮胎磨损程度、驱动力矩、地面对轮胎的切向作用力等因素的影响,汽车自配的车度表和里程表准确性达不到要求,而且精度也较低、误差大。为解决这一问题,在进行汽车路试时,专门设计了第五轮仪。在汽车的各种道路试验中第五轮仪是经常使用的设备,不仅制动性能路试要用到它,后面所讲的动力性及经济性路试都少不了它。

如图5-19所示,第五轮仪一般由传感器部分和记录仪两部分组成,它通过固定板安装在车辆尾部支架上。传感器部分与记录仪部分由导线连接。脚踏开关带有触点的一端套在制动踏板上,另一端插接在记录仪上。当充气轮胎滚动一周时,汽车行驶了充气车轮周长的距离。在充气车轮中心处安装有传感器,可以把轮子在路面上滚动的距离变成电信号并把它输送到显示仪。第五轮是从动轮,行驶中无滑转,故能在平坦的路面上精确测量距离以及汽车行驶的时间和速度,而且使用起来也比较方便。

传统的制动性能路试方法是直接测量车辆制动后在路面上留下的轮胎拖印痕的长度、形状,来判断车辆的制动性能。这种方法虽比较简单,但不能全面反映车辆的制动性能,测量精度差。利用第五轮仪则能精确地测量汽车车速变化的情况与制动距离,根据测量结果计算出充分发出的平均制动减速度,由制动距离长短和充分发出的平均制动减速度判断制动性能是否合格。

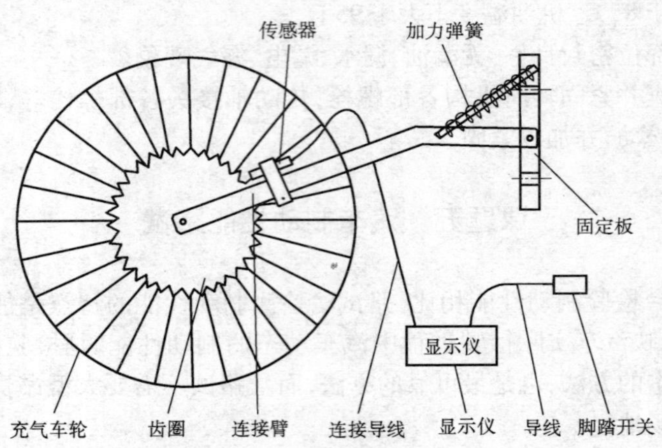

图 5-19 第五轮仪组成示意图

2. 第五轮仪及连接和调试

(1) 如果第五轮仪自备电源,使用前应按使用说明书的要求充电至规定电压。

(2) 将传感器部分固定在汽车侧面或尾部车身上,以不影响车轮左右摆动为准,将车轮充气至适当程度。

(3) 将记录仪放在驾驶室或车厢内,正面朝上,水平放置,其前端要对准汽车前进方向,并紧靠固定部位,以防制动时损坏。

(4) 用信号线把轮子上的传感器与记录仪连接起来。脚踏开关一端通过导线插接在记录显示仪上,另一端套在制动踏板上。用汽车蓄电池做电源的第五轮仪,还应把电源线一端插接在记录显示仪上,另一端正确夹持在蓄电池的正负极上。

(5) 打开记录显示仪电源开关,按使用说明书的要求检查与自校。如要求预热,应预热至规定时间。

(6) 电脑控制的第五轮仪,使用前首先进入初始化程序。一般地说,该种类型的第五轮仪在电源开关打开后可自动进入初始化程序或通过键入的方法进入初始化程序。

(7) 凡要求置入第五轮修正系数的第五轮仪,均应按使用说明书上的方法置入。

(8) 制动性能检测前,须将与制动有关的旋钮,开关或键置于规定位置,并预选试验车速。

二、试验前的准备

1. 试验车辆

(1) 试验车辆按国标《汽车道路试验方法通则》(GB/T 12534—1990)的规定准备,试验车辆其他技术条件均应符合 GB 7258—2004 中的技术要求。

(2) 制动系各零部件应符合设计规定,制动系可调节部件按车辆制造厂规定进行调整。制动气压或制动踏板力要符合相关的规定。

(3) 试验时应按规定调整好轮胎气压,胎压偏差不超过 ±10kPa;花纹深度不少于原深度的 20%。

(4) 按规定要求装载,满载测量时,所装货物应均匀布置于车厢内,不能超高、超宽、超长、超重,不应因装置影响汽车的质心位置。试验中货物不能移动,重量不能有损失。

2. 试验仪器

(1) 第五轮仪,测量精度不低于 1%。

(2) 减速度仪,测量精度不低于 $0.1m/s^2$。

(3) 时间测量仪,测量精度不低于 0.1s。

(4) 测速仪,测量精度不低于 1%。

(5) 制动踏板力测定仪,测量精度不低于 2%。

(6) 压力表,测量精度不低于 20kPa。

(7) 风速仪,测量精度不低于 0.5m/s。

(8) 远程多点温度计,测量精度不低于 1℃。

3. 试验道路及环境

路试检验制动性能应在平坦(坡度不应大于 1 %)、干燥和清洁的硬路面上进行。在符合上述条件的道路上,选 50m 为测试路段(根据试验车的制动初速度,必要时可延长),两端各 50m 为测初速度区间。

试验应在晴天或阴天,风速不大于 5m/s 的条件下进行。其他环境及条件要求均应符合 GB 7258 的规定。

三、制动性能试验方法

1. 用制动距离检验行车制动性能

制动距离是指机动车在规定的初速度下紧急制动时,从脚接触制动踏板(或手触动制动手柄)时起至机动车停住时为止机动车驶过的距离。

制动稳定性要求制动过程中机动车的任何部位(不计入车宽的部位除外)不允许超出规定宽度的试验通道的边缘线。

机动车在规定的初速度下的制动距离和制动稳定性要求应符合表5-14的规定。如果对路试空载检测制动性能有质疑时,可用表5-14中满载检验的制动性能要求进行检验。也就是说,空载检验不能完全代替满载检验。所以,空载检验时,发现有隐患的车辆,应进一步作满载状态下的检验,以确保检验的严密性和安全性。

在进行路试制动性能检测之前,应事先画出表5-14相应规定的试车道。检验时,车辆沿试车道的中线行驶到规定的初速度时急踩制动踏板,若车辆的任何部位都不超出所规定的试车道边线即为合格。

制动距离和制动稳定性要求 表5-14

机动车类型	制动初速度(km/h)	满载检验制动距离要求(m)	空载检验制动距离要求(m)	试验通道宽度(m)
三轮汽车	20	≤5.0		2.5
乘用车	50	≤20.0	≤19.0	2.5
总质量不大于3500kg的低速货车	30	≤9.0	≤8.0	2.5
其他总质量不大于3500kg的汽车	50	≤22.0	≤21.0	2.5
其他汽车、汽车列车	30	≤10.0	≤9.0	3.0

2. 用充分发出的平均减速度检验行车制动性能

汽车、汽车列车在规定的初速度下急踩制动踏板时充分发出的平均减速度及制动稳定性要求应符合表5-15的规定,且制动协调时间对液压制动的汽车不应大于0.35s,对气压制动的汽车不应大于0.60s,对汽车列车、铰接客车和铰接式无轨电车不应大于0.80s。对空载检验的充分发出的平均减速度有质疑时,可用表5-15规定的满载检验充分发出的平均减速度进行。

充分发出的平均减速度MFDD计算公式:

$$MFDD = \frac{v_b^2 - v_e^2}{25.92(S_e - S_b)}$$

式中:$MFDD$——充分发出的平均减速度,m/s^2;

v_0——试验车制动初速度,km/h;

v_b——$0.8v_0$,试验车速,km/h;

v_e——$0.1v_0$,试验车速,km/h;

S_b——试验车速从v_0到v_b之间车辆行驶的距离,m;

S_e——试验车速从v_0到v_e之间车辆行驶的距离,m。

制动协调时间:是指在急踩制动踏板时,从脚接触制动踏板(或手触动制动手柄)时起至机动车减速度(或制动力)达到表5-15规定的机动车充分发出的

平均减速度(或规定的制动力)的75%时所需的时间。

制动减速度和制动稳定性要求 表5-15

机动车类型	制动初速度(km/h)	满载检验充分发出的平均减速度(m/s^2)	空载检验充分发出的平均减速度(m/s^2)	试验通道宽度(m)
三轮汽车	20	≥3.8		2.5
乘用车	50	≥5.9	≥6.2	2.5
总质量不大于3500kg的低速货车	30	≥5.2	≥5.6	2.5
其他总质量不大于3500kg的汽车	50	≥5.4	≥5.8	2.5
其他汽车、汽车列车	30	≥5.0	≥5.4	3.0

说明:在进行上述两项制动性能检验时的制动踏板力或制动气压应符合以下要求:

1)满载检验时

(1)气压制动系:气压表的指示气压小于等于额定工作气压;

(2)液压制动系:踏板力:乘用车小于等于500N;其他机动车小于等于700N。

2)空载检验时

(1)气压制动系:气压表的指示气压小于等于600kPa;

(2)液压制动系:踏板力:乘用车小于等于400N;其他机动车小于等于450N。

汽车、汽车列车在符合上述"说明"规定的制动踏板力或制动气压下的路试行车制动性能若符合"制动距离"或"充分发出的平均减速度"两项要求之一即为合格。

3. 应急制动性能检验

1)应急制动要求

(1)应急制动应保证在行车制动只有一处管路失效的情况下,在规定的距离内将汽车停住;

(2)应急制动可以是行车制动系统具有应急特性或是与行车制动分开的系统;

(3)应急制动应是易操控的,其布置应使驾驶员容易操作,驾驶员在座位上至少用一只手握住转向盘的情况下,就可以实现制动。它的控制装置可以与行车制动的控制装置结合,也可以与驻车制动的控制装置结合。

2)应急制动性能检验

汽车在空载和满载状态下，按表5-16所列初速度进行应急制动性能检验，测量从应急制动操纵始点至车辆停住时的制动距离（或平均减速度），应符合表5-16的要求。

应急制动性能要求 表5-16

机动车类型	制动初速度(km/h)	制动距离(m)	充分发出的平均减速度(m/s^2)	允许操纵的力(N)	
				手操纵	脚操纵
乘用车	50	≤38.0	≥2.9	≤400	≤500
客车	30	≤18.0	≥2.5	≤600	≤700
其他汽车（三轮汽车除外）	30	≤20.0	≥2.2	≤600	≤700

4. 热衰退恢复试验

热衰退恢复试验是检验制动效能的恒定性。制动效能的恒定性是指制动器的热衰退性对制动效能的影响程度，即制动器温度升高时仍具有一定的制动效能的能力。汽车急速行驶或下长坡，特别是行驶在山区公路上时经常连续制动，会使制动器温度升高，摩擦片的摩擦系数下降，导致制动效能下降。汽车如有较好的制动效能恒定性，能够较快的恢复制动效能。

抗热衰退性能的评价指标一般用连续制动效能指标占冷制动时效能的百分数来衡量。如最后一次制动效能不低于冷制动的60%。

热衰退恢复试验的具体方法如下：

1）基准检验

制动初速度为65km/h，制动时变速器在最高挡位（超速挡除外），制动器初始温度不高于90℃。制动减速度：A类车辆（厂定最大总质量小于4500kg），保持为4.5m/s^2，B类车辆（厂定最大总质量大于或等于4500kg），保持为3m/s^2，直至车辆完全停下来为止；制动3次，记录制动踏板力或管路压力及制动减速度，应符合相关规定。

2）衰退试验

制动初速度至末速度：A类车辆为65～0km/h，B类车辆为65～30km/h；制动时变速器在最高挡位（超速挡除外）；制动器初始温度仅第一次不超过90℃。A类车辆保持以4.5m/s^2，B类车辆保持以3m/s^2的恒定减速度进行制动，连续制动20次，每次间隔60s，记录制动踏板力或管路压力、制动减速度、制动器初始温度，应符合相关规定。

3）恢复试验

衰退试验后应立即进行恢复试验。制动初速度至末速度：A类车辆为65～

0km/h,B 类车辆为 65 ~ 30km/h。A 类车辆保持以 4.5m/s^2,B 类车辆保持以 3m/s^2 的恒定减速度进行制动,连续制动 15 次,每次间隔 180s,最后一次制动初温应降至 120℃以下进行,记录制动踏板力或管路压力、制动减速度、制动器初始温度。

5. 涉水恢复试验

雨天行驶的汽车涉水后制动器内的存水会使摩擦片表面浸水,因水的润滑作用使摩擦系数下降,导致制动效能下降,这种现象称为制动效能的水衰退。

汽车制动时产生的热量可使摩擦片干燥,因而制动器浸水后经过若干次(一般为 5 ~ 15 次)制动后,制动器可逐渐恢复浸水前的性能。

涉水恢复试验的具体方法如下:

1)基准检验

制动初速度至末速度:30 ~ 0km/h,制动器初始温度不高于 90℃。A 类车辆保持以 4.5m/s^2,B 类车辆保持以 3m/s^2 的恒定减速度进行制动,制动 3 次,记录制动踏板力或管路压力、制动减速度,应符合相关规定。

2)涉水

将车轮浸入水深大于车轮半径的水槽中,制动器为放松状态。汽车以 10km/h 以下的速度往返行驶,2min 后汽车驶出水槽,在离开水槽后 1min 进行恢复试验,恢复试验前不得进行制动。

3)恢复试验

制动初速度至末速度:30 ~ 0km/h。A 类车辆保持以 4.5m/s^2,B 类车辆保持以 3m/s^2 的恒定减速度进行制动,连续制动 15 次,制动间隔为 0.5km,记录制动踏板力或管路压力、制动减速度,应符合相关规定。

6. 驻车制动性能检验

1)驻车制动要求

驻车制动应能使机动车即使在没有驾驶员的情况下,也能停在上、下坡道上。驾驶员必须在座位上就可以实现驻车制动。对于汽车列车,若挂车与牵引车脱离,挂车应能产生驻车制动。挂车的驻车制动装置应能够由站在地面上的人实施操纵。

驻车制动的控制装置的安装位置应适当,其操纵装置应有足够的储备行程(开关类操作装置除外),一般应在操纵装置全行程的 2/3 以内产生规定的制动效能;驻车制动机构装有自动调节装置时允许在全行程的 3/4 以内达到规定的制动效能。棘轮式制动操纵装置应保证在达到规定驻车制动效能时,操纵杆往复拉动的次数不允许超过 3 次。

采用弹簧储能制动装置作驻车制动时,应保证在失效状态下能快速解除驻

车状态;如需使用专用工具,这种工具应作为随车工具

2) 驻车制动性能检验

在空载状态下,驻车制动装置应能保证机动车在坡度为 20%(对总质量为整备质量的 1.2 倍以下的机动车为 15%)、轮胎与路面间的附着系数不小于0.7的坡道上正、反两个方向保持固定不动,其时间不应少于 5 min 。对于允许挂接挂车的汽车,其驻车制动装置必须能使汽车列车在满载状态下时能停在坡度为 12% 的坡道(坡道上轮胎与路面间的附着系数不应小于0.7)上。

另外,在规定的测试状态下,机动车使用驻车制动装置能停在坡度值更大且附着力符合要求的试验坡道上时,应视为达到了驻车制动性能检验规定的要求。

课题六　汽车动力性能路试

通过道路试验分析汽车动力性能,其试验结果接近实际情况。汽车动力性在道路试验中的检测项目一般有:最高车速试验、加速性能试验、最大爬坡性能试验和滑行试验。有时为了评价汽车的拖挂能力进行汽车牵引力测试。另外,为了分析汽车动力平衡问题,可采用高速滑行试验测定滚动阻力系数及空气阻力系数。当然由于道路试验受到道路条件、风向、风速、驾驶技术等因素的影响,有些测试项目的可操作性较差。

道路试验标准主要有:汽车动力性路试基本规范可按照《汽车道路试验方法通则》(GB/T 12534—90)进行;汽车最高车速试验按照《汽车最高车速试验方法》(GB/T 12544—90)的有关规定进行;汽车加速性能试验按照《汽车加速性能试验方法》(GB/T 12543—90)的有关规定进行;汽车爬陡坡试验按照《汽车爬陡坡试验方法》(GB/T1 2539—90)的有关规定进行;汽车牵引力性能试验按照《汽车牵引力性能试验方法》(GB/T 12537—90)的有关规定进行。

一、试验前的准备

1. 试验车辆

检查车辆装备完整性、技术状况及各部位的调整情况,使之符合该车原厂装配调整技术要求及国家相关部门标准的有关规定。

检查试验汽车的转向机构、各紧固件的紧固情况及制动系统的效能,以保证试验的安全。

试验前车辆必须进行预热行驶,使发动机、传动系及其他部分达到规定的行驶温度。

试验车辆的装载质量为厂定最大装载质量；装载物应均匀分布并固定牢靠，试验过程中不得晃动和颠离；乘员质量和替代重物分布应符合表5-17规定。

乘员质量 表5-17

<table>
<tr><th rowspan="2" colspan="3">车　型</th><th rowspan="2">每人平均质量</th><th rowspan="2">行李质量</th><th colspan="4">替代重物分布</th></tr>
<tr><th>座椅上</th><th>座椅前的地板上</th><th>吊在车顶的拉手</th><th>行李舱(架)</th></tr>
<tr><td colspan="3">载货汽车
越野汽车、专用汽车
自卸汽车、牵引汽车</td><td>65</td><td>—</td><td>55</td><td>10</td><td>—</td><td>—</td></tr>
<tr><td rowspan="4">客车</td><td colspan="2">长途</td><td>60</td><td>13</td><td>50</td><td>10</td><td>—</td><td>13</td></tr>
<tr><td rowspan="2">公共</td><td>坐客</td><td>60</td><td>—</td><td>50</td><td>10</td><td>—</td><td>—</td></tr>
<tr><td>站客</td><td>60</td><td>—</td><td>—</td><td>55(地板上)</td><td>5</td><td>—</td></tr>
<tr><td colspan="2">旅游</td><td>60</td><td>22</td><td>50</td><td>10</td><td>—</td><td>22</td></tr>
<tr><td colspan="3">轿车</td><td>60</td><td>5</td><td>50</td><td>10</td><td>—</td><td>5</td></tr>
</table>

2．试验道路

试验用道路应是清洁、平坦、干燥，用沥青或混凝土铺装的直线道路，道路长2～3km，宽不小于8m，纵向坡度在0.1%以内的直线路面。在符合上述条件的道路上，选择中间200m为测量路段，并用标杆做好标志，测量路段两端为加速区间。

3．试验仪器、设备

第五轮仪、标杆、卷尺、坡度测量仪、计时器如秒表、风速风向仪、大气压力计及温度计等。

若直接使用本车的车速表、里程表及发动机转速表进行测定，则在试验前应进行误差校正，以保证检测的准确性。

4．轮胎压力要求

试验过程中，轮胎冷充气压力符合该车使用说明书规定的技术要求，误差不超过±10kPa。

二、动力性能路试方法

汽车动力性能是汽车最主要性能之一，其道路试验项目通常包括最高车速试验、加速性能试验、最大爬坡性能试验和滑行试验等。

1．最高车速试验

最高车速试验是检测连续稳定行驶时的最高车速，是指在无风水平良好的

混凝土或沥青路面上所能达到的最大行驶速度(km/h)。通常汽车最高车速越大,汽车的动力性也就越好。

试验应在符合试验条件的道路上进行,我国规定最高车速试验跑道应是加速直线跑道1~3km,选取中间200m为测量路段,并用标杆做好标记,测量路段两端为试验加速区间。根据试验汽车加速性能的优劣,选定充足的加速区间。试验汽车在加速区间以最佳的加速状态行驶,在达到测量段前保持变速器(及分动器)在汽车设计最高车速相应挡位,节气门全开,使汽车以最高稳定车速通过测量区段。试验往返各进行一次,测定汽车通过测量路段的时间,并按下式计算试验结果。

$$v = \frac{3600 \times 0.2}{t}$$

式中:v——汽车最高车速,km/h;

t——往返试验所测时间的算术平均值,s。

使用第五轮仪测量时可以不设测速区,只要达到最大车速,测出行驶距离和时间,最后计算出最大车速。

2. 加速性能试验

加速性能试验考核汽车的加速能力。加速能力是指汽车从起步或者某一车速节气门全开加速到最高车速或某一预定车速的快慢程度,一般都是用汽车在某一条件下加速到某一距离或加速到某一车速所需时间来表示。汽车加速性能是反映汽车动力性的重要指标,因此加速度越大则汽车动力性越好。

试验分起步连续换挡加速性能试验和超车加速性能试验两种。装有自动变速器的汽车只进行原地起步加速实验。

1) 起步连续换挡加速性能试验

该试验又称原地起步加速性能试验,是汽车原地一挡起步,并以最大加速度逐步换挡达到某一预定车速的能力。原地起步加速时间是指汽车由一挡起步并将节气门全开,选择适当的换挡时机逐步换至高挡,以最大的加速度到达某一预定的距离或车速时所需的时间。一般采用从0~400m、0~500m、0~1000m的原地起步加速时间来比较加速能力。如东风雪铁龙富康ZX轿车0~400m加速时间是19s。原地起步加速至规定车速所用的时间也是常用的一个指标。

起步连续换挡加速性能试验时,在发动机达到最大功率转速时,力求迅速无声地换挡,换挡后立即将节气门全开,直至最高挡最高车速的80%以上,对于轿车应加速至100km/h以上。用第五轮仪测定汽车加速行驶的全过程,往返各进行一次,往返试验的路段应重合。根据记录数据,分别绘制试验车往返两次

的加速性能曲线即车速时间关系曲线或车速行程关系曲线。取两次曲线的平均值绘制汽车的加速性能曲线，如图5-20所示。

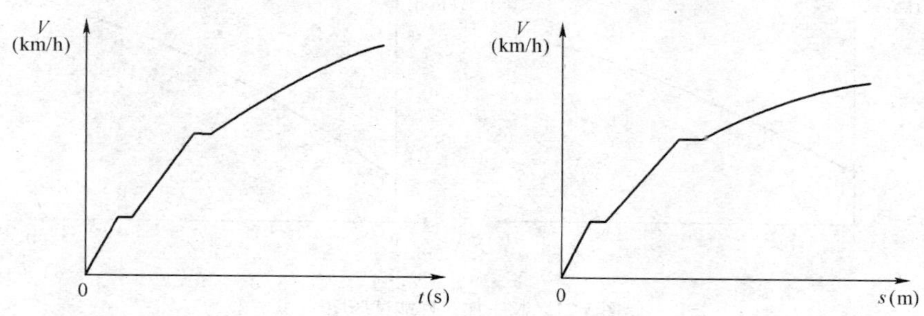

图5-20　起步连续换挡加速性能试验图

试验结果记录　将试验典型对应数值填入表5-18和表5-19中。

起步连续换挡加速性能试验结果(1)　　表5-18

车速	10	20	30	40	50	60	70	80	90	100
加速时间 t(s)										
加速距离 s(m)										

起步连续换挡加速性能试验结果(2)　　表5-19

加速距离(m)	400	600	1000
时间 t(s)			
车速 v(km/h)			

2）超车加速性能试验

该试验也称最高挡或次高挡加速性能试验。超车时要求超车加速能力要强，并行行程短，超车行驶安全。超车加速能力还没有一致的规定，采用较多的是用最高挡或次高挡由预定车速全力加速行驶至某一高速所需的时间，或由加速曲线即车速时间关系曲线或车速行程关系曲线全面地反映加速能力。

试验时，在道路上选取合适长度的加速性能试验路段，在两端各放置标杆作为记号。汽车在变速器预定挡位，以预定的车速（从稍高于该挡最低稳定车速起，选5的整数倍之速度如20、25、30、35、40km/h）作等速行驶，用第五轮仪监视初速度，当车速稳定后（偏差±1km/h）驶入试验路段，迅速将加速踏板踩到底，使汽车加速行驶至该挡最大车速的80%以上，对于轿车应达到100 km/h以上。

用第五轮仪记录汽车的初速度和加速行驶的全过程，试验往返各进行一次，往返加速试验的路段应重合。取往返试验结果的平均值作出曲线如图5-21

所示。

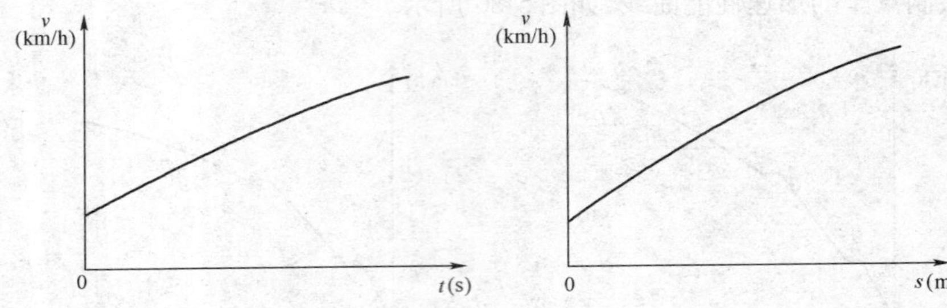

图 5-21 超车加速性能试验图

将超车加速性能试验典型对应数值填入表 5-20。

超车加速性能试验结果 表 5-20

车速(km/h)	20	30	40	50	60	70	80	90	100	110
加速时间(s)										
加速距离(m)										

3. 爬坡性能试验

汽车爬坡性能试验是检验汽车爬最大坡度和通过长坡的能力。坡度用角度或纵向升高的百分比表示。

1）爬最大坡度试验

一般是在专门修建的长度不小于 25m 长水泥坡道上进行,坡道前应有 8 ~ 10m 的平直路段,测量段取坡道中 10m 长一段。坡度大于或等于 30% 的路面用水泥铺装,小于 30% 的坡道可以用沥青铺装。允许以表面平整、坚实,坡度均匀的自然坡道代替。大于 40% 的纵向坡段必须设置安全保障装置。

将试验车停于接近坡道的平直路段上,起步后用最低挡,不准换挡,将节气门全开进行爬坡,依次按照坡度由小到达进行,能爬上的最大坡度就是汽车的最大爬坡度。测量并记录汽车通过测速路段的时间及发动机转速,爬坡过程中监视各仪表的工作情况,观察是否有异常,并做详细记录。如第一次爬不上,可进行第二次,但不超过两次。

轿车的最大爬坡度一般在 20% 以上,货车爬坡度在 20% ~30% 之间,越野车爬坡能力是重要指标,一般最大爬坡度不小于 60% 。而液力传动车辆,其最大爬坡度可达很大值,但仅具有极低的车速,因此一般以克服一定坡度的车速来评价其爬坡性能。

2）爬长坡试验

爬长坡试验是检验汽车长时间在较大功率工况下的动力性和燃料经济性,

坡度长 8～10km，最大纵坡度不小于 8%。

表 5-21 列出了轻型客车整车动力性要求试验的相关国家标准。

整车动力性要求 表 5-21

项目 / 轻型客车	车长 3.5～5m	车长 5～7m	试验方法
比功率(kW/t)	≥20.5	≥14.5	—
直接挡从 20km/h 加速通过 400m 时间(s)	≤30	≤36	GB/T 12543
起步连续换挡加速通过 400m 时间(s)	≤28	≤32	
最高车速(km/h)	≥100	≥90	GB/T 12544
最大爬坡度(°)	≥13.3		GB/T 12539
直接挡最小稳定车速(km/h)	<20		GB/T 12547

4. 滑行试验

滑行性能是指汽车行驶中将变速器置于空挡，汽车依靠惯性克服阻力的能力。滑行试验的目的是为了测定汽车传动系阻力、车轮滚动阻力、车身空气阻力等。滑行试验通常被广泛地用来衡量汽车传动系装配、调整质量，以及传动系磨损、技术状况变化的状况。

滑行试验主要是进行滑行距离测试，方法是：在长约 1000m 的试验路段两端立上标杆作为滑行区段，汽车在进入滑行区段前，车速应稍大于 50km/h，此时驾驶员将变速器置入空挡并松开离合器踏板，汽车开始滑行，直至汽车完全停住为止。在滑行过程中，驾驶员不得转动转向盘。当车进入滑行区段时，车速应控制为 50±0.3km/h，记录下到滑行终了时的时间和滑行距离。试验至少往返各进行一次。往返区段尽量重合。

国家标准规定滑行试验的标准初速度 $v_o=50\text{km/s}$，而实测的初速度 v_o' 与标准初速度总有出入，故需要对实测的滑行距离 S' 进行校正，以换算出标准初速度 $v_o=50\text{km/h}$ 时的滑行距离 S，其公式为：

$$S=\frac{-b+\sqrt{b^2+ac}}{2a}$$

式中

$$a=\frac{v'^2_0-bS'}{S'^2}(\text{m/s})$$

$b=0.2\text{m/s}^2$；当车质量小于等于 40000N 且滑行距离小于等于 600m 时，$b=0.3\text{m/s}^2$，$c=771.6\ \text{m/s}^2$

测量仪器采用第五轮或非接触式汽车速度仪等能进行车速、行程记录的设备。

课题七　燃油经济性路试

汽车燃料消耗量与发动机的类型、制造工艺、调整状况、道路条件、气候情况、海拔高度、驾驶技术等多种因素有关，因此其主要试验方法要有相应的规定。根据国标《汽车燃料消耗量试验方法》(GB/T 12545—90)规定，汽车在路试条件下燃料消耗量的试验方法主要包括直接挡全节气门加速燃油消耗量、等速行驶燃油消耗量和限定条件下的平均使用燃油消耗量试验以及多工况燃油消耗量的试验等。

一、试验前的准备

1. 试验车辆载荷

除有特殊规定外，轿车为规定载荷的一半(取整数)；城市客车为总质量的65%；其他车辆为满载；乘客质量及其装载要求按《汽车道路试验方法通则》(GB/T 12534—90)规定。

2. 试验仪器

(1) 第五轮仪。

(2) 汽车燃油消耗仪，试验油耗仪常用容积式，精度0.5%。

(3) 计时器：最小读数0.1s。

3. 试验前一般准备

(1) 试验车辆必须清洁，关闭车窗和驾驶室通风口，只允许开动为驱动车辆必需的设备；

(2) 空气滤清器上的恒温控制器必须处于正常调整状态。

(3) 试验车辆应已经完成了磨合；试验前车辆必须进行预热行驶，使发动机、传动系及其他部分预热到规定的温度状态；轮胎充气压力应符合该车技术条件的规定，误差不超过10kPa；车辆装载物应均匀分布且固定牢靠，在试验过程中不得晃动和散落。

4. 道路和气象条件

试验道路应为清洁、平坦、干燥，用沥青或混凝土铺成的直线道路，道路长2～3km，宽不小于8m，纵向坡度在0.1%以内。

试验应在无雨、无雾，相对温度小于95%，气温0～40℃，风速不大于3m/s的气候条件下进行。

二、燃料经济性试验方法

1. 直接挡全节气门加速燃料消耗量试验

试验测试路段长度为500m。试验时,汽车挂直接挡(没有直接挡可用最高挡),以(30 ±1)km/h 的初速度稳定通过 50m 的预备路段,在到达测试路段的起点时,节气门突然全开,加速通过测试路段,测量并记录通过测试路段的加速时间、燃料消耗量及汽车到达测试路段终点时的速度。试验往返各进行两次,测得同方向加速时间的相对误差不大于5%。取测得四次加速时间试验结果的算术平均值作为测定值,且要符合该车技术条件的规定。

此项试验是为了检验汽车的技术状况,其测定值应达到该车的技术要求。经本项试验后,做其他燃料消耗量试验时,汽车发动机不得再作调整。

2. 等速行驶燃料消耗量试验

汽车用常用挡位,等速行驶,通过 500m 的测试路段,测量通过该路段的时间及燃料消耗量。

试验车速从 20km/h(最小稳定车速高于 20 km/h 时取 30km/h)开始,以每隔 10 km/h 均匀选取车速,直至最高车速的90%。至少测定 5 个试验车速,同一车速往返各进行二次。

根据试验结果,以车速为横坐标,燃料消耗量为纵坐标,绘制等速燃料消耗量散点图,根据散点图绘制等速燃料消耗量特性曲线,如图 5-22 所示。

3. 限定条件下的平均使用燃料消耗量试验

测试路段应设在三级以上平原干线公路上,其长度不小于 50km。在正常交通情况下,以下列车速行驶,并尽可能保持匀速。

轿车车速为(60 ±2)km/h;其他车辆车速为(50 ±2)km/h。客车应每隔 10 km 停车一次,怠速 1min 后重新起步。

记录制动次数、各挡位使用次数、时间和行程。测定每 50 km 单程的燃料消耗量,换算成百公里燃油消耗量。往返各试验一次,以两次测量结果的算术平均值作为限定条件下的平均使用燃料消耗量的测定值。

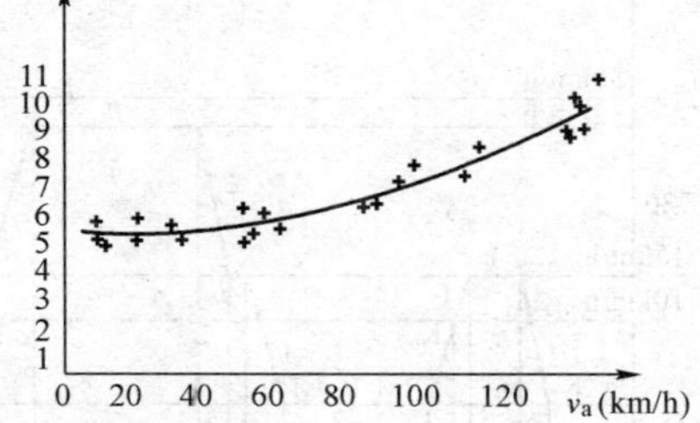

图 5-22 等速百千米燃料消耗量特性曲线

4. 多工况燃料消耗量试验

虽然等速行驶百千米的燃油消耗量是常用的一种评价指标,但是,等速行驶工况并不能全面反映汽车的实际运行情况,特别是在市区行驶中频繁出现的

加速、减速、怠速停车等运行工况。实际上汽车运行工况通常是怠速、加速、减速和匀速等几种工况的组合,并以此决定了汽车的油耗。在对实际行驶车辆进行跟踪测试统计的基础上,各国都制定了一些典型的循环行驶试验工况来模拟汽车实际运行工况,使得试验结果尽可能接近于实际情况,同时又可缩短试验周期。并以其百千米的燃油消耗量来评定相应工况的燃油经济性。

多工况燃料消耗量试验的方法就是将不同车型的车辆严格依据各自的试验循环进行燃料消耗量测定。怠速工况时,离合器应接合,变速器置于空挡,从怠速运转工况转为加速工况时,在转换前5s分离离合器,把变速器挡位换为低速挡,换挡应迅速、平稳。减速工况中,应完全放松加速踏板,离合器仍然接合,当车速降至10km/h时,分离离合器,必要时,在减速工况中,允许使用车辆的制动器。

在进行多工况试验中,加速、匀速和用车辆的制动器减速时,除单独规定外,每个试验工况,车速偏差控制在±2km/h的范围以内,但在工况改变过程中允许车速的偏差大于规定值少许。试验过程中任何情况下超过车速偏差的时间不大于1s。

试验过程中,应记录下通过每一循环试验的燃料消耗量和通过的时间。当按各试验循环完成一次试验后,车辆应迅速调头,重复试验,试验往返各行二次,取四次试验的算术平均值为多工况燃料消耗量试验的测定值。

下面是各类汽车多工况燃料消耗量试验的试验循环图表。

1)轿车

我国规定轿车按二十五工况进行循环试验,如图5-23及表5-22所示。

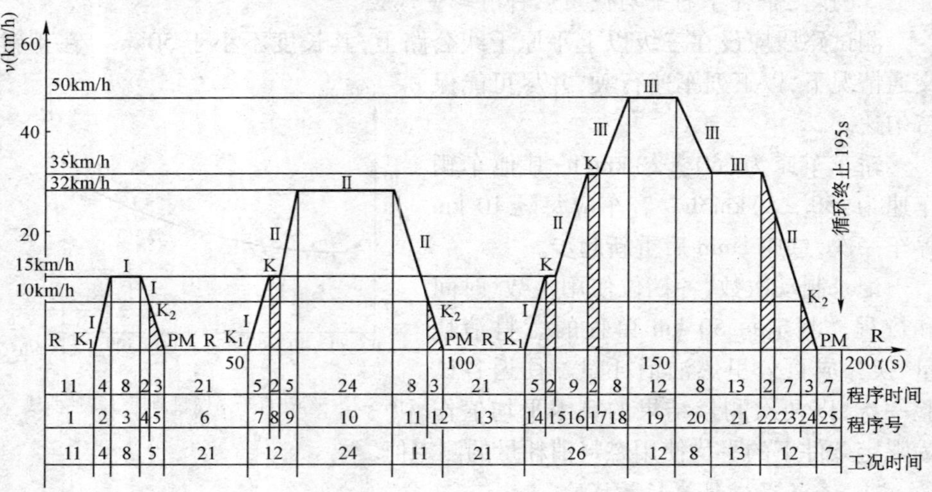

图5-23 二十五工况试验循环图

K-离合器分离;K_1、K_2-离合器分离,变速器挂一挡或二挡;I、II、III-变速器1挡、2挡、3挡;PM-空挡;R-怠速(图中阴影部分)

轿车二十五工况试验循环试验表　　表 5-22

程序号	运转工况	工况序号	加速度 (m/s^2)	车速 (km/h)	程序时间 (s)	工况时间 (s)	累计时间 (s)	如系手动变速器,所用挡位
1	怠速	1			11	11	11	PM6s + $K_1$5s
2	加速	2	1.04	0 ~ 15	4	4	15	I
3	匀速	3		15	8	8	23	I
4	减速	4	−0.69	15 ~ 10	2	5	25	I
5	减速、离合器脱开		−0.92	10 ~ 0	3		28	K_2
6	怠速	5			21	21	49	PM6s + $K_1$5s
7	加速	6	0.83	0 ~ 15	5	12	54	I
8	换挡		0.94	15	2		56	II
9	加速			15 ~ 32	5		61	II
10	匀速	7		32	24	24	85	II
11	减速	8	−0.75	32 ~ 10	8	11	93	II
12	减速、离合器脱开		−0.92	10 ~ 0	3		96	K_2
13	怠速	9			21	21	117	PM6s + $K_1$5s
14	加速	10	0.83	0 ~ 15	5	26	122	I
15	换挡			15	2		124	K
16	加速		0.62	15 ~ 35	9		133	II
17	换挡				2		135	K
18	加速		0.52	35 ~ 50	8		143	III
19	匀速	11		50	12	12	155	III
20	减速	12	−0.52	50 ~ 35	8	8	163	III
21	匀速	13		35	13	13	176	III
22	换挡	14	−0.86	35 ~ 10	2	12	178	II
23	减速				7		185	II
24	减速、离合器脱开		−0.92	10 ~ 0	3		188	K_2
25	怠速	15			7	7	195	PM7s

注:PM、K_1、K_2 含义与图 5-23 同。

2）载货汽车

总质量小于 3500kg 的货车，试验循环可参照轿车的试验循环如图 5-23；总质量为 3500 ~ 14000kg 时，试验循环见图 5-24；总质量大于 14000kg 时，试验循环见图 5-25。

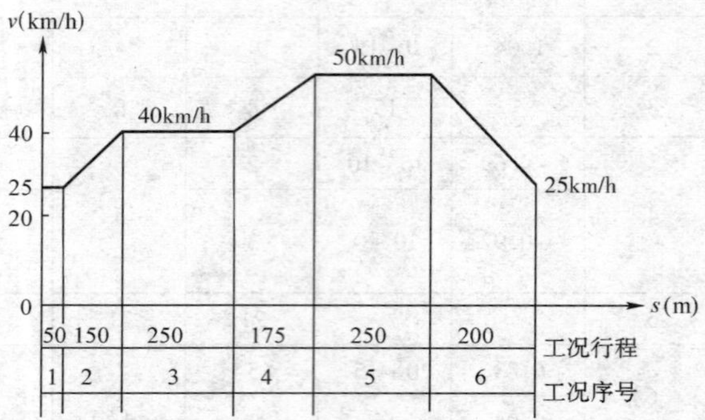

图 5-24　载货汽车试验循环图（1）

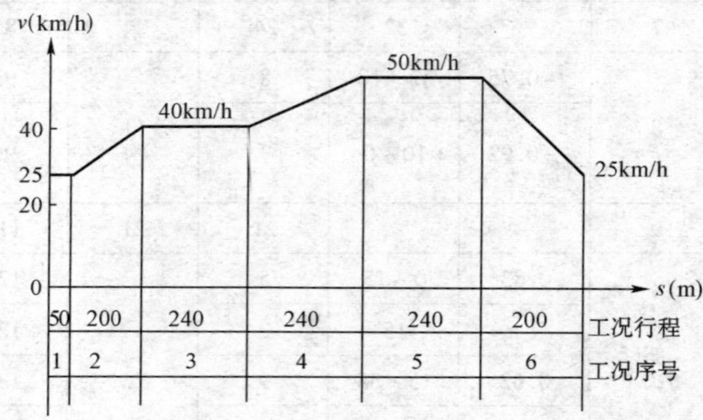

图 5-25　载货汽车试验循环图（2）

5．不限定条件的燃料消耗试验

不限定条件的燃料消耗试验是指对汽车行驶的道路、交通情况、驾驶员驾驶习惯、周围环境等因素不加控制的试验方法。它原则上是要求试验车辆多、行驶里程长，是一种实际测量使用油耗的方法。

进行这一试验工作时，可以把试验车辆投入某一地区和单位实际使用，在使用中统计汽车油耗与行驶里程，最后算出平均燃油消耗量。

三、油耗试验数据的重复性及其修正

1．数据的重复性

汽车的燃油消耗量测试数据必须满足下式要求：

$$\frac{Q_{max} - Q_{min}}{Q_A} \leqslant R$$

式中：Q_{max}——百千米油耗量测试数据中的最大值，L/100km；

Q_{min}——百千米油耗量测试数据中的最小值，L/100km；

Q_A——百千米油耗量测试数据中的算术平均值，L/100km；

R——比例系数，其取值见表5-23。

比例系数 *R* 的取值 表5-23

试验次数	2	3	4	5	10
R	0.053	0.063	0.069	0.073	0.085

若测试数据的重复性达不到上述要求，则须查明原因，排除相关故障后重新进行检测。

2. 试验数据的修正

汽车的燃料消耗量的测试数据均应校正到标准状态下的数值。标准状态指：气温：20℃、气压：100kPa、汽油密度：0.742g/mL、柴油密度：0.830g/mL。其修正公式如下：

$$Q_c = \frac{Q_A}{C_1 \cdot C_2 \cdot C_3}$$

$$C_1 = 1 + 0.0025(20 - T);$$

$$C_2 = 1 + 0.0021(P - 100);$$

$$C_3 = 1 + 0.8(0.742 - \rho)\text{（汽油机）};$$

$$C_3 = 1 + 0.8(0.830 - \rho)\text{（柴油机）}。$$

式中：Q_c——修正后的燃料消耗量，L/100km；

Q_A——实测的燃料消耗量，L/100km；

C_1——环境温度修正系数；

C_2——大气压力的修正系数；

C_3——燃料密度修正系数；

T——试验时的环境温度，℃；

P——试验时的大气压力，kPa；

ρ——试验用燃油密度，g/mL。

参 考 文 献

[1] 安相壁,马麟丽.汽车检测诊断技术.北京:北京理工大学出版社,2005
[2] 董震.奥迪 A6 轿车维修手册.北京:机械工业出版社,2006
[3] 丁鸣朝.奥迪 A6 轿车使用与维修.北京:电子工业出版社,2002
[4] 宋进桂.怎样维修汽车防盗与音响系统.北京:机械工业出版社,2005
[5] 马勇智,汪贵行.汽车检测技师.北京:人民交通出版社,2003
[6] 李春明.汽车车身电子技术.北京:北京理工大学出版社,2003
[7] 贾逵钧,莫远.如何做好汽车维修业务接待.北京:机械工业出版社,2006
[8] 程晟.汽车检测设备使用与维护.北京:人民交通出版社,2005
[9] 李军.汽车使用性能与检测技术.北京:人民交通出版社,2001
[10] 平云观.汽车底盘构造与维修.北京:人民交通出版社,2005
[11] 席金波,贾青.一汽奥迪 A6 轿车维修手册.沈阳:辽宁科学技术出版社,2001
[12] 杨占朋.怎样维修巡航、电控悬架、电控动力转向系统.北京:机械工业出版社,2004
[13] 姜年强.汽车维修工艺.北京:人民交通出版社,1997
[14] 李东江.奥迪 A6 轿车维修手册.北京理工大学出版社,2006
[15] 赵志宝译.一汽大众汽车有限公司技术资料. AudiA6 中国型 01V 自动变速器维修手册
[16] 张民译.一汽大众汽车有限公司技术资料. AudiA6 中国型 6 缸发动机维修手册
[17] 刘海涛,张立新.一汽奥迪 A6 轿车维修问答.沈阳:辽宁科学技术出版社,2004
[18] 张金柱.汽车维修技术.北京:机械工业出版社,2005
[19] 王忠良,陈昌建.汽车微电脑控制系统与故障检测.北京:人民邮电出版社,2004
[20] 舒 华,姚国平.汽车电器与电子技术.北京:人民交通出版社,2004
[21] 扬万凯等.汽车实用维修技术与管理.北京:人民交通出版社,2005
[22] 张建俊.汽车诊断与检测技术.北京:人民交通出版社,2003
[23] 董继明,罗灯明.汽车检测与诊断技术.北京:机械工业出版社,2006
[24] 张吉国.汽车典型电控系统的结构与维修.北京:机械工业出版社,2005
[25] 刘仲国.汽车维修高级工培训教材.北京:机械工业出版社,2004

[26] 邢文华. 汽车检测与诊断技术. 北京:国防工业出版社,2004
[27] 马麟丽. 汽车检测诊断技术. 北京:北京理工大学出版社,2005
[28] 扬海泉. 汽车故障诊断与检测技术. 北京:人民交通出版社,2004
[29] 交通部公路司. 汽车维修质量检验员岗位培训教材. 北京:科学技术文献出版社,1998
[30] 安相壁,马 效. 汽车检测设备与维修. 北京:北京理工大学出版社,2005
[31] 凌凯汽车资料编写组编著. 汽车维修理. 北京:北京邮电大学出版社,2005
[32] 杨益明. 汽车检测设备与维修. 北京:人民交通出版社,2005
[33] 王运朋. 丰田汽车维修手册. 广东:广东科技出版社,2003
[34] 曹德芳. 汽车维修. 北京:人民交通出版社,1997
[35] 戴冠军. 汽车维修工程. 北京:人民交通出版社,2003
[36] 张第宁. 汽车维修. 北京:人民交通出版社,1999
[37] 郭远辉. 汽车车身电气及附属电气设备检修. 北京:人民交通出版社,2005
[38] 麻友良. 汽车电路分析与故障检修. 北京:机械工业出版社,2006
[39] 王锦俞. 国产大众车系车身电控系统检修. 北京:机械工业出版社,2005
[40] 李传志. 汽车车身电子控制系统. 北京:机械工业出版社,2005
[41] 陈焕江. 汽车检测与诊断. 北京:机械工业出版社,2001
[42] 仇雅莉. 汽车检测诊断技术与设备. 北京:电子工业出版社,2006